『十一五』國家重點出版規劃項目

主編 陳智超

陳垣全集

第十册

元典章校補

CHENYUAN QUANJI

北京师范大学出版集团
BEIJING NORMAL UNIVERSITY PUBLISHING GROUP
安徽大学出版社

沈刻元典章校補緣起

光緒季年予在廣州閱書於聚龍里巴陵方氏得舊鈔本元典章好之假讀旬日恨未能致也民國改元于役北平見沈家本氏新刻元典章亟購讀之繕刻雖精謬誤恒有一時無他本可校則以本書自證確知爲譌誤者若干條以目校書有目無書者又若干條不僅沈跋所云吏部闕倉庫官六門兵部闕軍裝一門而已既而有客以舊鈔本元典章求售則予在粵時所見方氏本也異哉此書不遠數千里相隔十餘年展轉復歸於予不可謂非奇事試檢沈刻所闕各門裒然具在乃補錄闕文百一十餘條是爲予校補元典章之嚆矢其後又得舊鈔本典章新集有闕里孔憲培印又有伯元二字及王引之伯申陰陽文二印每半葉十八行疑爲影鈔元本而未有確證十四年四月十七日清室善後委員會在齋

宫發見元刻本元典章有汲古主人毛晉私印即四庫提要所謂内府藏本是也試檢沈刻所闕各門具在以校方本所闕此本亦無不闕行款與闕里孔氏本同惟新集闕祭祀門而孔本有之知孔本實爲影鈔元本但非出於此本沈跋謂每半葉十五行爲元刻本者誤也十九年夏故宫博物院有影印元典章之議予聞之大喜後不果予乃發奮欲就故宫所藏合予所有詳校一次江安傅沅叔先生嘉其意爲予鄭借涵芬樓藏舊鈔本予又新得藝風堂藏知聖道齋鈔本乃與門人那君志廉胡君廼庸日就壽安宫對校暑假後姜君廷彬葉君德祿續加入焉自五月十九日始至八月五日止故宫一部校畢繼而以諸本互校知元本誤處經諸家校改時有異同欲求一是往往因一名之細一字之微反覆參稽竟至累日間有不能決者則姑仍其舊計沈刻與諸本不同

之點約有數端曰行款變易諸本每半葉十行或十八行沈刻獨十三行其吏部六七八等卷則又盡低三格致與其他節目相淆曰擡頭綴連諸本皆照元本擡頭沈刻獨否雖瀏覽較便然誤連上文之弊即由此而生曰字體改正元本多用當時俗字沈刻悉爲改正然休與體札與禮時有誤改繆葛不清帳爲賬陪爲賠後起之文紛然雜出曰詞句增損校書無確據不能以意增損況不諳當時語法不識當時體制貿然執筆其誤必多今沈刻刑部卷内此病尤甚諒必一刑幕所爲不知而作至於表格之用端在界畫分明横直相應苟失其道則應杖者死應笞者流輕重倒置何以爲準沈刻各表横直線多闕瞀亂不堪幸元刻尚存足資參照如是整理又數越月凡得譌誤衍脱顛倒諸處一萬二千餘條慮其繁瑣難閲也特仿宋樓大防樂書正誤式而少變之樓式誤正上下

分列予式誤右正左平列成札記六卷其脫漏字句較多者爲闕文三卷並改作表格一卷以今年二月三日全部寫定付諸梓人名曰沈刻元典章校補外有釋例六卷另刋單行謹誌其緣起於此掃葉之誚恐不能無更事精讐是在賢者所據各本列于後方

一巴陵方氏功惠藏舊鈔本　今藏予勵耘書屋

二南昌彭氏知聖道齋鈔本　今藏予勵耘書屋

右二本每半葉十行行廿二字遇雙擡頭廿四字

三吳氏繡谷亭影鈔元本僅有前集　今藏上海涵芬樓

四闕里孔氏藏影鈔元本僅有新集　今藏予勵耘書屋

五毛氏汲古閣藏元刻本　今藏故宮博物院

右三本每半葉十八行行廿六字遇雙擡頭廿八字

民國二十年立春前二日新會陳垣援菴甫識

元典章前集六十卷附新集無卷數內府藏本

不著撰人名氏前集載世祖即位至延祐七年英宗初政其綱凡十曰詔令曰聖政曰朝綱曰臺綱曰吏部曰戶部曰禮部曰兵部曰刑部曰工部其目凡三百七十有三每目之中又各分條格新集體例略倣前集皆續載英宗至治元二年事不分卷數似猶未竟之本也此書始末元史不載惟載至治二年金帶御史李端言垣按元史卷二十八英宗紀至治二年十一月戊申賜戍北邊萬戶千戶等官金帶御史李端言云云金帶二字應屬上爲句沈家本律令攷卷八大元通制條引英宗紀亦誤作金帶御史予讀史絕句典章端賴清儒補金帶新加御史銜即指此世祖以來所定制度宜著爲令使吏不得爲姦治獄有所遵守英宗從之書成名曰大元通制頒行天下凡二千五百三十九條計其時代正與此書相同而二千五百三十九條之數

則與此書不相應卷首所載中書省劄亦不相合蓋各爲一編非通制也攷元史以八月成書諸志皆潦草殊甚不足徵一代之法制而元經世大典又久已散佚其散見永樂大典者顛倒割裂不可重編遂使百年掌故無成書之可攷此書於當年法令分門臚載採掇頗詳固宜存備一朝之故事然所載皆案牘之文兼雜方言俗語浮詞妨要者十之七八又體例瞀亂漫無端緒觀省劄中有置簿編寫之語知此乃吏胥鈔記之條格不足以資攷證故初擬繕錄而終存其目焉

姚鼐撰

元典章

大元聖政典章前集所載自世祖即位及延祐七年英宗初政其綱凡十曰詔令曰聖政曰朝綱曰臺綱曰吏部曰户部曰禮部曰兵部曰刑部曰工部其目自世祖詔令至工部弓手凡三百七十有三其條格之細凡有數千又新集條例其綱目略倣前集其條格亦幾及千續載英宗至治元二年事也前集六十卷新集未分卷今酌分爲十二卷合爲七十二卷史載至治二年金帶御史季端言（垣按金帶御史之誤四庫總目實沿自姚氏李端作季端則傳寫之誤也）世祖以來所定制度宜著爲令使吏不得爲姦治獄有所遵守英宗從之書成名曰大元通制頒行天下凡二千五百三十九條計其時與此元典章之成正同時也然此書條例較爲繁多意其出於

胥史所初輯而通制稍加刪定歟此書載案牘之文未免細碎猥雜又元時陳奏詔令直用當時俗語轉經鈔寫或有舛誤至今多有不可通曉者矣然一朝制度之詳史所不書者此略備之又其書尤詳於刑律世謂元時用法頗慈仁者於此尤可見也

葉	行	誤	正
一	背三	仁宗元作■宗知刊書	時仁宗廟號尚未定
三	背四	樂人婚下漏	服內婚一目
六	十三	誤殺下應有	戲殺一目
七	八	豁剜偷官庫錢物舊賊	三目五十三葉分目無
	背九	伐訴	代訴
九	七	立后建儲詔	係至元十年
	背十	此處空二行原留	爲刋仁宗廟諱
十	背二	十一條	十二條
		五條	六條
	三	六條	七條
	四	旌節孝	旌孝節
	七	二十二條	二十六條
	九	六條	七條
	十	六條	七條
十一	背一	二十四年	二十五年
	七	二十八年	二十九年
十二	四	大德三年	延祐四年
	背三	職名	職品
十三	十一	二十五年	十五年
	背一	至元	至大
十四	六	依差占	休差占
十五	七	鹽場窠闕處所下漏	茶場窠闕處所一目
	九	院務官品級下	應有又例一目
	十	副司	副使
十六	五	八年	七年

	四背	目頭 日頭
	十	致仕 敘仕
十七	三背	見聖政門飭官吏 類八字元小注
十八	二	體與 休與
	十三	譯史 譯使下同
	二背	下大德二年 書作三年
十九	一	典不得 典史不得
		揀選 選擇
	四	通吏 通例
		典吏 典例
	八	十四年 五年
	九背	大德年 大德二年
二十	八背	俸鈔類各目 次第與書異
二十一	一	敗除 致除
	五背	人史 人吏
	六	至大 至元
	九	八年 七年
二十二	八	大德三年 至大三年
二十三	十三	十年 七年
	三背	二十三年 二十二年
	四	軍役妻妾 軍殁妻女
	七	夫逃不許休棄 一條有目無書
二十四	十二	娶女 嫁女
		至大四年 至元十五年
		至元二十年 至元三十年
	十三	至元十五年 至大四年

葉	行		
	五背	當差	避差
	八	至大	至元下同
	九	黜限	展限
	十	准令	難令
二十五	七	典賣類各目	次第與書異目
	十	二年	元年
	一背	趙若震條下漏遠年賣	田告稱卑幼收贖一目
		吳冀爭田一	條有目無書
	三背	隨土	隨地
二十六	八背	三十三年	二十三年
	九	大德元年	大德三年
二十七	三	元貞	至大
	四	徵科	科徵

葉	行		
	五	二十五年	二十二年
	一背	去官條下漏多支官錢	體覆不實斷罰一目
	九	來糧馬牛	來馬牛
	十一	別里苛	別里哥
二十八	五	到據	倒據
	七	阻壞元作沮壞此	本多改作阻壞
	九背	鹽要	要鹽
	十一	晨紹華	景紹華
二十九	二	會醬	盦醋
	四	酒麪	酒麵
	七	類納	類報
	十二	至元二十二年	書作二十五年
	九背	買當	質當

	十二	稅稅	納稅
	十三	見日役門四字誤	應作至大二年
三十	七	牛馬	牛肉
	十一	勸農司	勸農桑
	四背	勸課類各目	次第與書異
	五	農勸	勸農
	六	至元八年	至大元年
三十一	八	延祐二年	延祐七年
	六背	差法	差發
三十二	一	至大三年	至大二年
	一背	二款	四款
	二	估價	估體
	三	諸物估體	諸物對物估體
	四	禁約冒指官司	一條有目無書
	七	水腳	水路
		腳錢	腳力
		十三年	十五年
三十三	十一	例鄉	依鄉
	六背	正旦朝賀一	條有目無書
三十四	一	上位名字四	字應相連
	三	二十四年	十六年
	七	十九年	至元十九年
		經使臣	經過使臣
		二十四年	至元二十四年
	七背	禁懷挿項掛一	條有目無書
三十五	二	婚姻禮制下漏指腹	割衫爲親革去一目

三十六

十	至大二年	至大三年
二背	移遷	遷移
三	官員塋墳立碑	一條有目無書
五	載祀	祭祀
六	祭祀三皇	祭祀三皇錢數
七	此行以後有十餘處闕	字知此本實從吳氏繡
	谷亭本出因吳氏本此	數葉紙有脫爛也余所
	藏方氏彭氏本均不	闕蓋另從一本出
	三皇配享下闕祭	社稷風雨例一目
八	祭郊社風雨例下闕	添支各項祭錢一目
九	立社稷壇下闕禜	雨不止享祭一目
十	人病禱祭	人病禱祭不禁
一	學校	學校一

三	蒙古生	蒙古生員免役
四	蒙古生	蒙古生徒數目
五	蒙古學	蒙古學徒
六	僞學	儒學
	禁治搔擾文	禁治搔擾文廟
	禁治搔擾文廟下闕	宣聖廟告朔禮一目
七	望講經史	朔望講經史例
	朔望講經史例下闕	崇奉儒教事理一目
八	儒學提舉	立儒學提舉
	秀才免	秀才免差役
九	權兒	横枝兒
	儒人差役	儒人差役事
十	食學校田地	種養學校田地

葉	行	右	左
	十一	治學校	整治學校
	十三	舉程式	科舉程式
	背二	學校	學校二
	八	醫學校一條書作	醫學官罰俸例
	十一	至大	至元
三十七	九	被剃	拔剃
	背七	大德三年	大德二年
	十	魏阿陳	魏阿張
三十八	七	差弱	老弱
	九	三十三年	二十三年
	背九	探馬赤舡	探馬赤軍舡
	十三	六年	八年
三十九	二	三十三年	二十三年
	十三	二十一年	二十二年
四十	背十二	刀手	刀子
	二	大德元年	至大元年
		大德三年	至大三年
	背二	至元元年	至大元年
四十一	五	簪帶	簪戴
	十二	回遠	回還
	背五	體奏	休奏
	六	收租	取租
	七	三年	四年
四十二	背九	鳩鵠	嶋鵝
四十三	一	大夫虫	大大虫
	七	擾名	擾民

	九	爲改	爲良
	十	禁內地	禁地內
	十三	禁地	禁內
四四	一	二年	三年
	十	杖手	杖子
四五	三	至大	至元
四七	十一	十一年	十年
四八	五	賺惟攧死姦夫	賺推攧死姦婦
	十	葥草	前草
	背七	賠元作倍此	本多改作賠
四九	背六	毆吏	毆詈
五一	二	親屬	妻屬
	三	元年	五年

	背一	官典條即上文贓不滿	貫解任標附條目重出
五二	十一	發遣	發還
	背十	官例	官吏
五三	一	霸管	羈管
	八	賊盜	盜賊
	背一	驗奴	駈奴
五四	七	准等	准算
	九	竊盜上應有免配二字	與左行首原二字平
五五	背三	監從	盜賊
	十一	收支	放支
五六	一	盜舡	逃舡
	背七	詐稱鋪馬	詐騎鋪馬
		文案	文卷

五十七	七	詞訟	詞狀
		至元	至大
		聽訟關親一	條有目無書
	背五	和鹽	私鹽
	背十三	富戶	富户
五十八	一	閒居	閑居
	五	户詞訟	户計詞訟
	八	大德三年	至大元年
	十一	停俸	停務
	十二	告攔	告攔 下同
五十九	二	湖廣	胡廣
	十三	例鈔	倒鈔
	背一	王百川	王伯川
六十	五	孛蘭遺	孛蘭奚 下同
	八	孛蘭人口	孛蘭奚人口
	背五	禁義男作軀與軀口不	得過房二條有目無書
	六	兄不得條下漏禁乞養	過房販賣良民一目
	九	價賤	價錢
	十	典買	典賣
六十一	五	宰羊	殺羊
	十二	遺火燒死弟條下漏	遺火決斷通例一目
	十三	百姓遺火一	條有目無書
	背四	三月禁宰一	條有目無書
	十二	撇捲賊徒一	條有目無書
六十二	一	折賽	祈賽
	三	流戈	流民

	十三	禁治印信與禁治僧	人二條有目無書		二十二年 二十九年
	八背	綜絲	綜線	五背	三年 四年
六十三	三	黏休	鞊休		
	四	許用	休用		
	五	靴韂	靴鞊		
	八	大德元年	至大元年		
	九	至元	至大		
	五背	二十一年	二十年		
	六	休字	休拿		
六十四	一	二十三年	二十一年		
	四	現元作見此	本多段作作現		
	五	官廨	公廨		
	十一	附籍	附簿		

葉	行	誤	正
一	四	壘與	迭與
	十	驛騎	馹騎
	八背	務於	務施
二	九	以豫	以須
	四背	實德	實惠
	八	宣布	宜布
三	七	以後	以往
	三背	暨以	槩以
	四	神武	聖武
四	三背	一介	一二
七	四	聖旨	聖旨節文
	八	敷條	數條
	四背	來附	内附
八	八背	不可以久虛	元無以字
	九	不可以乏祀	元無以字
九	三	共儿	共眺
	六	恭承	朕恭承
	九	以次	有司以次
十	四背	元空二行預備	刻仁宗廟號
十一	四背	皇大后	事皇太后
十三	三	今十月	今年十月

葉	行	正	誤
一	四	御史臺官	御史臺
	五	不曾一處	不處
	八	斡耳朶	幹耳朶
	背三	銀治	良治
三	四	除那	除却
	五	休教	體教
四	背十三	推著	推省
五	四	安著	安省
	五	將他每姓名申臺	將他們姓名中臺
		依著	依省
	六	受勅	受飭
	背一	官宇衍	中書省官
	七	舉問	奏問
	九	廉訪司官吏	廉訪司官
七	六	考較而爲	考課爲
	背五	州吏	官吏
	六	勤幹	勸幹
	十	欽奉皇帝聖旨	欽奉聖旨
八	十三	盡心	之心
	背五	廉能	賢能
九	六	滿者	滿去
十一	二	平定	日定
	背二	行省行臺	行省臺
十二	十	遮當 下同	這當
	背三	遍行	偏行

十三	十二	以上官員	以上官
十四	九	勉力	勉勵
	背五	作養人材	作成人材
	十	欽奉詔書	欽奉登寶位詔書
十五	七	爲政	王政
十六	四	已常	已嘗
十七	十	常均存恤	常切存恤
	背四	黜陟	黜降
十八	四	横派科歛	横泛科歛
	背十三	陣亡	病亡
十九	背八	稅銀	稅粮
	十	苦勞	勞苦
	十二	廉訪司	肅政廉訪司
二十一	背二	理聞	理問
二十二	五	頭目	頭疋
	七	施行究治	並行糾治
二十三	六	滿籍	漏籍
	七	依占	休占
	十二	差徭	差役
二十五	十二	目頭	頭目
	背十一	判署正	判署正官
	十二	廉訪司	肅政廉訪司 下同
二十八	三	增添程	增添課程
	四	徼名	激名
	九	已今	已令
二十九	六	幹脫	斡脫

葉	行	誤	正
一	六	濫刑	淫刑
	二背	送納	迭辦亦
	三	居民	安民
二	三背	又有	有又
三	一	打鋪	打捕
	七背	殊詳院	殊祥院
四	十二	均當	均當呵
五	六	文量	打量
	六背	奉使詔書	奉使宣撫詔書
六	六	三分	二分
	三背	元年	元年七月
七	五	百姓	應百姓
	十二背	稅銀	稅粮
九	四	收取	收要
	二背	地稅時	地稅時分
	九	每取	多取
十	八	廉訪司	肅政廉訪司
十一	十二	其餘	自餘
十二	一	簡訴訟	簡詞訟
	二	八月之八	字元本無
	六	諱許	諱訐
十三	三背	廉訪司	肅政廉訪司
十五	十二	見流移類	實未見
	三背	正月十五	正月初五
十六	一背	廉訪司	肅政廉訪司

葉	行		
十七	背十三	每人給	人給
十八	五	衣藥	醫藥
十九	十	賜絹	人賜絹
二十一	五	鸂鶒	鸂鶒
二十二	八	賑濟	賑給
	背十	侯覆業	候復業
	十三	隨即	隨給
二十三	九	惠實	實惠
	背二	官糧	口糧
	五	照依	仰照依
二十四	六	皇聖旨	皇帝聖旨
	背七	齋潔	齋戒
	八	本道	從本道
二十五	十三	擇吉	涓吉
二十六	五	社長里長里正至首	社長里正主首
	六	廉訪司	肅正廉訪司
	十	大位	大寶
二十七	八	軫恤元	作振恤
	背六	減一年	減一半
	九	廉訪司	肅政廉訪司
		隨下滿即發遣重囚疾	早依例照察疑者申明
		十五	字
二十八	四	廉訪司	肅政廉訪司
	五	奏准	奏決
二十九	五	犯罪者	應犯罪者
	八	從釋免	盡從釋免

三十	八	外據	外處
	十三	相告者	相告言者
	背三	寧有遠邇	寧有中外遠邇
三十一	三	潤二	潤潤
	四	十一月	冬十一月
	十	妻妾殺夫奴婢殺主	奴婢殺主妻妾殺夫
	背九	其各處洗心	其各洗心
三十二	一	已未發覺	已發覺未發覺
	五	但凡	但犯
	背七	但凡	但犯
	十	延祐七年	自延祐七年
		十一二字	元本無
	十二	以及二字	元本無

葉	行	誤	正
一	七	不蘭溪元	作不蘭奚
	一背	季付	委付
	五	不題說的下元本	有題說的三字
	十一	恁奏者	您奏者
	十二	九月	七月
二	一	行體	事體
	三	經各省	經移咨各省
		紊繁	紊煩
	八	尚書省	尚書省咨
	十	艱多	哏多
		勾當官人	勾當的官人
	十一	分省	分著
	十三	更隨處	有更隨處
	三背	索旨	聖旨
	六	或就	成就
	八	從生	從上
	十三	江省	江西省
三	四	宰職	宰執
	九背	呈告	陳告
	十三	省告呈呵	省部陳告呵
四	一	辨驗	辨驗
	八	違舊體例往直	違著舊體例徑直
	五背	就刑	就行
五	四	一百七十以下	一百七以下
	五	申上定奪	申上司定奪

	十背	叅詳	叅照
六	十一	許越	許赴
	五背	宣慰	宣慰司
	十	訴訟人	諸訴訟人
七	六背	又皇慶起元	另行頂格
	十一	凡興利	凡可興利
八	一背	僉驗	會驗
	三	廉訪司	肅政廉訪司
	十二	明正案驗	明立案驗
九	一	究問	糾問
	三	監察所言	監察御史所言
十	四	定度	定奪
	七	量請	量情

	十三	條詔	詔條
	一背	土地	地土
	六	事同稽緩	事因稽緩
十二	一	御吏	御史

葉	行	誤	正
一	三	令委	今委
	七背	官品	品官
二	二	若有增餘	若有辦到增餘
	一背	體察	體究
	四	執中	執申
	五	都谿	都轄
	七	酒麪	酒麯
	九	阻壞	沮壞
三	十二背	恁根	您根底
四	十	赴奏	題奏
	二背	書吏	書史書吏
	三	百正	百官自正
五	五	二十二年月	作二十五年
	六	薛怯	怯薛
	九	那裏	你那裏
	四	每季炤季炤刷	每季炤刷
		監察	監察御史
	六	不盡心	不爲盡心
	十二	本臺官	本管官
		不法	不發
	十一背	廉訪司	肅政廉訪司
六	一	廉訪司	肅政廉訪司
	五	也下漏聖旨俺的羊兒	年十月十五日十二字
七	五	磨刷	刷磨
	三背	申報	申報者

入 爲軀
爲驅

糾察
糾彈

入 三 官私
官司

背 鞫罪囚
三 鞫勘罪囚

葉	行	誤	正
一	背六	審追	審過
		審異	番異
	七	卒准	卒難
	十三	官吏	公吏
二	八	阻壞	沮壞
三	十三	當坎	常切
	背四	阻壞	沮壞
	五	究治	糾治
四	七	仰按察	仰提刑按察
	二	除有聲跡	除字衍
	十三	紊繁	紊煩
	背四	火油	油火
	五	應付	應副
	九	仰依理	仰提刑按察司依理
五	七	即佚	既佚
		遂旋	逐旋
	背六	因日	因生日
七	一	官庫	官庫內
	二	官匠	工匠
	背五	者處	去處
八	十一	體察省	體察着省
	背十三	依省	依着
九	十三	繁擾	煩擾
十	一	體著尋着	體察尋着
	五	初七日	初四日

	十三	人根底	人每根底
	十三	如令	如今
	十二背	損省	損着
十一	一	近聞	近間
		言語有	言語的人有
	二	婢奴	奴婢
	三	外官	外頭行臺裏官
	四	廉訪司	肅政廉訪司
	三背	阿馬	阿合馬
	九	休親面皮	休覷面皮
		休知	體知
	十	平意	平章
	十二	行省有	行有有
十二	八	令吏	令史
	十三	勾當當	下當字行
十三	四	大都	到大都
	十一	怎麼道	怎生麼道
	七背	留存	存留
十四	一	宣史	宣使
	三	監察每	差監察每
	六	十四日	二十四日
	十三	休察	體察
十五	十	體察追問據目此條	在體察覆獲功人員前
	十一	十七日	初七日
	一背	來來	有來
	二	有的	來的

葉	行	右	左
十七	七	酌量	約量
	十背	巡照	巡按
十八	三	廉訪司	廉訪分司
	八	那般者	那般者麼道
十九		表闕橫線	應添入
		卷票數	卷宗數
	五背	有寃枉	有無寃枉
二十	一	照刷尾	照刷尾上
	五	磨刷	刷磨
	六	桑哥	喪哥
	七	桑哥奸人	喪哥奸歹
	八	理合	不合
	九背	因後	後因
廿一	十一背	上半年	上下半年
廿二	二	吏員	史員
	三	上將	止將
	五	其費	甚費
	九	檢看	檢勘
	十	照刷未絕	照刷仍將前刷未絕
	十三	今鈔元作抄此	本多改作鈔
	三背	札付元作劄此	本多改作札
	七	揭有先	揭有光
	十	其依	具依
廿三	一	將省	將着
	五	宣吏	宣使
	八	文卷	文書

頁	行		
	背七	遲了勾當	遲了底勾當
		招覆	招伏
	十一	勘酌	斟酌
		斷犯	但犯
	十三	二月	三月
二十四	六	省來咨	省咨來咨
	九	稽遲	稽違
	十	任令	仍令
	十三	招覆	招伏
	背九	廉訪司	廉訪使
	十	之條	之際
二十五	四	斷罪過	斷罪過來
	十二	以後	以外

葉	行	誤	正
一		正一品三字	應移上一格
	背	中間開府二字應移	在左格儀同之前
		飛龍衛	龍虎衛
二		後武資二字	重出應刪
		從三品以下與左	表不相應應改作
三	十一	集賢院使應	在大司農下
	十三	知樞密院事	應在左丞下
	一背	御史大夫下應有	行臺同三小字
	二	同知宣徽院事上元有	同知徽政院事一項
五	十	入喇哈孫	八剌哈孫下同
	十三背	南軍	南寧軍
六	八	達魯赤	達魯花赤
	二背	規運財	規運財賦
	六	諸路金玉人匠下	漏異樣局一項
	八	諸色人	諸色人匠
	十三	府事下漏翰林侍講學	士府並集賢同三小字
七	四	花赤下漏通政	院副使一項
	三背	達魯花赤	赤下漏同字
	五	息州等處管民一項應	與六州行總管一項互易
八	七	下層漏儀鳳	司太使一項
	八	下層漏太子	中允一項
	十一	同僉院事	應自爲一行
	十三	樞密院等三項應	低同僉院事一格
九	一	下層漏知	府一項
	五	副元帥	副都元帥

陳氏校補

十
七背　各處轉運三項應低同知一格
十三　真撫鎮撫
四背　正五品以下十八行錯簡應在十一葉背十三
行異樣局之後

十一
六　治書侍御治書侍御史
九　軍民職以下十八行錯簡應在十葉背四行正
五品之前

十二
十一　指揮使指揮司
三背　總管府中總管府治中
五　漕副使漕運副使
八　榷都茶轉運使副司榷茶都轉運使司副

十三
一　紬綿等戶應作納錦等戶
二　打捕下漏延安路屯田鷹房打捕一項

十四
六背　徽政院中徽政院中議
十　樞密院下漏行院同三小字
九　資成資乘
十二　御藥院御藥局

十五
十三　花赤下漏提舉一項
六　諸運司三行應各高一格
悉州息州
八　管領諸管領諸路
十三　都成所都城所
四背　茶貨茶貨

十六
十三　溧陽溧陽
十一背　真撫鎮撫
十三　各衙各衛

十七	二	從二	從三
	七	藝麻林人匠後漏江西	織染田賦建康織染人
		匠二	項
	背十三	衛侯	衛候
十八	一	鈐轄	鈐轄
	背六	都漕運四行	應各低一格
	十二	下曆漏廣積倉	監支納達一項
十九	一	提舉下應有達	達同三小字
	四	順水	順承
	六	光照	光熙
	十三	大名雜造二行	應各低一格
	背四	宣口口口等處	元闕
		保冦	保定
	七	各省元	作客省
	八	行省員外	行省員外郎
	十一	集賢院同	院字衍
二十	背三	寧夏府營田	大使七字衍
	十一	税務提領	應另行
	十三	江張	江漲
		杭州在城一項	應在州真州項下
二十一	十一	建康織造	建康織染
		宣德等處	宣德等處軍器
	背五	局副使	應另行
	九	國子二小字	元大字直寫
	十	國子一項應在	太常一項上
二十二	三	同州	同知

九 平唯 平准
十 上都惠民局二行 應與太使行平
惠民局司令下應 有大民都同三小字
二十三 五 內史 內司
八 大名軍器局大使應另 行在織染局大使前
十三 平灣 平濼
二十四 七 大同農司 大司農司
背六 下曆應有太 僕寺一項
十 中書省以下七 行應與經歷平
十二 副衛侯 副衛侯
二十五 一 醴泉倉大使下應 有大都同三小字
三 中書有 中書省
文字一 一字衍

背七 河渠同 河渠司
九 財賦下漏異 樣局三小字
十三 海博易 海南博易
二十六 二 新糧運同 新運糧同
九 河廣大軍 湖廣大軍
背八 招討司萬户府下漏李 店文州蒙古元帥府九
小 字
二十七 一 同提舉下漏一千户 下五百户上八小字
背二 軍局 軍器局
山中 中山
三 尖尖三十四 葉作失失
四 旋正局 旋匠局
五 平灣 平濼

葉	行	原文	校改
	十	國子助教下漏蒙古國	于同教授同八小字
	十一	醴泉倉副下	上都同三小字
二十八	三	受勾	管勾
	五	司農司下漏六	部及行省二項
	十二	發物	法物
	十背	稅大使下漏五千	定之上五小字
二十九	三背	箪州	單州
	六	高堂州	高唐州
	八	高郵州	高郵府
三十	四	千戶副	千戶下副
	八	副提舉下三十七處四	字應在二千戶下之前
	十二背	奉祀郎	奉禮郎
三十一	三	司農郎	司晨郎

葉	行	原文	校改
	二背	太僕	太僕寺
	十	巡警	警巡　下同
三十二	六	營田使	營田司
	十	平灤屯田下漏陜	西等處屯田一項
	十三背	醴陵府	醴陵州
三十三	十	楚邱	楚丘
		彰德府宕	彰德輔宕
	一背	鞏州	鞏昌
	二	開府	開州
三十四	八	東平縣	東明縣
	一	東東西庫	衍一東字
	六	宣撫司下漏萬戶府及	行院都鎮撫司二項
	九	杯材	肧材

		金銀器皿局後漏上都	諸色人匠大都甲匠二
		項	
	十一	上都諸色人匠	六字錯簡應刪
	背五	鞋帶	鞵帶
	十一	上和	上都
三十五	九	宣撫司下漏	安撫司一項
	背四	百户府	萬户府
三十六	九	平灣	平灤
	背十	大德三年置下漏	一十九處四小字
三十九	一	備照	備照
	三	汶泗	泗汶
	五	都功總使司	都功德使司
	十三	揭推	揭催
	背一	南醫	尚醫
		後一尚牧	應作尚舍
	三	副統軍下漏中路	宣課都提舉一項
	六	尚都	上都
	八	洪贊司	供帳司
	十一	功農司	勸農司
	十三	少府監諸用	少府監諸司
四十	一	大都申匠	大都甲匠
	六	副都統	副統領
	十一	大和雜造應作大	都雜造四字相連
	十三	正定	真定
	十三	真撫	鎮撫
	背三	玉宸樂下漏儀	鳳司一項小字

十 蕭匠箭匠

罕

一 醴源會醴源倉

二 皮表皮裘

豐潤下漏萬成一項及金銀等物四小字

十 等處斷事官下漏樞密院斷事官一項小字

十三 札魯忽赤下漏衛尉院一項小字

背二 尚醞監下漏市令一項小字

知事項下漏諸管匠副使一項大字及詹事院

五庫、承革、坤珍、萬成、大都平準行用

庫、莊嚴、上都柴炭局七項小字

葉	行	誤	正
一	二表	正品	正三品
	三	左右司司	衍一司字
	六	一等陞二等	一考陞二等
	七	考滿省掾	考滿比省掾
	八	譯使	譯史
	一背	總制院	統制院
	三	從六	從七
		承差	奏差
	十三	後二十	今後二十
二		此葉横直線及字句	皆有脱誤應改作
三	十	從九起	應另行
	三背	正從四品	應另行
	四	諸自九品	應另行
	五	本年	本等
	十一	三考	同三考
		所少同月日	所少月日
	十二	緩任	復任　下同
四	一	令得	合得
	十二	譯史上元	有令字
	九背	上部	工部
	十	宣史	宣使
	十二	典史	典吏
	十三	過部令史省聞轉同	遇部令史有闕轉用
五	一	典史	典吏　下同
	三	典史	典吏　下同

卷	葉	甲	乙
	五	諸益	諸監
	十	吏月內同	吏目內用
	一背	外提控	升提控
	二	雜	雜例
六	二	開谷	開坐
	四	相左	相應
	七	勾當迴	勾當任迴
	五背	末江淮	未注江淮
七	一	已新後收	已後新收
	九	令量	今量
	十二	移資	移咨
八	三	日月	月日
		如無	如元
	十三背	父子	父兄
九	五	至元	於至元
		第二者	第二日
	八	交省	交著
	九	欽此	鐵此
	十	省合迴避	有合迴避
		色目漢兒相參勾當	應另行頂格陰文
	十二	丞相伯顏	左丞伯顏
		二十七日	十七日
	一背	親著	覷著
	三	依省	依著
	十三	呵付	呵委付
十	六	分開	分間

	十	方爲	方得
	十一	本管官	本管官司
	一背	在流上元有陰	文諸字另行
	四	推文資	惟文資
	五	有文	有闕
	六	官例	官員
十一	五	摘取	摘那
	十一	探附	摽附
	十三	除擬	除授
	二背	二十年	二十五年
	四	出省用本官	出首用本究
	九	欽奉	欽授
十二	四	庶凡	庶幾
	六	據部	據禮部
	七	如此所歷	此字行
	二背	尊號	上尊號
	九	也備	也字行
十三	一	以相應	以字行
	二	說的	說將來的
	五	歷聖旨	歷道聖旨
	十	脚根	根脚
	十三	督勘	督勘
	二背	呈有	呈省
	六	左合	應合
	九	委員	委无
	十	急敘	應敘

	十三	役下	投下
十四	六	遷注	銓注
	七	原解由	無解由
十五	三	令參議	今參議
	四	照例依	例字衍
	五	諸官品以下共有	七諸字均應另行
	九	疏外	流外
	十	有篤廢疾上漏	若嫡長子四字
	一背	伯母	伯叔
	三	八品職	入品職
	四	慎守	守慎
	五	依例	依格
	十三	清册元	作青册
	十三	申闡	中間
十六	三	祖父	父祖
	七	令後	今後
	十三	應付	應副 下同
	三背	例依	依例
	七	例依	依例
	十三	一十七年	二十七年
十七	四	孫兒	孩兒
		狠低	哏低
	七	孫兒	孫男
	十	人民	人氏
	十三	牧民之官	之字元無
	五背	及本省	及字元無

		吏爲	更爲
	七	行移所	行移任所
十八	四	減赤	喊赤
	五	吏部禮部	吏禮部部
	六	管民	管民官
	十三	者去	去者
	十三	唐元	唐兀　後同
	十三背	應叙	瘞叙
十九	一	別原	別无
	五	正令	止令
	三背	正七品官	官正七品
	四	根底	根脚
	五	過除	通除

	六	歷任	歷仕
二十	四	七品子孫	孫字行
	五	本行正六品與下	文從六品均另行
	六	合式	合設
	八	六十箇月與下文七	十二箇月箇字元無
	十一	本行正七品與下	文從七品均另行
	十二	一百八箇月與後一百	四十箇月箇字元無
	三背	乃鑾久	乃鑾歹
二十一	六	參政下漏	敬參參政
	九	循省	循著
	十二	衙門奏	衙門自奏
	一背	恰似	恰似
	五	使受	使受

七 衙裏 衙門裏
二十三 一 贜了 賺了
二 方得 才得
十二 便受 便要
一背 去赴任 不去赴任
三 百定 一百定
二十四 九 宣慰司 宣慰使
十 總管 總把
四背 難辦 難便
八 曾元 曾无
十 寫對該 該寫對
十一 曾原 曾无
十三 因今 目今

若千 若干
熟練 熟閑
二十五 三 因今 目今
四 熟練 熟閑
九 擅告壂下 漏用字
應管軍上元 有一字另行
一背 又至元 應另行
四 從兒 漢兒
七 又至元 應另行
八 樞密院 樞密院咨
十二 閑習 閑習
二十六 一 又至元 應另行
四 我親 我覷

	六	喫省俸錢	喫著俸錢
	七	的呵	來河
	九	兄弟	弟兄
	三背	聖祖	世祖
	六	小兒孩	小孩兒
二十七	八	疏外	流外
	二背	增定奪	增虧定奪
		合于部	合干部
	五	元議	圓議
	八	二月	三月
		詔書	詔書內
二十八	三	伏下漏見江淮	新附官員七字
	四	隨下漏朝使用似為長	便都省聞奏過奉十三
		字	
二十九	四	應辦	應辦
	五	體那般	休那般
	九	別陛一等	則陛一等
	九背	案牒	案牘
三十	七	此條每箇月之箇	字皆為元本所無
	十一背	閒名	闕名
三十一	六背	歷任	歷仕
		仔細元	作子細
	九	皇慶元	年另行
	十一	至大德	德字衍
	十二背	九十箇月	箇字元無
三十二	一	名聞	名闕

	九	議宜	宜議
	十一	疑内	欽内
	十三	今决	今次
	五背	用選	月選
	九	久難	人難
三三	五	有劄	省劄
	七	下部	本部
	十	宣慰司另行背三	行前件亦另行
		奏議	奏差
	十二	典史	典吏
	四背	出身	出自
		遂敍任添	遷敍任可添
	五	廉訪司另行六一	行前件亦另行

	十三	奏差廉訪司及下	文前件均另行
三四	一	大德	如大德
	二	承塵及下文	前件均另行
	三	正從三品	正從五品
	五	各路譯史及下	文前件均另行
	十	各處已委及下	文前件均另行
	十三	出職下同	出取
	二背	部議	部擬
	八	相稱衙門元下同	作相梯衙門
	九	玉速赤不花	玉速亦不花
三五	一	此兩葉典史凡三十	三見均應改爲典吏
	四	依吏	依例
	五	三十箇月	箇元無

頁	行	文
	十	博補　轉補
	背四	宣慰使　使元無　司
	五	左右司　籍元無　通籍
	六	請俸及　及元無
	八	檢校書　檢校書吏
	十	省部元　作貢部
	十二	前件　另行　元
三十六	四	省史　省使
	八	雖繼　雖經
	十三	前件　另行　元
	背三	考轉補　一考轉補
	五	前件　另行　元
	九	人數內　內字衍

頁	行	文
	十	攢典史　史字衍
	十二	奏差之外　之字衍
	十三	各與　合與
三十七	一	前件　另行　元
	二	發寫　寫發
	五	須降　須降
	背五	州吏陞轉補　陞字衍
	十二	一十八日　二十八日
	十三	趙琳　作琳　元
三十八	一	以准庫　平准庫
		典差　點差
	五	久難　人難
	背四	中省　中書省

葉	行	誤	正
一	十一	中書	中書省
	背五	仕官即日	仕宦即目
	八	呈奉	承奉
	十一	日月	月日
	十三	呈奉	呈奉到
二	一	奏此	奉此
	十二	江西	浙西
	背二	前咨	前資
		仕官	仕宦
	五	親身七十	親年七十
	七	官員	官司
三	三	哥二	哥哥
	四	護切	獲功
	五	交他	交俺
	六	商量	商議
	九	文將	又將
	十	把總	總把
		幹端	斡端
	十一	河林塔塔兒久	和林塔塔兒歹
	背一	案同	緊用
	二	臨差時的時節	上時字衍
四	十	從五品	正五品
	背六	正六品銀牌	元作金牌
	八	七千名	七十名
	十一	五百名	五十名

頁	行	右	左
六	八	負遇	負過
		墜遷	墜用
	背四	當每	他每
	八	治時分	治的時分
	九	勾當	勾當裏
	十一	的大每	的人每
	十二	廉訪司管	廉訪司官
七	五	長孫嫡	長孫的嫡
	七	體倒	體倒來
	十	他每	他每的
	十三	查知	察知
	背一	欽此請	欽此咨請
	九	行著	用著
	十一	司用心	司官用心
八	一	體差占	休差占
	三	省司	有司
	六	體差	休差
九	十	擬從	宜從
	背一	元粘帶	无粘帶
	三	議得	擬得
	四	擬准	宜准
十	十二	帖木耳	帖木兒　下同
	二	交走	交去
	背二	揀選	選揀
	三	他依	他每依
	九	與城	南城

葉	行	原	校	附注
	十一	仍今	仍令	
十二	二	剳來	剳付來	
	四	帖木耳	帖木兒	
	六	令後	今後	
	十三	來咨	來呈	
	九背	有姓漢兒	有姓的漢兒	
	十二	他每	他每的	
		依省	依著	
十三	十三	欽依	請欽依	
	二背	本省	本臺	
	三	設投下	說各投下	
	十	依省	依著	十三行同
	十一	恁說	您說	
十三	三	做委	做付	
	四	爲顯	爲頭	六行十行同
	五	依省	依著	
	三背	偏隋	偏惰	
	四	刷歷	刷磨	
	六	固有	固可	
		懽受	惟受	
		議罪	議罰	
	七	倘擬	倘若擬	
	九	官職	職官	
	十	旨罰	責罰	
	十三	據管	總管	
十四	一	朱全祐元	作朱全祐	下同

	班四七行	作班四
	促獲	捉獲
二	得與	朱得與
四	恩用	恩州
七	私合	私和
十三	有定	已有定
七背	捉獲	捉拿
十二	省司	有司
十三	引無	別無
十五 八	體另	休另
十六 三	擺著	攙著
九	應與	處與
十	此爲	亦爲

十一	差後	差役
十三	宣慰	宣慰司
二背	節令	即令
六	二十定	二千定
七	斤利錢	幷利錢
八	了者去	了去者
九	照譯	照詳
十八 十二	每歲貢	每年歲貢
五背	歷一任者即陞	歷一考即陞
十二	全例	前例
十九 四	一考之人舉正	一考之上學正
	求服	求斂
八	必得	必當

頁	行	右	左
	十	所轉	所轄
	二背	學官	舉官
	三	訖照	乞照
	五	取堪	取勘
	十三	體倒	體覆
二十	六	即日	即目
	九	照堪	照勘
	五背	己經	已除
	八	許部	許補
二十一	四	論孟長	論孟義
	八	江南	江西
	四背	考成	老成
	五	巧攢	巧鑽

頁	行	右	左
		多資	多貲
	八	百司	有司
	十	德邵	德劭
	十一	茂異等	茂材異等
	十三	舉學正	舉字衍
二十二	九	等此	此字衍
	十一	採緣	採錄
	十三	體查	體察
	一背	學官	舉官
	二	得此照詳	照詳得此
	四	司牒	回牒
二十三	十	並援	並受
	二背	教諭	教授

	八	出結	出給
		委勾當	委充勾當
二十四	四	似大優	似涉大優
	五	代試	待試
	七	未等已是	末等亦是
		品及	品級
	八	日月	月日
		願選	類選
	十三	令將	今將
	背五	合於	合于
	六	委充之學	委充直學
二十五	九	糾舉	科舉
二十六	十一	指未徵厥	指末徵厥
	背九	一名赴藥局	一名赴學
	十三	成就以	成就依以
二十七	六	各路	另行
	八	各設	各說
	九	運熱	運烝
	背一	劄禮部	劄付禮部
二十八	二	三年	每三年
		經綸	經論
	背一	擬堯	擬充
	四	應保太醫學	太宇衍
	六	行考	行考試
	十	領北	嶺北
二十九	二	提察司	提舉司

		無設	元設
	三	各處以	下另行
		提領外	提領所
	七	勾當	管勾
三十	五	司天裏臺	司天臺裏
	八	厚重	重厚
	背一	婚元、宅元、塋元、	均應有括弧
		入宅	八宅
		此葉後闕倉庫官局院	官場務官站官首領官
		捕盜官六類凡	三十六葉應補

葉	行	正誤
一	七	名闇 名闕
	十	告呈 咨呈
	一背	例隔革 隔字行
	八	倒結 倒給
二	二	保給 保結
	二背	不敘官 不敘官員
三	七	保中 保申
	七背	明其 明具
	十三	元貞以 下另行
四	五	詳參 參詳
	八	大德以 下另行
	十	見前例三 字應小注
	十三	申覆 申路
	六背	從宜立 從宜立法
五	三	合原 合无
	十	具合 俱合
	十一	銓式 銓試
	五背	辦憑 辦憑
	八	力蹬 刁蹬
	九	求仕不許赴都應 另行頂格陞文
七	一	除授或 作授除
	三	今吏部 令吏部
	四	在家 本家
	五	今後下漏奏准除授官 員不須勾請前來止令
		因公差去各路人員齎 二十三字錯簡在第八

		行省	送下
	七	依例辦	依例辦到
	九	令公	令因公
	十二	除授	授除
	三背	理會得	理會的
	五	休教之教元	本多作交
八	二	尚書省三字	元在至元上
	六	他的	他呵
	十一	奉過	奏過
	六背	做呵	奏呵
	七	奏聖旨	奉聖旨
九	一	多而闕少	而字衍
	九	原任	原任

	五背	原擬	原免擬
	六	招狀	招伏
	七	得都省	得此都省
十		表直線及字句	有脫誤應改作
	八背	著部	省部
	九	未曾	未承
	十	理任元	作禮任
十二	三	地程	地里
		請照	請咨請照
	六	大凡	但凡
	八	令旨	有令旨
		限外	哏壞
	九	兵司	兵馬司

	十二	宣敕	與宣敕
		曾宣敕	曾受宣敕
	背六	二十六日	二十一日
	七	乾州路長官	乾州段長官
	八	收告	狀告
	九	署備	置備
	十一	諸設色戶	設字行
	十二	署官	署立官
		欽奉	欽受
	十三	十月	五月
十二	十二	呈奉中書省	呈承奉中書省
	背一	令逐	今逐
	九	其職名	具職名
十三	七	去人	去的人
	十一	行日	日行
	背一	照得	照會
	二	悞限	悞陷
	八	理任	禮任
	九	違撥	違慢
	十三	行各官	行移各官
十四	一	而內外	而字衍
	五	三十年	三十一年
	背二	方才	才方
十五	一	理任	禮任
	五	欽奉此	欽字衍
	七	差悞	差訛

	十二	依期	或依期
	四背	有近來年	有來近年
十六		表直線有錯	誤應改作
	十背	先行的	先的
	十三	浙江行省	江浙行省
十七	二	本例	體例
		麽道可	麽道奏可
	五	趁閃	趖閃
	九背	中書省	中書省咨
十八	一	赴任內	赴任類

葉	行	誤	正
一	七	管長官	管民長官
	八	令宣	另宣
	四背	亦輕重	亦驗輕重
	五	首領官奧魯	首領官權奧魯
		平陽	平陽路
	九	差或	差故
	十二	署御	署銜
		十三年	二十三年
二	三	奏聞	聞奏
	八	兼管農事	兼管勸農事
	十一	今從	合從
	三背	體管	休管　下同
	八	謹俱	謹愼
	九	體教	休教
	十	差使將去裏勾當	差使裏使將去勾當
三	一	常時	時常
	三	罪者	罪過者
	四	浙江行省	江浙行省
	六	有元	有无
	七	管省的	管着的
	八	今後元	今後无
	十一	體交	休交
四	二	二欵應	小字
	三	圓生	圓坐
	四	天受	天壽

頁	行	右	左
		寒日	寒食
		十五	十五日
	七	各省元	作客省
	十三	病患	患病
		八年	八年五月
	三背	約剌忽	紉剌忽
五	二	中書咨	中書省咨
	七	體閒	休閒
	八	去之	去訖
	十一	不得照	得字衔
	十三	難已	難以
	五背	全無	合無
	七	又十月	閏十月
六	五	二十日	三十日
	一背	爲程	馬程
	二	立十四日	五十四日
		該假	假字衔
	十三	取限	取到
七	二	無定	元定
	四	即日	即目
	九	具呈詳	具呈照詳
	十三	千陽路	平陽路
	十三	切切見衔一切	字本作竊見
八	二	理任出差	禮任差出
九	三	欽此	欽依
	六	求任	求仕

十	二	內款	內一款
	七	二十七日	二十四日
	六背	著合後	著令今後
	十	二十七箇月	箇字衍
	十一	官例	官吏
十一	十	十七日	十九日
	十三	爲除別行此	爲此除別行
	二背	不得	不行
十二	八	准陞	准申
	二背	州縣官員	元無縣字
		離職聽	元無職字
	五	月聽任	月後聽任
	六	患病	病患
	八	患病	病患
		到任	赴任
	九	及下	及於
	十一	其寫	具寫
		干原任	於原任
十三	二	例定奪	依例定奪
	四	不死之任	不能之任
	十一	患之病	之字衍
		期於	於元作干
	十三	至自求任止	至求任日止
	四背	石巡院	石元作右
	六	許斂	許求斂
十四	二	或處司	或據某司

三	受上漏欽祗	二小字横寫
四	理任	禮任
六	請訖	請乞
十	後項備細	後項内備細
一背	申保	審保
	今日	今用
四	乞伏	伏乞
五	病疾	疾病
	祖御	祖鄉
六	存者	存留
七	日今	目今
八	畀吾若	畏吾兒
十一	即云	直云

十五

	不曾歷任注云	若不曾歷任則云
一	根底	根脚
二	椒任	初任
五	久任	次任
七	尋勸	勸元作勤
十三	任職	任職
一背	曾原	曾无下同
	月日	月數
	如原	如无
七	以及	二字衍
	過失	失過
	從獲	捉獲
八	此二款先後	元本互易

頁	行	誤	正
	九	如有不	如不
		不提點	不曾提點
	十三	如有曾	如不曾
十六	二	先去	先元作坐
	六	鹽未	鹽商未
	十三	收到	取到
	二背	又字元	小注
	四	解字或	作廨宇
	五	之數	之類
	八	月日下漏經是何官司	追收有无獲到文憑十
		三小	字
十七	一	對請	對讀
	二背	呈奉	承奉
	六	保結	保給
	十	不識	不職
		不問	不聞
十八	四	公司	公私
	七	諸俸	請俸
		冒檎	冒擒
	一背	至元新格下	漏諸字陰文
	二	諸官員	應另行
	十	體察	體覆
	十一	到咨	倒咨
十九	六	准中書省咨先	先准中書省咨
	八	過失	失過後同
	十一	安另議	安者另議

張	行	原	校
二十	背五	直強賊	值強賊
	一	直強盜	值強賊
	八	解由	解由內
	十	抗治	撫治
	十三	百里間	百里之間
	背四	著詳	看詳
		過失	失過
	六	黜降	黜降
二十一	四	罷免	罷兑 後同
	八	原公據	无公據
	背	經直	徑直
	十三	也是	是也
二十二	九	款目	數目
	十二	外審	未審
	十三	也已行	也字行
	背二	遷選	銓選
	三	由都省	由字行
	五	滿任	任滿
二十三	一	寧患	寧息
	八	中書	准中書
	背五	原文案	无文案
	六	原粘帶	无粘帶
	九	原職	无職
二十四	一	之難	人難
	三	又貧	文貧
		併申	保申

六　姓名　二字衍
罪據　罪所據
八　詳加　常加
十一　解由　解由內
十二　與其文卷　其字衍
背八　受贓　受財
十三　元部贓之類　刑部贓罰類
十三　新省　都省

二五

二　置部　置簿
九　近者　近字元無
十　爲民　爲名
十一　久物　錢物
日月　月日

背五　另置　令置
六　當切　常切

二六

六　年未及　年雖未及
九　馳驅　驅馳
十一　月日　日月
背四　委何　委付
七　以下的官員　的字衍
八　怎麼道　怎生麼道
十　年過七年　年過七十年

二七

三　張德成　張成德　下同
即是　既是
四　給申　給由
十三　集賢院翰林院　集賢翰林院

	二背	理任	禮任
	五	止一子	止有一子
	八	十六年	十年
	十二	加其行	嘉其行
二十六	一	你賀	仰賀
	五	照信	昭信
	十三	做官的人	做官的人每
	二背	與授	與遥授
三十		表闕横線排列	錯亂應改作
三十一	一	流等第	流官等第
	六	柱國	護軍　下同
		國夫人	郡夫人　下同
	十二背	從一品元	作從一高
三十二	十三	一階二滿	一階階滿
	四背	封贈祖父母並母	封贈曾祖母祖母並母
	十三	已上言	已上官
三十三	十三	許謚	許請謚
	一背	文業	文學
	八	今封	合封　下同
三十四	二	折連元	作拆連
	十一	浙江行省	江浙行省
	十二背	娶到寡婦	娶到的寡婦
		不合的與封	不合與封

葉	行	誤	正
一	四	卷十二至卷十四條目應項格陰文者此本均誤作陽文低三格而加一字於其上致與其他小節目相混應照卷首目錄改正之	
	六背	勾換	勾喚
	七	相捕	收捕
	八	照爲	照會
	九	至元起	另行
		中書省付	中書省劄付
二	三	不將	必將
		失直	失真
	五	驗行	驗施行
	七	選有	選揀有
	十	非儒	非儒戶
	十二	名弟	名第
	一背	選使	選試
	五	斡敏	幹敏
	六	立提	立題
	八	考試者	者字衍
		本司吏	本司司吏
		不濫	不許濫
	九	司吏勾補	司吏內勾補
三	一	行諸道	諸道行
	二	一又	一字衍
	五	腸裏	腹裏
	十	三年	二年

十三　常及　嘗及

四背　某路　另行　起

六　無盜　元盜

十三　若主　苦主

四　一　服辦　服辯　下同

七　服辦　服辨　下同

紉手　杻手

九　收監元　作收監

十一　告訖　告乞

尋某委　尋委某

二背　緣由　緣何

三　即將　就將

五　問得　問得

九　隨時變之　隨事變文

招仗　招伏

十　若便　若別

作何上漏相同外又招　某年月日不合某處十

三　字

甚處　某處

十一　令捕　合捕

並問　須並問

十三　並元指　並與元指

枷扭　枷杻

五　六　備親寫賍　備寫親駈

七　其全　其餘

八　即干　若干

- 十 無籍責册 元籍青册
- 十三 某空 某室
- 背一 在後於內 在後二字衍
- 三 器械 器仗
- 俸爲 棒爲
- 四 得到 到得
- 五 殺一人 一字衍
- 七 緣由取獲 緣何敗獲
- 八 慎料 塡料
- 凡買 幾貫
- 九 使説 使訖
- 十 爭閙 閙爭
- 十一 共毆 共毆者

- 十三 緣由 緣何
- 十三 緣由 緣何
- 六 一 他隙 讎隙
- 二 贓伏 贓仗
- 三 某故 謀故
- 五 造到 追到
- 六 當作 當廳
- 七 器械 器仗
- 八 指實或 作詣實
- 十一 贓器 贓物
- 事上 事主
- 十二 隱匿情事 情事二字衍
- 閧毆 閙毆

葉	行		
	二背	令狀	今狀
	四	糾作	糾字衍
	六	執給	執結
	七	疾病保	疾孕係
七	六	何色	何名色
	七	問寫	開寫
	十	元詞	无詞
	三背	備具二	字小注
	四	所據	所具
	十一	追得	追到
	十三	執給	執結
八	一	某人甲	某人年甲
	二	並不	並是

葉	行		
	三	無逃	元逃
	六	此段元在	前段之前
	一背	無被	元被
	二	驗傷摘用元作	驗傷門摘用也
	三	執給	執結
	八	件作	件作
		公身	沿身
	九	名隨	名隨
		根由	根因
	十	將不	將引不
	十一	復驗或	作復檢
	十三	勒屍	勒死
		頂上	項上

九	一	項根	項痕
	二	被破	皮破
		分寸	寸分
	五	遍身粟	遍身寒粟
	六	餓死	另行
		臍肚	臍肚
	十三	身死的	身死是的
	背四	目蹬	目瞪
	十	碾死身亡	碾傷身死
	十一	本處	本屍
十	背一	血處	血出
	十	是刺	是被人刺
十一	五	攻痓元	作攻痓
	九	已足	已是
	背三	刑證	形證
	九	節二節	第二節
		打析	打折
	十	即成	即同
十二	五	所隨	所墮
	十二	要背	腰背
	背七	合動	合同
十三	七	目音	目盲
	九	項右額下	項右或領下
	十一	常血	常出
	背一	隨時	隨事
	六	章上	定上

七　件重　秤重

九　歲印記　齒歲印記

十一　尖刀　尖刃

十四

三　比乏　比之

六　味香　藥味香

九　鷹翎刀　鹰翎刃

十三　辦驗　辯驗　下同

背一　曾暗　昏暗

二　助令人犯　勒令犯人

四　係行　係用

五　本章　本草

七　篆文下漏人驗　得篆文五字

八　滲銀　滲眼

十三　擊其　擊某

十五

三　甚本　甚木

八　賤人　賊人

十　其家　某家

背五　該犯　犯人

十六

四　本行後元有一認字自　爲一行與前葉申字平

五　被蓋　被盜

七　物犯　勒犯

九　認得　認過

背一　無行　元行

三　正夫與妻　正妻與夫

八　鄰舍　鄰首

十三　某鄰首姓　某縣百姓

葉	行	原	校
		干鄰下漏首人等勘會得委是某處百姓別不是官中十七字	
十七	一	地方	地分
	三	合千	合干
	六	甚處	某處
	七	若千	若干
	八	奴賊	奴賤
	一背	取致	取到
	六	估各各	估到各各
	十	若千	若干
十八	三	在錯	枉錯
	十一	許吏	許支
	十三	辦	辨
	十三	公坐	公座
	二背	服辦	服辨
	五	重因	重囚
	八	已青	巳責
		今據	令據
	十	並令覆審委定	並今伏審委是
十九	四	發某處	發付某處
	九	禁物	某物
	十一	將私盐	將到私盐
	二背	即給	則給
	八	某去	某處
	三	僧了	僧丁
	十一	會屬	合屬

廿一
一背　謂罪者　謂无罪者
三　招保知者　召保知在者
一　官職　職官　下同
三　譯吏　譯史
五　多省　都省
十一　典史　典吏
五背　典史　典吏
役見　見役

廿二
六　怯里爲赤　怯里馬赤
二　預具　預先具
三　後過　役過
七　本行後有闕文二　段凡五行應補
十一　件內　二字衍

廿三
七背　一至大　一字衍
八　中省　中書省
送部　送本部
十一　省椽　省掾
九　相應員　相應人員
十一　省椽　省掾
七背　官司人　官人
十　者每　者他每
十二　委呵付　委付

廿四
八　當戶　富戶　下同
九　室有礙　窒碍有
十一　別過　別个
一背　皇慶　另行

頁	行	原文	校改
	六	鄰選	遴選
	七	山東	山長
	九	學官吏	學官司吏
	十	偏員	偏負
	十一	提空	提控
	十二	頤籍	顧籍
	十三	使不泛人	吏不泛人
二十五	三	的每	這的每每
	十二	與吏	典吏
	十三	書吏	書史
二十六	三	議得	該來
	五	內下漏勾補多條帶行	白身之人理合依例於
	六	部令史	內二十字
	七	已其	已有
	十	擬合	擬將
	背五	禁待闕	禁治待闕
二十七	三	賊說謊	做賊說謊
	四	做賊謊	做賊說謊
	十	浙江行省	江浙行省
	背三	典史	典吏
	四	除已咨	除已移咨
		照會	照會外
二十八	三	本書吏	本司書吏
	四	省勾當	省掾勾當
	七	怎根底	您根底
	九	不道	不得

	十一	有應	有因
		係申	保申
	背二	已當將	已將
	十一	按察司下史所有奏差	合六字衍應作申該奏
		差劉沂呈照得立到	條式書吏十五字
	十二	奏合	奏差合
	十三	中書	中書省
二九	六	得到	擬到
	背六	非經	非輕
		又廉	又兼
	八	本各	并各
	九	併給	保結
		各屬	合屬
	十三	謙讓項下漏循良	篤實慎默三項
三十	一	言語辦理	語言辨利
	九	任內	任用
	背四	人才	人才外
	六	例人	吏人
	七	觀農	勸農
	十三	例格	例革
三一	九	因在	固在
	十二	及閑	及在閑
	背四	各衙	各路
	五	廉史	廉訪司
		各處司	各處分司
三二	四	寧使	宣使

	八	白生	白身
	九	即令	即今
	十一	慎選元	作填選
三十三	二	例俸	例降
	四	通事知印應	自爲一行
		循門	循行
	十三	欽有	致有
	十背	承說	承充
三十四	一	路吏	路司
	九	處各道	據各道
	十三	承御史臺	准御史臺
	四背	案事	繁事
	五	黨吏司官	倘司官

	六	而操	而其操
		若輩	此輩
	七	以似爲非以私爲公	以是爲非以私害公
	八	有吏	有例
	九	都部	省部
	十	別利害	別白利害
三十五	四	同獲	回護
	七	從容路	從各路
		文委	文資
	十	參得	察得
	十一	到署	判署
		舉幾	舉用
	二背	有欽	有鈌

	五	中臺	申臺
	十一	監察下漏每廉訪司文	書裏說有薛禪皇帝時
		分監察每	根底廿字
	十三	攺於了	攺了
三十六	三	他與	他每
		出身可	出身呵
	七	各部	本部
	八	中書外	中外
	九	九十日	九十月
	十二	以下三條原係前條之	子目不應與前條平行
	二背	正品	正九品
		仕回	任回
	七	不書	不盡
	九	欽此	欽依
		正品	正九品
	十一	疏品	流官
三十七	三	部不盡	部補不盡
	四	止九品	正九品
	五	定倒	倒字衍
	十	部書	簿書
	十一	行臺上漏	一字另行
	二背	先後	先役
		正九品出身	依已定出身
	三	任補	陞補
	四	叔入	掓入
	五	比之	北人

		前件	另行
	七	比人	非人
		不書	不盡
卅八	一	取補用省	收補行省
		大德八年	日作元年
	六	本部	本省
	七	典史	典吏
	十一	才一考	才及一考
	背一	從八品	正從八品
	二	若此	若此
		實定	實是
	三	腳根	根腳
	四	三十個	三十个
	六	典史吏	典吏例
		便就	就便
	十一	大德元年	目作八年
	十三	典史	典吏
卅九	二	歷仕俸仕俸月	歷仕俸月
	三	亦常經	亦嘗禁
	五	付吏部	付送吏部
卌	五	入刺脫因	八刺脫因下同
	十	以下七條目均應	項格陰文一字衍
	十一	呈奉	承奉
	背三	九個月	九十個月
	十二	承奉	呈奉
	十三	人員	人等

四十一	一	考職滿	職字衍
		辦驗無爲	辦驗無僞
	五	末滿	末考滿
	一背	大德三年	目作二年
	六	這有	這般有
四十二	二	九年	元年
	六	司史	司吏
	七	應務	歷務
	十	色目漢目	色目漢人
	一背	江浙咨	江浙省咨
		江忙無多	江忙兀歹
	三	江忙兀夕	江忙兀歹
	六	驛史	譯史
四十三	九	擬得	議得
	十	遷議	遷擬
	十二	内考	兩考
	六背	疾病	病疾
	八	年月日	驗月日
四十四	四	選行	選用
	五	卽令	卽今
	七	吏部擬	吏部照擬
	六背	六品	六部
	十三	一須	亦須
四十五	一	照得元另	行低一格
		定各	從各
	二	差奏	奏差

	五	件長官	件議得長官
	一	相應九十	相應人員九十
	七	預保闕	預保守闕
	十三	元符	元行
	四背	中省	中書省
	五	奉差	奏差
		州吏	州司吏
四七	二	優暇	優假
		判選	判送
	三	按察司中	按察司申
		准按察司	准按察使
	八	未常	未嘗
	十二	責貢舉	責字行

	三背	激觀	激勸
	四	長使	長便
	八	穀粒	子粒
四八	六	寫發	寫發典吏
	九	呈准	准呈
	十一背	多事	多是
	十二	一有二十	一百二十
	十三	吏革	更革
		回任	四任
四九	一	人亦熟	人情亦熟
	七	首領官領官	衔領官二字
	十三	役充	投充
	二背	為要	爲惡

頁	行	原文	校改
	四	公庭	公選
	六	罪及下漏保人司吏貼	書本户合着差科與民
		一體應當違者	罪及二十二字
	十二	勘酌	斟酌
	十三	各訪司	各道廉訪司
五十一	三	三十三年	二十三年
	十三	工週歲	二週歲
		來還	未還
	一背	轉致	轉到
	二	求罪	賕罪
	六	面情	面前
	七	札曳	扎曳
	八	公解	公廨
	十二	行行省	行省
五十二	二	地理	地里
	四	暨管	槩管
	五	儒吏通事	儒通吏事
	七	如有違	如違
	八	勾當	勾補
	十一	賄路	賄賂
	十三	州吏有缺亦聽	使人得由公道
	八背	論孟通	論孟科通
	十	不准	不許
五十三	四	計爲	計會
	八	此以	以此
	十	回識	面試

	十一	使業	吏業
	三背	使沾	使治
	九	據目此條應	在前條之前
	十二	准呈	呈准
	十三	正九品	正九
		司史	司吏
五十三	二	中書省	中書
	八	七十有	七十月
五十四	六背	以上	依上
五十五	三	巡尉司	廵尉司
	五	著耆老	著字衍
	九	勾當	勾補　下同
	一背	望江蘇	望江縣
	五	典吏	典史
	八	無事	無爭
	十三	示比	示彼
		猶恐	猶懼
五十六	一	巡尉司	廵尉司　下同
	二	纔補元	作攙補
	七	宜補	直補
	一背	州吏	州司吏
	二	勾當	勾補
	十三	之申	之由
五十七	三	運史	運司
	六	都省請照	都省咨請照驗
	十一	一管	亦管

	九背	報告	告報
	十二	盜徒	賊徒
五十八	一	盜賊	賊盜
	十三	似後	似合
	一背	吏係	吏即係
	三	充當	當字衍
	四	將任	將仕
	五	詞訟	詞狀
		不應告下	元有言字
	十一	佯狀	佯稱
	十三	積或	稍或
五十九	十六	情雖理由	情節理雖
	三	示樣	字樣

	八	須了	須要了
	十二	經赴	經赴
	一背	百行	不衍
六十	一	貼書下漏	貼書二字
	七	截目	截日
	八背	札曳	扎曳
	十	諸州吏	諸州人吏
六十一	一	歲申	歲者申
	六	貫換	貫調換
	十	俸月日	日字衍
	十三	遷調	遷轉
	一背	找曳	扎曳
六十二	三	河道	河南道

	五	雨躭	兩躭
	七背	擇選	選擇
六三	二	本站	本路
	十三	任前	在前
	四背	有開	有闕
	八	湖北道北道	衍北道二字
	九	見路	各路
六四	六	至元	又至元
	十一	典史二字	陰文另行
	五背	本府	本省
	八	人員等	人等
	十	院呈	元呈
六五	一	吏目下漏未及依例貼	補如係司倉司庫發充
		之人遇路府州吏有缺	收補具呈照詳都省議
		得腹裏上中下司縣典	史依舊止設一員於到
		選都吏目	五十四字
	四	兩考之司吏	兩考之上司吏
	五	司例	司吏依例
	八	有缺收	有缺收補
六六	五	到不曾	別不曾
	七	未見	未有
	二背	典獄	獄典
六七	五	過曉	通曉
	九	典史	典史內
	一背	咨呈	咨承
	三	富貴	富實

四

有未 未有

粘書 貼書

葉	行	誤	正
一		表闕横線排列錯亂應改作	
	背二	此卷條目應頂格陰文者均誤作陽文低三格而加一字於其上致與其他小節目相混應按	
		卷首目錄改正	
	三	座行移	座次行移
	六	多不分	多有不分
	七	分明	平分
二	三	僉會	檢會
	六	預晏	預宴
	十	合會	合令
三	三	比付	比附
	八	圖僉	圖簽
	十	圖押	圓押
	十一	保官	係官
	背一	屵各反	屵古歹
		盡字	晝字
	三	圖押	圓押
	四	有暫	有時暫
		疾故	疾病
	五	押圖	押圓
	十一	行臺御史	行御史臺
四	二	元章	元草
	三	三月	二月
	四	合仰	合下仰
	五	本條圖字凡五見均應作圓	

	八	餘衙門	餘諸衙門
	十	休例	體例
	背二	勳政	勳政
	六	造物	造作
六	四	封記署押	一同署押
		公出病疾在假即日	掌判其行用印信
	五	拳判其行用印信	公出疾病在假
	十	差務	差發
	背四	令吏	令史
		開執	開折
	八	奉此	知奉
	十	病故	病假故
		官長	長官

七	一	差務發	差發
八		表闕横線且有	錯漏應改作
	九	今長次官圖押	令長次官圓押
	十	官吏人等	官吏等
	背十二	一二十日	三十日
九	三	並定限決	立定限次
	四	立據	并據
		地理	地里
	五	體例下漏驗	事理三字
	六	奏准	准奏
	八	許從	從許
	九	執掌	職掌
	十一	所行一切	一切所行

頁	行	右	左
	十二	偏柱	偏枉
	十三	具申	具由
	背七	上十日應	作七日
		簿賬	簿帳
十	五	合隨	各隨
	九	具事例	其事例
	十一	未銷	朱銷 下同
	背二	日體	上體
	十	未銷	朱銷
	十二	未出墨入	朱出墨入
		稽遲	稽違
十一	五	隨糾舉	隨時糾舉
	背一	據行	舉行
二		省緣	省掾
		內銷	勾銷

葉	行	正	誤
一	二	應小字	行移差委
		有錯誤應改作	表闕横直線且
	一背	目一行大字	應有行移類
		者均誤作陽文低三格	此卷條目應頂格陰文
		其他小節目相混應按	而加一字於其上致與
		錄改正	卷首目
		等第	等事
	四	各各座次	各座次
	八	字元小注	正從同三
	十三	七品牒呈上	七品牒呈
		與上文縣字相接	並申二字應作小注
二	一	往復平牒	牒上平牒
	三	當司	當恩
	四	近字行	卑近
	七	不署姓	不致姓
	四背	見任	見仕
	六	取狀	取伏
三	五	買物料	買料
	七	是以民間	是民間
	一背	甚非所宜	非所甚宜
	五	作令體知得	今體知得元
四	四	編定	編次
	十三	呈奉	承奉
	四背	按字行	本道按
	七	行御史臺	御史臺

頁	行	右	左
五	十一	將所所	衔一所字
	背六	不訪方占	不許妨占
	八	罰置簿	罰字衔
		不應	有不應
	十三	稽留	稽停
六	四	點罰	黜罰
	背三	執收	折收
		杭州	撫州
	九	送內	送納
七	三	禁官	禁治
八		表闕横直線並	多錯誤應改作
	背二	及該	又該
	四	年月	某年月
	八	户支	户部支
	九	金王府	金玉府
	十	物件	物料
		於支	放支
	十一	自在八年	自至元八年
九	四	劄兵部	劄付兵部
		合行元	作合下
	六	官使	官司
	背十一	宣得	宣德
		收領	收頻
十	二	收故	收放
	五	條書	條畫
		即該	節該

葉	行	原文	校改
	七	樣寫	標寫
	十	別蒙蒙古	別無蒙古
	四背	明主	明立
	七	此送	批送
	十	擬今	擬令
	十三	同斷	同斷定
十一	一	文卷	文案
	二	東乎	東平
	二背	諸事	諸司
	四	如遇	遇字衍
	五	從使	從便
十二	二	二十一年目	作三十一年
	十	究備	完備
		給處	給據
	十三	藉歷	簿曆
	五背	相法	相沿
		交集	交牒
	十	案牒	案牘
十三	三	給處	給據
	七	檢勾當	當字衍
	十三	本臺	先據本臺
	十三	故畝	地畝
	二背	若干	若字衍
	三	首領相法文割解田	首領官相沿交割解由
	七	相法	相沿
	十	直謹	真謹

十四
二　由苗　從從　仕仕
六　符符　户文
十一　專專　一一　切與
十三　所所　割轄
一背　相相　法沿　下同
二　造造　冊作
七　此上　得此　此字　衍
八　二作　十二　五十　年三　目年
十一　須須　當管
不下　年年

十五
一　當當　面面　對對　卷
二背　除除　行另　行
四　分分　即朗

印附　附印
六　須隨　用用
七　除除　設有　差設　差
收首　領領　下同
九　承三　到字　家衍
十二　立交　案案
十三　速連　署署

十六
一　取取　報報　目刷　目
七　施乞　行施　行
十一　文移　移文
三背　舊舊　檢檢　影模　影
四　及及　入出　入
七　閑關　防防

葉	行	原文	校改
		會各路	令各路
	九	省府准	省府准呈
	十三	不可考	無可考
十七	二	文卷	文案 下同
	四	宄枉	枉字衍
	八	未銷	朱銷

葉	行	誤	正
一	四	左右丞一員	左右丞各一員
	九	左右司典史	左右司典吏
		行中書省與宣慰司	之間應有一直線
	十六	照磨一員鈔一十二兩	照磨一員鈔一十三兩
	二十	典史二名	典吏二名
	背	以下三表闕橫直線	且有錯誤應改作
三	五	趁了	赶了
	六	本行後闕一段	凡四行應補
	九	司史	司吏
	十	告假元	作告假
		九年月	作五年
	二背	管軍	管軍官
	四	據告假	據假告
	十三	有招	有詔
四	一	元來	元奉
	五	劄付送	劄送
	十二	對妄告	對得妄告
	二背	二十一年	三十一年
	六	贓證	賍證　十二行同
五	三	辦證	辨証　五行同
	五	支證	支証
	七	贓證	賍證
	九	官吏告添支俸給條據目	在假告事故俸例條後
		二十二年月	作二十三年
	十	須俸民	須俸本以為民

頁	行		
	三背	典史	典吏
	八	司吏同下漏同年六	月都省例六小字
	十	云云元	小字
	十二	與米	給米
六	十一	與米一斗	加與一斗
	十三	從省	從著
	一背	分例米	分例來
	三	大德	大都
七	七	尚書省送據	元另行
	三	離職	雜職
	二背	有職田	有職田的
	十一	任外	在外
八	二	口口元無	此空格

頁	行		
	四	拘了	拘收了
九	四	公田俸	公田俸鈔
	七	鎮定	鎮守
	九	管軍官	管軍官關文
	十三	又無開	又無開到
	一背	准中書	又准中書
十一	九	相法	相沿
	十三	申部下漏路府州縣官	員職田頃畝見前十二
		小	字
	三背	辦課	辦課
	五	三十五石	五十三石
	十三	入數	人數
十二	十一	中書省	另行

葉	行	原文	校補
	一背	都省	另行
	三	中書省	另行
	十	新田官遇自	新舊官遇着
十三	二	新田官	新舊官
	五	田例	舊例
	九	該監察御史	該據監察御史
	二背	輕貴	輕賫
	四	不論歉	不論豐歉

葉	行	誤	正
一		表闕横線其直線	又多錯誤應改作
二	三	中書省	省字衍
	八	酒一斤	酒一升
	十	正月	至正月
	背五	爲始元	作爲頭
	八	同四月一款	四月一款同
	九	站赤使臣分	例元陰文
三	三	有來下元	空一格
	五	與呵下漏不肯喫俺行	嗔責道不是要訖活羊
		喫了也俺每忽都魯根	底攀着說有若別个的
		似這般行的見有的肉	與呵四十三字
	十	體察使臣	體察出使臣
	十一	定例	定到
	十二	以致	以至
	背五	各處官	各處官吏
	十	追賠	追陪
四	三	令各屬	令合屬
	四	應付	應副
	七	咨下漏江西省咨所管	廣東地面接連海外諸
		蕃時復出使人	員二十二字
	九	索冬夏衣裝	索要冬夏衣裝
	背二	間坐	開坐
	十一	人去	入去
		數來	教來
五	五	本接連	本府接連

陳氏校補

頁	行	校記
	三背	與猪肉下漏吃者无猪肉五字
	九	今支令支
六	二	大德年大德八年
	五	推調者不者推調着不去
	三背	幹脱斡脱
	十	關寫開寫
	十二	須予須於
七	五	須予須於
	六	省借省惜
八	二	品任品從
	七	航海元作航水
	十一	應任官員經直前去應赴任官員經直前去
	十三	所受命所受宣命
	五背	分司倒分司分倒
	七	今攺今攺立
	十三	據目及年月此二條應在前二條前
九	三	文字吏文字司吏
十	三	奕城縣欒城縣
	十一	拷打元作打拷
	三背	劄差差字衍
	六	舶般舶船
	七	三馬下三馬丁
	十三	一箇每一箇
十一	四	鷹鶻鷹鶻九行同
		至元八年目作大德八年
	五	兔鶻兔鶻

頁	行	原文	校文
十三	九	不理會的人	不理會底人
	十三	照驗	仰照驗
	一背	兔鶻	兔鶻
		後晌	後餉　下同
	二	鴉鶻	鴉鶻
十三	二	呈奉	承奉
	七	黄糯米上元	有一字陰文
	八	每米石石	每米一石
	九	九十斤	九十升
	十一	九十斤	九十升
		廪給見用	廪給司見用
	二背	不得	却不得
	四	小麥上元	有一字陰文
十三	四	應付	應副
	六	尚書省	尚書省咨
	十	你官	仰官
		年鋪錢	年銷錢
	十三	定例	定到
	二背	毋得復元	作毋復
	六	各處銷用	各處從實銷用
	十三	自本行以下十三小段	每段上元均有一字
十四	六	賠償	陪償
	七	使臣	使臣飲食
	八	數內	數外
	十三	所屬	并所屬
	二背	賠償	陪償

七 上下 上丁

十五 二 付取 仍取

三 今欽依 及令欽依

九 添應 添祗應

十二 委食 委實

背九 支行來 交行來

十六 八 酒三十斤 酒三十升

背一 已定俸給 已定到俸給

二 請驗 請照驗

十七 六 南口 南北口

背一 秃定 充定

五 致命 故殺致命

葉	行	誤	正
一		表闕直線眉目	不清應改作
二	四	抄奉	欽奉
	五	仔細元	作子細
	六	次取到	今次取到
		諸戶	諸色戶
	七	檢到	檢會到
	十	不拘	及不以
	三背	迄北	迤北
	四	放收	放收
	十三	應漏籍	應有漏籍戶
		吩咐元	作分付
三	七	從今	縱令
	十一	駙里	附馬
	二背	數日	數目
四	二背	前尚書省	前行尚書省
	十三	令次	今次
五	六	今收	今次
	七	或有漏籍	或漏籍
	一背	現在元	作見在
	二	無問漏籍	無問漏籍附籍
		貼戶之籍	貼戶戶籍
		並附籍	三字衍
六	一	即日	即目
	十一	數日裏裏去了	數目裏入去了
	一背	往來底	往來底

陳氏校補

	八	谿內	額內
七	一	仰漏籍戶	仰作漏籍戶
	三	仰依漏籍戶	仰依作漏籍戶
	五	因而在外另籍或七字	衍應作各年軍籍內
	七	各年軍籍內五字衍應	作而在外另籍或六字
	十二	仰以改正	以字衍
	十三	爲驅口	口字衍
	一背	據依例	據字衍
	四	種田等	種田人等
	十二	即日	即日
	十三	今次取勘到	無使驅另行
八	六	良書	二字衍
	九	籍戶	籍過戶
	十一背	新案	斷案
	十三	驅中	驅口
九	二	輕罪重罪	二罪字衍
	六	達魯花赤官	達魯花赤官員
	九	斡脫	斡脫
	十三	千百戶	千戶百戶
	八背	頭裏	替頭頭裏
十	七背	役下	投下
	十一	即日	即日
十一	十一	正月	正月內
	三背	與父	與父兄
	七	受不花	愛不花
十二	五	令次	今次

頁	行	原文	校
		諸王公	諸王公主
	十二	已行	依已行
	四背	造冊咨	造冊咨來
	六	以籍	已籍
		據州路	據撫州路
	十一	經直	經直
十三	一	聖旨事	意字衍
	四	阻壞	沮壞
	五	軍產	事產
	十二	一款節該	一款該
	四背	於照	干照
	八	以籍	已籍
	十	劉貴首	劉貴告首
	十一	楊戶	抄戶
	十二	戶籍	戶絕籍
十四	五背	無籍	元籍
	十二	賑濟原	賑濟原文
		各處下	各處從下
	十三	以其	二字衍
十五	八	見告人	見告某人 下同
	一背	追賠	追陪
		准遍行	准下元有一字不明
	四	打捕戶	打捕戶計
	六	卷文	文卷
十六	二	中書省戶部	中書戶部
	九	承奉	呈奉

陳氏校補

	十三	上施行	依上施行
十七	四	俱下漏願析居別無定	奪中間卻願有戶長願戶
		下戶不肯從順戶	下戶願戶廿六字
十八	十一	主重	全重
十九	二	臺城縣	豪城縣
	四	劉付	劄付
	五	兒充	見充
	十一	司分	分司
		子嗣	孕嗣
	三背	有以之弟姪	有以妻之弟姪
		又以	有以
	四	又因	有因
	五	順從後妻	順從後妻意
	七	貨產	貲產
	十三	告發給公據	發字衍
二十	一	嗣下漏不經官司致此	多端亂倫傷教若不早
		圖禁止非惟禍敗	私族而已廿六字
	四	風革	盡革
		若不至已悉	廿八字衍
	七	令與	今與
	十一	照木路	照得本路
	十二	司以掘祖墳人	同掘祖墳人
	七背	毀折	毀拆
	八	三十多年	三十餘年
	十	另行外	三字衍
	十三	乃知	乃至

		其可哀也	甚可哀也
		否果異姓四字衍	應作另行外三字
	十三	准禁治	准上禁治
二十一	三	一件內	內一件
	二背	他人下漏違	者治罪四字
	十	有十六載	十有六載
	十三	男兒	兒男
二十二	三	即係	既係
	九	安老後	安老後
	十	鈔户元	作抄户
	十三	承納户糧	承户納糧
	六背	伊妻	伊妾
二十三	一	妾稱	妾稱
	二	皇太后	赴皇太后
	八	萬洪	萬珙 下同
		之後	之外
	九	改叔父	故叔父
	十二	偏不肯	偏向不肯
	十三	所以原行	所原行
	二背	身前	生前
	五	前住	前往
	七	檢點照户冊	檢照户冊
	十	以立	已立
	十三	如今	如此
二十四	四	若於以	莫若於
二十五	五	訾德	訾德等

	六	丁丑	丁巳
		乃查對	乃字衍
		下弦元	作下妶
	十一背	原出納租課例	原例出納租課
	十二	人下漏等不无射佃雖	云出備租課中間情弊
		多端以致在	逃軍卄二字
	十三	害民非	害民非錢
		然射至外方	二十六字衍
二十六	二	合令	合无
	三	種佃	射佃
	七	稅課	租課
	十	在逃軍户	在逃民户

葉	行	誤	正
一		此二葉譌字既多又不	依元表格式橫直線錯
		亂應	攺作
三	七	嗣因	詞因
	九	女胥	女婿
	十	遍行所屬	遍行所屬
	四背	折充聽	折充者聽
四	三背	女胥	女婿　後同
		體誤	躰誤
	七	坐去事	坐去事理
	十一	招出舍	招召出舍
	十二	出購	出備
五	二	鄉長	巷長
六	二背	劉亭	劉亨
		嫁與把總	嫁與張總把
	三	而至元	而字衍
		有胥	有婿　下同
	四	張小乙	張小一
	五	張把總	張總把　下同
		閨女元	作聞女
	十	欲招	欲召
		尚未成婚	尚未曾成婚
七	三	覆文	符文
		李伴娣	李伴姐　下同
		滋州塗陽縣	磁州滏陽縣
	五	同養	童養

		方才	才方
	九	錢財	財錢
	四背	呈中書省	呈到中書省
	八	大都路中	大都路中
	九	各各祠因	各各詞因
	十三	病痊	病証痊
八	九	主定	言定
	三背	又難	又無
	六	斷罪	斷離
	七	送德榮	宋德榮
九	六	本家錢文本	本家錢本
	九背	壻書	婚書
	十二	驢哥	王驢哥

十	七	招狀	招伏
	十	不後	不得
	九背	宋得榮	宋德榮
	十二	處別無斷定例	處斷別無定例
	十三	召婚	召壻
十一	十二	在逃者	者字衍
	十三	累年不	累年不決
	五背	斷下漏別	無斷三字
十二	四	污蔽	虧蔽
	十一	以備古風	以循古風
	六背	爲婚	爲壻
	七	嚴斷遣	嚴行斷遣
	十	豆黑厮	豆黑厮

	十二	大赫	大嚇	大上元空一格
十三	五	懷朶	懷孕	
		十六年	十年	
	六	奉聖旨	欽奉聖旨	
	八	財定	財足	
	十四	戶部五	戶部四	
	三背	難異	難離異	
		止舉	止據	
	六	如書	婚書	
	十二	尅絲元	作克絲	
	十三	已今	已經	
十四	十一	夫妻元	作妻夫	
	二背	陳呵奴	陳阿奴	
	四	紗絹	鈔絹	
	五	金鐶	金環	
十五	三	郡武路	邵武路	
	五	經九年	經今九年	
	十二	御將楊	御將女楊	
	二背	乃聘定	乃字衍	
	三	十月日內	十月內	
	五	正月日內	正月內	
	十三	娶室	妻室	
十六	九	劇五都	據五都	
	二背	黎曾三	黎層三	
		撫養	哺養	
	三	胡一一	胡元一	

頁	行	原文	校
	四	胡胡七娘	胡元七娘
	十	外下自	字衍
十七	四	卑職	卑州
	五	若未便	若便
	八	是以	是已
	九	禮付	札付
	十三	以爲常便	似爲長便
	五背	大安	胡大安
	十一	若通行	若不通行
		習以爲成俗	習以成俗
十八	二	承奉	呈奉
	五	也下而	字衍
	七	別駕	別嫁

頁	行	原文	校
	三背	免下漏	事字
	四	量罪歸斷	量字衍
	七	剛常	綱常
	九	今之	之字衍
十九	四背	卻與	卻於
	五	令後	今後
	六	吳江洲	吳江州
	九	事於	事于
	十二	抱報	抱扱
	十三	罪輕	罪經
二十	七	此條以後次第與目不	同論年月應以目爲正
	九	和連氏	和速氏
	十	相代	招伏

		卅一							卅二			
五背	十一	三	八	九		十	五背	十	十二	一		四
何連氏	士弟之婦	行追徵	雖係稱	難爲信	舊遠	撥革	轉嫁	至大	招募義男	奉上聖旨	守制	欽依
和速氏	士弟婦	行下追徵	雖稱	難爲准信	舊染	革撥	轉發嫁	至元	招召義男	奉聖旨	守志	仰欽依

						卅三			卅四			
五	八	九	十二	一背	四	五	七	十背	六	十	十一	三背
徐杜	瘋病	難擬	二年目	守制	未士	娶到	酌量	結婚姻事理	未闕元	與趙元一娘	劉還職	乃染病
徐阿杜	風病	准擬	作三年	守志	夫士	取到	約量	結婚事理	作未缺	如趙元一娘	劉蛟還職	乃字衍

葉	行	原文	校改
	七	嚴禁加約	嚴加禁約
	九	賠償	陪償
	十一	回程	回呈
	十二	本司	本處
二十五	三	轍便	輒便
	六	隨廢	墮廢
	七	刑部禮部	刑部與禮部
二十六	三	董貞	董禎　下同
		尋覺	尋覓
	四	平寧縣鎮上尋見	平寧縣江寧鎮尋見
		嫂氏阿程	嫂阿程
	七	實風化有傷難議遷川	實傷風化難議遷用
二十七	一背	驅擄	驅虜　下同
	五	須相當	須要相當
	六	便宜元	作便益
二十八	二	隆興	龍興
	五	弟兒男	弟姪兒男
二十九	二	離異買休妻	離異買休妻例
	八	批詳	披詳
		須七出之狀有之	須有七出之狀
	九	淫佚	淫泆
	十一	其犯者姦也	其犯姦者
三十	一	離異	二字衍
	三	桂陽路中	桂陽路申
	七	得譚四十三	得訖譚四十三
	九	擬合合	擬合令

頁	行	原文	校
三十一	一	轉賣	二字衍
	十一	爲軀	爲驅 下同
	三背	各各	各合
	七	顯意欲	顯見意欲
		求達	永達
		爭告到官官	衍一官字
三十二	一	周璘	既周璘
	四	而終是	而字衍
	七	以爲	似爲
	二背	兵部刑部	兵刑部
三十三	七	詭照詳	乞照詳
	四	詭照驗	乞照驗
		批詳	披詳
	一背	阿雖	阿賒
	六	爹娘	爺娘
	十二	馬五	馬立
		間到	問到
三十四	三	難依	難議
	七	違例	爲例
	九	夫士	士夫
	十	蕭玉哥上文	作肖玉哥
	十二	中書省	准中書省
	二背	其隨嫁粧奩原財產	其元隨嫁粧奩財產
		等物	二字衍
	三	搬取元	作般取
	四	無故	除無故

三五	六	與德女	於德女
	十一	收小娘阿嫂	收小娘阿嫂倒
	九背	王王	王玉
三六	六	守制	守服
	十一	縣便	懸便
	三背	告匀	告與
	十一	成婚	二字衍
		乞攔	訖欄
	十二	冬兒	郭冬冬兒
	十三	年申	年甲
三七	六	原定倒	元定妻
		胡阿各	胡阿郭下同
	八	劉自身死	劉二自縊身死

	九	其問	其間
	十	七年間問到	間字衍
	十一	未周年	未及周年
	三背	雖會赦猶之離異	雖會赦猶離之
	五	自身死	自縊身死
	十二	曰阿段	田阿段
三八	七	田祿現	田祿兒
	八	左臂	左膊
	九	拴住擊	拴擊
	十	收繼了訖	訖字衍
		招狀伏	招伏
	十三	歸去	賺去
	一背	將婦	將本婦

	五	守制	守志
	八	杖九十七	杖斷九十七
		照驗施行	照驗依上施行
三九	四	哇男傳天壽	姪男傅添壽
	五	姪兒	姪男
	六	目合	目今
		孀母	孀子
	七	姪兒	姪男
	十三	許留難	許留奴
四一	五	劉阿丙	劉丙
	十一	招狀	招伏
		招伏下漏乞明降事送	兵部擬得田大成奸收
		弟妻廢絶人倫實傷	風化量情二十六字
	一背	乞明至量情	二十五字衍
	三	關節	節字衍
		雖伊母	雖稱伊母
	六	都省	都堂
	八	淄萊路	淄萊路
	九	滿臺縣	蒲臺縣
	十	阿莊結	阿莊狀結
		小叔續親	小叔韓進續親
四二	一	照得	照擬得
	三	舊姑	舅姑
		又至元	另行
	八	呈准	准呈
	四背	隨徐旺	隨字衍

四十二

六　舅姑　姑舅

九　津貼而伯　而字衍　伯

十　謝姓姑表弟　謝黑兒異姓姑表弟

並不　別不

十一　收終是　收繼終是

十三　謝阿送　謝阿宋

本路　令本路

二背　謝黑兒僧家兒　謝黑兒男僧家兒

五　紹興等處　紹興路等處

七　宜合令于　宜令合于

十　後又有　後夫又有所出

宜出狀　三字衍

十三　依上　仰依上

四十三

四　自原　自願

七　孟奎元　作孟奎　下同

王秀　王綉　下同

九　財回付　財錢回付

四十四

五背　既立媒　既是立媒

四十五

十一　照驗　仰照驗

十三　賣主買主　買主賣主

三背　男男　男兒

八　體與　休與

四十六

四　不厚　不愿

六　氣禁　乞禁

九　呈訖　呈乞

十一　又至元　又字衍

頁	行		
四十七	六背	歷道	歷道欽此
	八	辛洽恩	辛哈恩
	七	亂欲敗正	亂俗敗政
		及通行	比及通行
	十二	新例	斷例
	一背	奉阿陳	秦阿陳
	四	吩咐元	作分付
	五	銀環	銀鐶
	九	貞娘元	作真娘
	十三	王記祖	王繼祖　下同
四十八	二	殯埋	埋殯
		是日	是實
	六	賀興真真	賀真真
	十	服闋元	作服缺
		乃不候	乃字衍
	十一	而伊兄	而字衍
		以大傷	以字衍
	十二	而亂常	而字衍
	二背	具呈省	具呈都省

葉	行	正	誤
二	二	至元二十六年二月元刻作閏二月據長曆至元二十六年閏十月閏二月者至元二十四年	
	六	限內自行	限自行
	八	告發到官	告發告到官
	十	作約量	酌量元
	四背	體知得	體知德
		種官地	種官田地
	五	書立私約	書私約
		攷立户名	攷立户
	七	恃勢謊名	恃勢名
	八	具呈	俱呈
三	一	兑佃	兑田
四	四	即目雖已歸附	即日雖歸附
	五	伯顏說蠻子	伯顏蠻子
	八	占着底	占着根底
	十	管軍官	管軍民
	十三	地土	土地
		地字行	田地
	六背	翦并	並翦
	九	約量	酌量
五	一	議擬到	議得至
	十三	㶏州	濮州
	一背	更相	互相
	六	受施之主	受之主
六	三	田土	土田

頁	行		
	五	至大四年目	作皇慶元年
	六	地上	地土
	七	百姓每田地	百姓每的田地
七	二	荒開	荒閑
	五	照得	另行
	九	不用心	不爲用心
	十	差撥	差發
	六背	開荒	荒閑
	九	昂言兒	昂吉兒
		地方	地面
	十	拋下	撇下
	十三	到是	道是
八	三背	地上	地土

頁	行		
		酌量	約量
	十	寬忍	寬恩
九	一	荒田	荒地
	三	尤得	无得
十	三	二十五年	十五年
	五	因着	用着
	七	閼閼	闒闒
	十一	難回贖	難令回贖
	二背	空房	空屋
		平牙	憑牙
	三	范大鼎等	等字衍
	六	實於此	實由於此
	七	與馬萬户	賣與馬萬户

	十三	必致	必到
十二	三	謂姪	謂子姪
	四	承田	承佃
	五	授本管	投本管
	十二	原據下	原拋下
	背六	楊興	楊輿
	九	户部擬議	户部所擬
	十一	呈尚書	承尚書
	十二	名户	民户
十三	三	軀婦	驅婦 下同
	四	本路告	本路陳告
	五	四付	四副
	八	杜曲	枉曲

		親友	親女
	背十三	養老	作養老
十四	一	當是	當時
	十三	阿賀日	阿貨存日
	背三	荒間	荒閑
	六	長大	長立
	七	准擬	准擬施行
	十一	各二	各各
十五	一	門户	户門
	五	淄來路	淄萊路
	十三	補庶	嫡庶
	背二	阿於	阿于
	十一	一千人	一干人

十三 另分 分另
願爲 願與
十三 暑省 晨省
十六
十一 褚克衡褚克行 褚克衍褚克衡
背三 十二間 一十二間
四 白磨子一盤 子字衍
五 兄弟 弟兄
十七
七 庶生生子 庶生子
八 宣慰司 宣慰使
九 使因 始因
十 方生一男四字 應作於亡宋辛
十二 空格元 在証上
背六 之由 之田

十三 已萬拱 已斷萬拱
十八
二 不勘 不堪
五 二年 三年
八 當没 當役
背四 宣慰司 元無司字 六行同
十一 至至元 至元
十三 思意 異意
十九
四 原係 緣係
十二 析居 析居
背一 廉訪司 廉訪使
二 格抑 格言
令人 今人
四 先以 先已

頁	行	原文	校文
	五	愛敬心	愛敬之心
	十	廉訪司	廉訪使
	十二	據奉	批奉
卅一	三	人凡民有	人民凡有
	五	紊亂	紊煩
	六	田例	舊例
	七	親徒	親從
	八	原者	愿者　下同
	五背	稅問	批問
		浙江行省	江浙行省
	六	民門	民間
	十	立賬元	作立帳
	十一	批退願者	四字衍
卅二	三	歸給	歸結
	九	之極	至極
	一背	亦治罪	亦行治罪
	六	限此	限次
卅三	八	止有	止以
	二背	六年	八年
	四	田例	舊例
	六	設得	議得
	十	諉說	誘說
	十一	便寫	但寫
卅四	六	歸省	歸着
	九	典賣	典買
	十一	合陳告	合屬陳告

二十五	六背	牒文酌量	榜文約量
	七	典賣	典買
	十三	赴將	赴官將
	二	科推攤	科攤
	五	追繳	追徵
		當該官	當該正官
	六	典吏	典史
	十三	同里	同甲
	十三	獨立	獨力
		典賣	典買
	一背	交役	當役
	五	又部兵部	又送兵部
	六	田地	田土
二十六	三	地理	地里
	八	合於上司	合干上司
	十二	土地	地土
	十三	端得	端的
	三背	賣訖地	賣訖地土
	六	典賣	典買
二十七	三	恩詔	詔恩
	七	期至	期年
二十八	二	私買	私賣
	十	及告	及在
	四背	咨中書省	准中書省
	六	土地	地土
	七	今後相	今後私相

二九	八	本立	本主
	十一	既與	即與
	三	舒仲仁	舒仁仲
		僅問	儘問
	四	程普	程滑 下同
三十	十	今據准	今准
	二背	原主	本主
	三	即巳	既巳
	四背	陳應林	程應林
	五	二畝	三畝
三一	一	擬令	擬合
	二	以爲	似爲
	四	河南	湖南
三二	八	污穢	穢污
	九	抑將	仰將
	十三	種園	相園
	二背	看獲	看護
	六	若依籍	若依巳籍
	七	定奪此	定奪准此
	八	淳佑	淳祐
	三	責田	賣田
	五	此是	此時
		陳孺人姊	陳孺人姐
	六	陳得二娘	陳宇衍
	十	姊二人	姐二人 下同
	五背	買他人	買地人

頁	行	原文	校改
三十三	七	文書七	文書也
		百姓與	百姓每
	背一	一款佃户	一款節該佃户
	二	舊主	田主
		毋得以	毋以
	六	不須	必須
	九	償之還	償還
	十	土田	田土
	十二	舊主	田主
	十三	有借貸	若有借貸

葉	行	誤	正
一		表闕横直	線應攺作
二	一	授受	接受
	四	行用	行運用
	七	破軟	破軟鈔
	八	告投	告捉
		堪申	堪中
	十一	至元十九年	目作十五年
	十三	糾查	糾察
		遍合屬	遍下合屬
	背二	每疋	每定
	七	五錢	五分
	八	赤銀	赤金
三	二	罪同	同罪
	五	付官庫	赴官庫
	十一	告人	人字衍
	背五	坊偶	坊隅
四	三	將倒	收倒
	七	新竝行公私通例	新舊竝行公私通用
	九	私租	私相
	背六	不正	錢止
	十一	止聽收四貫	聽字衍
五	六	幹脫	斡脫下同
	背十一	不得	却不得
	十三	解粟	斛粟
六	六	縣府	縣官

頁	行	原文	校文
八	八	究察不嚴	糾察如糾察不嚴
	十一	鈔課	鈔庫
	背三	須至	須要
	六	倒鈔	元相連
七	一	元關鈔	元關寶鈔
	十二	常開	常川開
	十三	開庫	閉庫
	背五	押解	納押解
	六	點會	照會
	八	添工墨鈔	應另行頂格陰文
	十	撫要	換要
八	二	體擅	休擅
	三	體交	休交

頁	行	原文	校文
	五	二月	十二月
	六	桑歌	桑哥
	七	裏來	裏來者
	八	鈔鈔	做鈔
	十	際將	除將
	十三	帛弊	帛幣
	背一	五十五	五十年
	三	至銅錢	至大銅錢
	四	懇用	慫用
	五	儻體	尚體
		作人	作乂
	七	銀錢	銀鈔
	八	蓋虛	其信益虛

頁	行	原文	校補
九	一	百下漏姓交易	並計中六字
	五	納民	細民
		大元銅錢	大元至元銅錢
	一背	不願	不原
	二	挑剜裸	挑剜裨湊
	七	各決杖	杖字衍
	八	贓盜	賊徒
十	四	此行以後漏四	段十一行應補
十一	五	違究治	違者究治
	六	課程受昏鈔	課程許受昏鈔
	九	辨課官	辦課官
	四背	昏工墨	昏鈔工墨
	五	妾作	妄作
十三	二	准移	移准
	七	燒昏鈔倒	燒昏鈔倒
	九	每燒	每覷着燒
	十	条歌	条哥
	十一	求燒	來燒
	十三	今有	有今
	一背	者麼道下致有上	漏二十行應補
	二	取擡	取招
	三	不准	不得
	四	人等攬者	人等結攬者
	七	計典	計點
	十三	挑剜補	挑剜接補
	十三	子當	了當

十三	一	咨國	資國
	三	一到	一倒
	背十	貫伯俱全	貫伯上半俱全
	十三	文四字	文省四字
十四	一	上截俱損去	下截俱各損去
	九	其實	其貫
	背五	難倒換	似難倒換
	十三	文四字	文省四字
十五	五	一半者	一半損去者
	背二	無用	無用處
	八	作不堪	合作不堪
十六	一	是前鈔	是全鈔
	九	堪以換	堪以倒換

	背六	若是辨認	是字衍
	十一	鈔料火酒	料鈔火燒
十八	二	自免罪	自首免罪
	三	本身罪	本罪
	六	劉伯察兒	劉伯眼察兒
		歹獄	反獄
	七	招是寶	招狀是實
	十	依下漏已斷	體例四字
	背二	本頭	本頭
十九	十一	爲糾合	爲頭糾合
	五	使僞鈔	行使僞鈔
	九	寶元	元寶
	十	諸遍行	諸路通行

葉	行	原	校
	四背	僞鈔	僞造
	八	項科	塡料
	十	依上給	依上給賞
二十	一	得拏	得人拏
	十三	招狀	招伏
	二背	議得	議到
	三	議得	都省議得
	五	失覺者	失覺察者
	七	追板印	追搜板印
	十	合於	合干
	十一	其未發而自守者	其事未發而自首者
	十三	有令	仍令
二十一	三	社長	衍一長字
	四	其行	其有
	九	鈔物	錢物
		此聞	比聞
	十	輒勾	憑輒勾捉
		求免官	求免官吏
	八背	徒流遠	徒役流遠
	十	罪使僞鈔之	買使僞鈔之人
		若干	合干
二十二	二	十月	十二月
	三	贓伏	贓仗
	十	遵舊別無	遵舊制別無
	六背	印造僞	印造僞鈔
	十一	至元	至大

頁	行		
廿三	二	周錫	用錫
	四	杖一百七下	杖斷一百七下
	九	造抄	抄造
	二背	買賣變會	買賣鑾會
	五	僞鈔	僞造
	九	鈔底元	作鈔紙
	十一	禁體	禁休
	十三	來備	未備
廿四	一	知事印造	知是印造
		並知	並不知
	三	買例	罪例
	五	巡道	諸道
	八	照詳擬	照擬
	九	呈著	呈依著
	十三	遠窩	窩遠
	一背	將下元	有鈔字
	二	也如今	也中如今
		間將去	問將去
	十	徵造	徵給
		印僞鈔	印造僞鈔
	十一	知情下漏分買行使僞	鈔例各決一百七下引
		領牙人決八十七	下不知情廿五字
廿六	四	那半	那般
	十一	只般	這般
	十一背	色日	色目
廿七	二	挑鈔人	挑鈔賊人

頁	行	右	左
	六	語中書	中字衍
	十一	子地	於地
	五背	湖州	湖州路
二十八	三	延祐三年	目作二年
	四	赴庫下漏倒換	料鈔蓋五字
	九	杜朝例	杜朝列
	十三	各杖	各决
	六背	罪使	買使
	七	首決	首省決
	十	延祐二年	目作四年
	十一	新塗州	新淦州
	十三	文伏俚	艾伏俚下同
二十九	三	買到	賣到

頁	行	右	左
	五	二貫文	文字衍
	六	驚迹人	警迹人
	十二	中中	衍一中字
	十三	若使	若便
	三背	例六十七	例該六十七
	五	徒一年	一字衍
		贖鈔元	作贖銅
		合後	今後
三十	四	字樣下漏頒旨者准一	貫一百文邊欄字樣十
		三	字
		止存	止作
	二背	江南行省	江西行省
	十一	私茶帖	私立茶帖

三十二

五 禁治 整治

例法 鈔法

九 烏散 烏撒

十二 條斷罪 依條斷罪

葉	行	誤	正
一	四	合千人	合干人
	五	其侵盜	其有侵盜
	八	官司至物已九字應在	第十行原發勘合下
	九	到倉庫	到字衍
		應納	應納者
	三背	無刁蹬	無使刁蹬
	十	合於部分	合干部分
二	五	如收貯	若收貯
	六	賠償之賠	元通作陪
	十一	收文憑	收支文憑
		點照	點字衍
	四背	歉少	欠少
	五	體與	休與
	八	錢糧	錢糧的
	十	全教交劄	教字衍
	十一	設關防	設法關防
	十二	二十四年	二十年
	八背	各屬	合屬
	九	三十三年	二十三年
	十	收送戶部	收字衍
	十三	爲折	爲則
四	二	完官元均	作還官
	三	聽擬	所擬
	六	相得	相應得
	十	發糧	餘糧

頁	行	原文	校文
	十二	承奉	呈奉
	三背	徵納完官	徵還官
	七	浙江省	江浙省
	八	饑巡	幾處
	九	如令	如今
	十三	艱糶	艱糴
五	二	市下元有	一字不明
		體施行	體察施行
	七	無欺	無欠
	三背	收受	取受
六	七	買賣	賣買
	九	大德七年	目作九年
	一背	二權	二攝

頁	行	原文	校文
	三	八合八抄五權	八勺八抄五攝
	七	人民	人氏
	九	遷官	選官
	十	議達	議得達
	十二	依例決	依例各決
	十三	累短少	累次短少
七	二	照會	照會施行
八	二	常平倉	常平倉事
	八	依添上答	依上添答
	九	仰合	仰令
		委是	委自
	三背	一社	每一社
	七	詳據	詳送據

	九	底斗	抵斗
	十	官並	官司並
	十一	取下漏要社長明置文	曆如欲聚集收頓或各
		家頻放聽從民便	社長與二十五字
	十二	知損	致損
十	四	王祥	王祚
		鈔物	錢物 六行同
	背一	標附人	標附某人
	二	收錢	收錢物
	四	緞疋元通	作段疋
	九	見件袋	見幾件幾袋
	十	麻下元	空一格
	十三	計顆	計幾顆
十一	四	孽畜	孳畜
	八	贓錢物	贓罰錢物
	十	酒稅	酒稅務
	十三	鈔分頒行國	鈔法須行乃國
	背八	的人户	的字衍
	十一	莫可	莫不
	十三	經營	營運
十二	一	本官司	本處官司
	二	您衆元	作恁衆
	三	每月五十五日	每五月十五日
十三	二	御史咨	御史臺咨
	三	樞密	樞密院
	五	恐其中	其字衍

	九	湖廣	湖南
	一背	坐去事	坐去事理
	十三	原致	无致
十四	七	給附元	作結附
	十一	無得擅是	毋得擅自
	七背	到除	倒除
	九	例除	倒除
	十	諸錢上元有	又字另行
十五	三	發完	發還
	七	回完	回還
	九	有吏	府吏
	十二	勾追之	勾追之人
	一背	安貼	安帖
	七	污官	虧官
	十二	不完將差來	人吏七字衍
	十三	繳應除吏四字應作完	將差來人吏病行八字
十六	二	議上	依上
	十	條令	條字衍
	五背	收至	收支
十七	八	該首領	當該首領
	九	如是前	如是似前
	十二	終周歲二	終二周歲
	一背	到例	到定例
		不應錢物	不應二錢字衍
	四	至元二年	至至元二年
	五	定見	見定

頁	行	原文	校
	六	聖旨	聖節
	十三	重五元	作重午
十八	十	鋪陳什	鋪陳什物
	十三	責令	責領
	背一	遇預	遇字衍
	三	因糧今年後銷	囙糧今後年銷
		得無之支破	無得支破
十九	二	當管館	管字衍
	四	失去	去失
	十	工銀元	作工粮
	十一	選喚法司	宣喚法師
		諸王	并諸王
	十三	鷹冒五指	鷹帽伍指
		應付	應副
	背八	合於	合字衍
	九	打運	押運
		於差發	合於差發
	十二	本行漏添支各項祭錢	六字陰文及見禮部禮
		制門祭祀	類九小字
二十	四	合該	各該
	十	司帥府	使司帥府
	十三	事懸	爭懸
	背二	奉使宣慰司	奉使宣撫
	六	議軍人	議支軍人
	七	加算元	作叩算
二十一	一	價中統鈔	該中統鈔

	七	錢價	價錢
		照都省	照依都省
	十一	本部議	本部議得
二二	十	作下	坐下
	十一	每一斤	每斤
		每斤支	每斤多支
	十一背	然中	然此
	十一	鐵貨奏	鐵貨奏差
二三	一	鐵錢	釘錢
	三	吳惠	吳文惠　下同
		時價鈔	時值價鈔
	八	告閒元	作告閒
	十一	依上施行	依上斷罰
二四	六	才放方還	才方放還
	七	收訖	取訖
	一背	施行	糾察施行
	六	一切錢	一切錢物
二五	一	常管	掌管
	五	民訟辦	民訟催辦
	二背	中書省	准中書省
	四	等處運	等處起運
	十	時常	常時
	十二	迎送	遞送
二六	七	貨物	物貨
	八	典錢債	典錢做債
	十二	赴部	赴都

葉	行	元刻	校
	一背	木棉元	作木綿
二十七	二	追徵錢糧	克落錢糧
	四	已關上	漏一字
	六	冒名	除冒名
	十	都議	都省議
	十三	而給	而字衍
	六背	原免錢	原免錢物
	十二	衣物料	物料
	十三	吏人等	官吏人等
		未給散	全未給散
	十三	主下元	空一格
二十八	二	格後追徵錢糧稟	例入字元陰文
	四	侵欺上	漏一字
	十三	若少	若有
	四背	并支	并冒支
三十	二	拖歉	拖欠下同
	六	怎生呵奏	怎生奏呵
	十	典主	主典
	一背	有合追賠的	但有合追陪的
	六	火日	火者
	七	免官糧	已免官糧
	九	勢豪	豪勢
	十	計構	計搆
		庫倉官	倉庫官
	十一	借歉錢	借欠錢
三十二	一	休造	休追

二　寶位分　寶位時分
三　後頭下漏完澤禿皇　帝登寶位呵將十字
錢糧追徵　下漏呵字
四　都住罷了十七字應　在第五行交中書上
七　登寶位　三字衍
以來呵　呵字衍
九　底道　麼道

二十二
四　根底　根的
五　察來　察出
六　支於　支與
十一　數賣　教賣
十三　察出來馬牛　這裏察出來的馬牛
背六　魏奏國咨近該　魏奉國咨該近

七　近年　遞年
八　懸歉　懸欠
九　留額元　作畝額
十　便則　便即

二十三
一　合歉　合欠
四　要約　要納
五　係路　係下路
六　各物　各務
背三　賣作鈔　變賣作

葉	行	誤	正
一		表闕橫直	線應改作
二	四	麪貨	麯貨
	六	科徒	科徒二年
	十一	奏聞	聞奏
	背一	批引鈔	批鑿引鈔
	十一	應付	應副
	十三	河道	河邊
三	二	賠償之賠	元通作陪
	九	決杖八十因致用	決八十因致闕用
	背四	科所	科斷
	六	遏所在	遇所在
	九	達民户	達達民户
	十三	因夾帶	因而夾帶
四	三	河泊	湖泊
	四	宣慰司	宣慰使司
	六	令本路	擬令本路
	九	光取	先取
	背二	打斟	打勘
	十一	取計	收計
五	九	就便招	就便取招
	十三	驗處	驗各處
	背十	物收	拘收
六	二	私犯	犯私
	七	斷施行	斷沒施行
	十一	提調官	提點官

	背三	至元十三年	目作十二年
	十一	並申部	並聽申部
七	一	取下	收下
	三	了畀	了畢
	五	廨除	廨宇除
	九	都轉運使司按察司	都轉運司乞依按察司
	十一	令使	令史
	背二	選差應	選差相應
	五	運使	運司
	七	馬一	馬一疋
八	三	印信	印色
	五	公因	公田
	七	罰委	摘委
	九	別定奪	別無定奪
	背一	充管	充元管
	七	合阿馬	阿合馬
	十三	識者	您識者
		中興州	中興灤州
		等處人	等處諸人
九	七	隱沒錢	隱沒錢數
	十一	催辦	推辦下同
	背二	止舊例	止依舊例
		高所稅	高估所稅
	三	多稅錢	多收稅錢
	六	甘給認狀具省	甘結認狀呈省
	十三	前行	前年

十	五背	至元新格	四字陰文
十一	二	差選	選差
	四	運以下	運使以下
	二背	點驗	點檢
	三	并賠償	并勒陪償
	六	盜食官	盜食官錢
十三	二	例據	倒據
		爲茶	爲榷茶
	三	客旅販	客旅興販
	八背	作錢	作鈔
十四	三	貨貨	茶貨貨
	九	舡來	般來
		省	都省
	六背	指揮元	作旨揮
	十一	以至	以此
十五	六	河若有	河邊若有
	十三	首告	告首
	七背	不得伐	不得斫伐
	十	專地利	專擅地利
十六	三	蹤遂	蹤逐
	五	運辦課程	運司辦課
	八	詛壞	沮壞
	十二	週蒙古	週圍蒙古
	一背	仰便	仰就便
	四	畫施行	規畫施行
	五	不得壞	不得沮壞

		御史臺	行御史臺
	六	宣慰使	宣慰司
十七	四	諸造茶	諸茶户處造茶
	七	司運	運司
	二背	體入去	休入去
	六	必合顧	必合和雇
	十一	販賣	販買
十八	六	唐子讚	唐子讃
		年甲年不等	年甲不等
	八	一百三十觔	二百三十斤
	九	州路	州縣
	十一	杜責	杖責
	九背	申奏	申奉
	十三	成子	城子
十九	九	處已	據已
二十	八	多買	多賣
	十	標柱	標注
	七背	季均信	李均信
	十三	荆河	荆湖
	十三	極治	拯治
二十一	三	應之人	應捕之人
	四	應人員	應捕人員
	七	巡捕官	巡捕官司
	八	約決	的決
	十三	相應此	相應承此
	一背	告茶錢	告欠茶錢

	六	省茶司	有茶司
二十三	四	根官司處十五兩	根底官司處一十五兩
	八	一司盐	一引盐
	四背	不能作	能字衍
二十四	二	批訖	批鑿訖
	五	不傾	不過
		本行勵字凡	三元均作斤
	七	遂施	逐旋
	一背	降各縣	除各縣
	十二	搬運元	作般運
	十三	其關	具關
		用過力	用過脚力
二十五	一背	斷施行	斷遣施行
	十二	侵占伐	侵占斫伐
二十六	七背	三千	三年
		私賣盐法	私賣盐者同私盐法
	十	賣貨	貨賣
二十七	二	兩浙	兩淮兩浙
	三	官吏自	官吏擅自
	五	運使	運司
	六	截實	截日
	十二	百姓	百里
	十背	盐運	運盐
	十三	軍民官	軍官民官
二十八	十三背	每設官	每綱設官
二十九	二	舉足	齊足

典章二十二

	八	幹脫	斡脫
	十	到發賣	如到發賣
	十三	交發不須	支發不許
	七背	運用	運官
	十	以在舡坐倉滷	以充在舡坐倉走滷
三十	一	指除	揹除
	二	運司支發	運司捕足支發
	九	指勒	揹勒
		勅面	斛面
	十二	查察	覺察
	十三	連保結	連銜保結
	二背	仍大德	仍自大德
三十二	五	租田	租佃
	十二	失察並從運使	失覺察並從運使司
	十三	自獲	自敗獲
	一背	數滿	數任滿
	二	選擢	遷擢
	八	獲盐	敗獲盐徒
	十	紛亂今後	紛亂准旬今後
三十三	一	捕盗究問	捕盗官究問
	十二	官庫	官課
	十三	運使	運司
三十四	四	經却不得	經過却不得
	六	中鈔	中統鈔
	七	正課	正課鈔
	十二	批驗	批鑿

三十三	十	印記	印訖
		合用	合同
	背四	月日本客	月日並於本客
	七	印姓	印信
	八	承運司	承奉運司
三十四	七	批驗	批鑿
	八	再引	再行
	九	往去	徑去
	十	牙錢	牙錢鈔
	十一	令收	全收
	背四	文簿過	文簿仰伸過
	十	批放訖	批鑿放訖
三十五	四	批驗	批鑿　十二行同
	十	及用	及漏用
	背五	改立	改法
	六	禁治	整治
	七	如商賈	知商賈
	十三	理事	事理
三十六	一	協力	協力之人
	三	斷追	斷遣
	十三	總滙	總會
		都轄	部轄
	背二	士居	土居
三十七	二	錢價	價錢
	七	自行告	自行首告
	八	與使	無使

	十一背	准所有	准奏所有
三六	一	幹脫	幹脫
	三	處去	去處
	九	無得自	無得擅自
	一背	針立	釘立
	三	官司償	官司倍償
	四	綱船脚	綱船工脚
	十	本以察	本以譏察
	十一	白公行	白晝公行
三九	四	失察	失覺察
	六	奄浥	淹浥
	九	當有	常有
	十背	轉運使	轉運司
	十三	諸載	該載
四十	五	生登	生發
	八	一本一款	一十一款
	九	甚多	甚衆
	九背	如刑部	如今刑部
四一	四	加犯	再犯
	九	省將	有將
	三背	屯舊	屯田
	十	不論	不倫
	十一	招狀	招伏
四二	二	物細	物巨細
		前件	另行　十段皆同
四三	九	批擔	批擔　十三行同

頁	行	原	校
	十背	乞詳	乞照詳
	十一	准運司	合准運司
四十四	八	量決斷	量情決斷
		主人	犯人
	九	五十下	五十七下
	一背	行領	引領
	二	非引領	并引領
	三	监下漏人雇倩挑	載受寄私监九字
	七	前到	煎到
四十五	二	極治	拯治
	三	例依	依例
	四	體侵犯	休侵犯
	七	稽察	譏察

頁	行	原	校
	八	比聞元	作比聞
	九	以前	似前
	十二	仍除	仍除名
	三背	販問	追問
	四	捉拏	捉獲
	五	一十二撫	一十二擔
		數令	教令
	九	余勝	俞勝
四十六	七	挑撫	挑擔
	九	挑水元	作跳水
	十	以此	似此
	一背	北大江	北接大江
		多處	各處

葉	行	本文	校
	二	用心	肯心
	三	提點等	提點等官
	四	不受	有受
	五	扣飭	尅斤
	八	强盜賊	强竊盜賊
	九	責今	責令
	十	各軍所獲	各處所捕
	十一	强盜	竊盜
	十二	乞詳	乞照詳
四十七	一背	諸神	諸人
		沮滯	澁滯
	三	議得	議到
四十八	三	初犯斷配	初犯依例斷配
	八	多省	都省
	二背	准中書	呈准中書
	三	鹽土	鹼土
	六	事理	事內
	七	參議得	得字衍
	九	休例	體例
		的約	的治約
	十二	該造	改造
	十三	引日	引目
四十九	二	招詳事由	照詳事
	三	開坐去	開坐前去
	四	毋到	毋致
	一背	貨買	貨賣

頁	行	右	左
	二	盡日	盡實
	三	從客	從容
	四	批鑒	批鑿下同
五十一	一	分明元	作分朗
	七	月日下小字兩	字元作大字
		日月	月日
	十	亦引	亦行
	十二	縣司	司縣
		引日	引目
	七背	買成	賣成
五十二	四	在內	任內
	十三	不惟引	不惟退引
	十三背	連官	運官
五十三	三	即日	即月
	七	秤關元	作秤閘
	十	盐償	盐價
	十一	賣米	賣來
	一背	商量自	商量着
	三	令遍	今遍
	五	幾兩	只兩
	六	買一引	賣一引
	七	幾依	只依
	十一	其州	真州
五十四	十	攺了	故了
	十一	南著	南省
		幾合	只合

葉	行	校記
	十二	言言 語說
	七背	私私 盐盐 外
	十	送送 户部 部
	十二	點點 檢禁
五十四	八	無與 祿祿
	六背	作西 西粵 奥元
	十二	買買 食入
五十五	四背	聖聖 旨主
	六	令合 行行 省省
	十三	聞奏 奏聞
五十六	一	誰推 盐盐
	四	裏裏 入去 去沮 阻壞 壞
	六	按按 察察 司使

葉	行	校記
	七	體本 例例
	十	限限 生生 受受
	十一	賣買 一一 定定
	十二	合分 添添
	十三	裏裏 的的 這添 裏了 的 添 了
	一背	您你 的的
	二	不不 用同
	八	江江 浙浙 行省 省
	十一	盐盐 額課 額
五十七	二	結結 課果
	八背	但但 是有
	九	盐盐 課貨
五十八	五	他他 每們

	八	在先	在前
	九	你的	您的
		許你	許您
	十二	這依	只依
	十一背	提調	提點
五十九	五	事理	事內
	七	奏了呵	奏可
	六背	好用心	好生的用心
	九	責你	責您
	十一	你的	您的
		多省	都省
	十二	因係	應係
六十	三	該軍	該管軍
	七背	結果	結課
	八	重慶府	重慶路
六十一	六	依臉	依驗
	十一	府中	府申
	十二	清倉	清滄
		盤販	搬販
	十三	處下漏貨賣侵襯官課	仰行下禁治奉此今據
		渦河渡拿到客人	冀秀等買廿六字
	四背	斷役	斷沒
	五	令將	今將
	七	省付	省府
	十三	行鹽的	的字衍
六十二	一	之兩浙	比之兩浙

葉	行	原文	校
	二	不論	不倫
	十三	稱盤	秤盤
	背二	所從	聽從
	九	地上	地土
	十	涪州	涪州
六十三	七	以涉	似涉
	九	葛面	葛麵
	背三	犯價	犯界
		通賣	通責
		歸縣	秭歸縣
	九	以涉	似涉
	十三	省禮	省札
六十四	一	倉鹽	滄鹽

葉	行	原文	校
	三	將下漏葉半應接入十	一葉十三行不盡云云
		宜准至葉末應在入十	一葉十三行擬得下
	八	幾依	只依
	九	增餘定鈔	增餘了八千餘定鈔
六十五	五	本邑	本色
		幾要	只要
	九	米兖元	作米兖兖
	背七	心舍了兒	心舍歹兒
	八	杪上	抄上
	十	錢物	錢財衣物
	十一	定奪	定奪事
六十六	二	盦者	盦醋者
	五	榷具	權具

	七	確辦	榷辦
	八	確酤	榷酤
	十	辦酒	辦課
		你理會	您理會
	五背	減了來	減下來
夳七	一	有阿	有呵
	三	體與	休與
	六	你每	您每
	十一	各人依例	各人招伏依例
	十三	買訖	賣訖
	四背	准此北京	准北京
	七	罰酒	買酒
	八	買酒	買到酒

		貨買	貨賣
	九	一十瓶十瓶	衍十瓶二字
	十一	斷沒官	斷沒入官
夳八	二	稅科斷	稅例科斷
	十一	確茶	榷茶
		中書	中書省
	二背	仰本處	仰將本處
	七	色認	包認
	八	起數	數起
	九	米麯	米麪
		須內	酒內
	十三	爲犯	與犯
夳九	四	繫于	繫干

頁	行		
	十一	哈琳 哈珊	背五行同
	一背	相似 相仍	
	七	又有一款 有字衍	
	十	米麵 米麪	
七十	六	之末 之米	
	八	貨物 物貨	
	九	以望 似望	
	十	看請 看詳	
	十一	哈琳 哈珊	背一行七行同
	十三	聖旨 聖上	
	一背	招擬 照擬	
	六	以涉 似涉	
		湖廣省 湖廣行省	
七十一	二	二十三年目 作二十二年	
	四	奏過事內 事字衍	
	六	賣買 買賣	
	七	體交 休交	
	九	麽來 來麽	
	三背	位每 他每	
	四	傘磨 傘摩	
	十	整治 整治可	
七十二	一	江浙淮行省咨訪 淮江浙行省咨根訪	
	二	晞顔 李晞顔	
	四	子后 于后	
	八	囊加留 囊加歹	
	一背	二十二件 二十三件	

	二	那般行者	那般者行者
	七	貨物元通	作物貨
卅三	一	等物件	件字衎
	七	了地面	那地面
	十三	依例	依體例
		持勢	恃勢
	四背	隱藏	隱藏着
	六	教去	教出去
	七	奏是也	奏呵是也
	十一	沽價准折	估價錢准折
卅四	一	官人每每	衎一每字
	二	稍帶	梢帶
	四	官有今復	與官有今後
	五背	不以	不與
卅五	六	疑定	擬定
	十三	他處各舶司	他處舶司各舶司
	四背	貨物	物貨
		任船	在船
	九	稍工	梢工
		雜等	雜事等
	十一	船身上漏船面	濶若干五字
	十三	給令公平	合給公憑
卅六	一	斷買	斷罷
	五	同甲人	同結甲人
	九背	灘與	灘嶼
	十一	貨物	物貨 十二行同

陳氏校補

二十七	二	行下　仍行下
		貴在　責在
	六	搜揀　搜檢
	八	是依例　是實依例
	一背	每商　海商
		同鑼　銅鑼
	十二	銅鐵貨　銅錢鐵貨
二十八	一	舶主　船主
	三	過販　過番販
	四	藉定　籍定
	三背	趕辦　趁辦
	六	各件　名件
二十九	十	發落　發露

	一背	府司下漏就便斟酌事宜從長施行十字
		各處上漏一定到舶法抽分則例關防節目仰
		行省行泉府司二十字另行高一格
	五	土販　土產
八十	二	十九年月　作十五年
	五	錢帛的　錢帛底
	八	交與　解與
	四背	增數　總數
	十二	生受了　生受有
	十三	識見　見識
八十一	三	你的　您的
	十三	擬得下應接六十四葉三行宜唯云云
		不盡以下卅二行應在六十四葉三行等將下

頁	行	原	校
	三背	直書盐	直書私盐
	六	多省	都省
		到判	省判
	七	菴參	菴泰
	十二	買入	買食
八十二	一	西州	西川
	三	買私盐	買食私盐
	五	歸縣	秭歸縣
	六	零數下漏將帶過界雖	有取到巡警不嚴招伏
		與完州知州耿	智任二十二宇
		販盐	販賣
八十三	二背	契本板	本宇衍
	四	縣司	司縣
	十	斷買	斷罪
	十二	務引難擬	務司難議
八十四	三	妝稅	收稅
	十	務物價	務宇衍
	十三	過下元	空一格
	四背	依福州	移福州
		照施行	照驗施行
	六	依上瀕海	依山瀕海
八十五	六	騾驢	驢騾
	十三	幾粘	只粘
八十六	五	依施行	依上施行
	八	買置田地	置買田宅
	二背	片呈	廳呈

頁	行	原文	校文
		三月	正月
	六	正數	正課
	十二	四十五定	四五十定
	十三	牛蓄	牛畜
八十七	三	錢價	價錢
		至年終	直至年終
	四	指除	措除
	八	納稅	納稅者
	九	失本	失契本
	十三	加等	扣算
八十八	七	至課甚	至甚
	八	輩去	革去
八十九	一	鑄寫	鑄瀉
	六	今據	今擬
	十一	驗數元作	驗數數
	背三	申伏	申覆
九十	三	刑勢	形勢
		止合	止令
	背七	勢要之家	勢要之
		又有官人	有字衍
	十三	鐵冶	鐵法
九十三	七	主人	本人
	八	扇桿	扇杆
	九	加等	扣算
	背四	重用	重困
		各處竹監	各處竹

九四	四	圓岸	團岸
	十一	來前	來在前
	十三背	又趁	又尋趁
九五	一	支各處	交各處
		河泊	湖泊
	四	漁户	魚湖
	五	這般呵	這般行呵
	六	那般者	那般行者
九六	五	即將	即時
	七	三十一兩	三十一定
	五背	納解	結解
	六	追賠	追陪
	八	承仗	承伏
	十	呈擬	呈議
九七	十	准呈各路	准呈遍行各路
	四背	遍行	遍傍
	六	御史臺次	御史臺咨
	十一	擬得	議得
九八	六	以盜	以偷盜
	一背	枷[illegible]	枷[illegible]
	三	損生受	靠損生受
	五	省付	省府
		部省	都省
	六	議究	講究
		無用	無問
	九	別定奪	別無定奪

九十九	十三	包用容	包容
	五	納稅	納訖稅
	十	各罪名	各各罪名
	一背	單伏	單狀
	四	幹脫	斡脫　九行同
	六	等項	項字衍
一百	一	據目免稅在	匿稅類後
	四	於康祥	却於康祥
	六	其問	其間
	十三	今人	令人
	九背	貨買	貨賣
	十	先含	先令
		兩經	而經
一百一	三	物價	物貨
	四	爲呈	爲此呈
	六	抽到	抽搔到
	八	匿稅	匿稅科斷
	一背	兩次	二次
一百二	三	加興路	嘉興路
	七	也里今	也里真
	八	據邱縣元作	據■丘縣
	十	批此奉	據奉
	十三	歸府	歸德府
	六背	木帛　十二行同	木綿
一百三	七	二百疋十九疋	二百三十九疋
	九	逐人	逐人等

頁	行	右	左
	十一	河汾	汾河
	背二	收等	收管
	七	斷設	斷沒
	十三	官斷	官司斷
		據申	據瑞州路申
一頁	二	呈告	陳告
	八	比生絹	北生絹
	九	到客	到官
	十	移省	移咨都省
	背三	私貨	絲貨
	八	招詳	照詳

葉	行	誤	正
一	四	立司農司四字	元項格陰文
	一背	調畫	條畫
	四	任滿乃	乃字衍
	五	桑事	農事
	七	呈省下	呈省行下
	八	期敦本	期於敦本
	九	御司臺	御史臺
		軍民籍	籍字衍
	十三	又糧	義糧後同
二	三	各付	各村
三	八	聖旨	今將聖旨
	九	勸行	勸課施行
	三背	三四村	三村
	五	別管餘	別管餘事
	六	候點官	候提點官
四	二	懲惰	誠惰
	四	若水田之家	若有水田人家
	十一	在此限	不在此限
	四背	開種種地	種地二字衍
		并劫可挑撥者	并刼可挑撥者
	八	停住碾	停住碾磨
五	六	自來辦	自來辦課
	二背	勢要之	勢要之家
	三	年深歲	歲字衍
六	十一	社長	社衆

葉	行		
七	十二	正業	本業
		如稱	名稱
七	七	窮治	究治
	九	因多	因而多
	十三	工勤	功勤
	一背	依附	比附
	五	勸者	勸農者
	七	勸農者日	勸農日
		社內有有	衍一有字
八	一	照得欽奉	照得先欽奉
		體例	休刷
	二	除依外	除遵依外
	五	知府卑職見	知卑府見
九	七	本奧魯官	本管奧魯官
	十三	數日	數目
	十三	另行	另行者
	七背	勸課農	勸課農桑
	九	姓服	信服
	十一	一切教	專一勸教
	十三	以前	似前
	十三	致悮	妨悮
	四	翰林院侍講	翰林侍講
		省劄付前來	省劄前來
	八	勾集人	勾集人户
	十三	條畫	條畫
		不拘	不以

葉	行	右	左
十	二背	以彰德	似彰德
	三	歹賊	反賊
	八	勉勊	勉勵
	十三	歆人	衆人
	四	不舉	不行
	五	廢隨	廢墮
		丁鄉親所見	下鄉親所聞見
	八	刑清	刑罰清
	十	澤此	得此
	二背	時長	時常
	五	差專	差占
		占一	專一
十一	四	無不	不無

葉	行	右	左
	五	功程	二字衍
	六	訪書	諸書
	七	通行	遍行
	八	訖照驗	乞照驗
	十	上糞一遍	又上糞土一遍
	十一	收種	二字衍
	十三	每一畝	每田一畝
	三背	握畦	掘畦
	七	仍採	仍糝
	九	又一蠶	又一法
	十一	綠麻陰	緣麻陰
	十	單構	單耩
十三	一	現上	見工

二	全坑滿	令坑滿
	築日	築實
三	五寸七寸	五七寸
	周圍	周圓
	芽出土	芽出虛土
六	附近	附地
	根漸漸	行一漸字
七	五月	正月
十	三五十	三五寸
	畝條	臥條
背六	稍子	梢子
七	壯緣	壯椽
十	親自	親身

	提調覷	提調點覷
十一	這般著	這般該著
十二	州縣司官	州縣官
十三 二	說載	該載
三	這般行	這般行可
四	者下漏欽	此二字
五	御史臺	准御史臺
六	節該	譯該
七	不成	不曾
	憷薛	怯薛
八	百姓俱入每	入百姓每
背三	親舊現在	新舊見在
	今屬	合屬

	十一	官畝	宫人每
十四	三	提綱	提調
	九	禁治	禁約
	十	砍伐	砍斫
	十二	教不輟	教養不輟
	十三	而今後	而字行
	二背	雨降	雨澤
	五	倩差	差倩
十五	三	究治	常加體究
	五	樹枝	樹株
	六	土地	地土
	十	點勸課	點檢勸課
十六	五	家產業	家業

	六	地開荒作熟土	地土開荒作熟
	十	十九	十九日
	六背	不非理	不得非理
	十	站歌	站哥
		燕站木兒	燕帖木兒
十七	三	副司	副使
	五	頓壞	損壞
	十一	各下	合下
	二背	身稍	身梢
	十	照得	照詳得
	十一	照原例元貞	照得元貞
		聖旨	欽奉聖旨
	十三	頭入去	頭口入去

十八	一	宣諭這般	這般宣諭
十九	七	時分布	時分分布
	八	儘附近	先儘附近
	十三	地面	地面
	四背	非搔擾	非理搔擾
	五	六月	閏六月
	六	府司縣	府州司縣
	十一	勤隨路	勤惰隨路
	十三	大司農	申大司農
二十	五	就依理責罰黜罷	就便依理責罰黜罷
	六	勸司農	勸農司
二十一	二	住例	住催
	四	申申部	衍一申字
	五	辦實	辦實
	四背	免除	除免
	八	申到下闕二	十三行另補
	十二	河北江南	河南江北
	十三	吳呈務	吳承務
二十二	一	勾稱元	作勾攝
	四	鳩斂	鳩斂
	八	又繁	文繁
	十	擬依	擬合依
	十一	宣府	宣撫
	二背	劄付爲	劄付該爲
	四	條內	條畫
	十三	書云	古書云

葉	行	誤	正
一	七	蠲免下漏有	来在後四字
	八	道也里可温	僧道也里可温
	九	僧也里可温	僧道也里可温
	背四	及其	二字衍
	五	俱一體	俱字衍
	六	小户	下户
	十	還我	還職
二	十三	入月	入月内
	四	拂的	揚得
	七	搶攝	搶揚　九行同
	十三	用而	用因而
	背五	開折對樣官交收	開拆對樣交收
	十	毋餘得多	毋得多餘
三	一	追賠之賠	元通作陪
	五	挑到	挑倒
	十一	照據	照擬
	十三	十月	十月終
	背二	原科石	原科稅石
	三	失限	失陷
	四	民官部	三字重出
	十一	奏過事	奏過事内
四	二	江西的	江南的
	三	收糧的斟酌	收糧的斛　酌字衍
	十三	折輕賫	折收輕賫
		江西省	江西行省

四

五背 納米徵糧 納米糧

六 遍合屬 遍行合屬

八 該行 該遍行

無得 毋得

揭開 揭開

十一 澇下漏事理合從有司 體覆若有不實依准都

省元行令廉訪 司體覆廿四字

五

二 也先站木兒 也先帖木兒

三 昔寶 昔寶赤

六 擬定至會 議九字衍

十一 收附四十餘年了也 收附了四十餘年也有

二背 些小元 作些小

御史 御史臺

七

十二 送納過 過字衍

四 附糧 除糧

五 呵合 阿合 十行背一行同

九 怎生聖旨 怎生奏呵奉聖旨

十 即與 既與

八

三 該置 設置

四 幹脫 斡脫

十一 正是 止是

中其 其中

十三 折記 折証

五背 比給 出給

供輪 供輸

六 咸通知 咸使通知

	七	爭甚	爭差
	十	額設户鋪走遞目	作鋪兵户免科粮
		江省行省	江西行省
	十一	今科	合科
九	六	內納	均納
	九	概官	概管
	十二	衛州路	衡州路
	三背	別難地	别難限地
	九	日下漏事勢與舊不同	向時人户各家老小人
		數不多容易養贍又	无似今日廿七字
十	三	計其	其字衍
	七	現勘	見堪
	八	畝存	畝但存
	九背	使信	使字衍
	十一	民田地	民的田地
十一	一	的地	的地土
十二	二	三十年目	作二十年
	八	與一處	與字衍
	一背	每底	每的
	二	依著聖旨	依著大聖旨
	五	納稅	納租
	十二	追取	追收
十三	七	捨捨施	衍一捨字
	十	來帶	夾帶
	三背	以前	似前
	五	俺們	俺每

	七	倉糧	倉裏
十四	六	恁衆	您衆
	七	帝思	帝師
	九	交恁差撥發	交您差發

葉	行	正	誤
一	四	據本路	處本路
		作系料	絲料元
	十	差發	差法
	二背	絲絹	系絹
	七	只作	尺作
二	七	匠人打捕	匠人捕
	八	叅户	忝户
	九	合得五户	合得左右户
	十	月日	日月
	十一	應副	應付
	四背	品搭高下	品高下
	九	村坑	科坑
三	六	官民户	官人民户
	七	按察司	按察使
	一背	檢照	檢校
	二	各得	各等
		仰依	依仰
	三	見兵部站户類	見站出門站户類
四	二	四年七月	四年
	四	如無上司	無上司
	五	户計	户起
	八	陪納	賠納
	二背	不辦	不辧
	五	催辦錢糧	催錢糧
	九	占著	占省

五	六	那般者	那般的
	九	聖旨	聖旨者
		放與	放還與
	背一	見禮部僧道類	見兵部站户類
	九	職佃户田	職田佃户
七	二	四下漏	件字
	七	差務發	差發
	十三	差發辨	差發辦
	背六	投下關分撥	投下分撥
八	一	打捕	打捕户
	十三	休要安下	休安下
	背三	執把者	執把的

葉	行	誤	正
一	七	休管者	休當者
	八	和顧之顧	元通作雇
	背三	買弄	賣弄
	十一	出顧役	出錢雇役
	十三	頗詔	願認
二	二	一本都收掌	一本付本都收掌
	六	擾下漏民除犯人依例	追斷外罪及雇主仍嚴
		禁當役人户並	不得擾廿四字
	七	元籍之人攬撲	无籍之人攬撲
	九	不認	不該
	十三	領首官	首領官
	背十	移那	那移
	十三	具照詳	具呈照詳
三	一	四年正月十一日	四年十一月
		省下漏爲站户祗待移	准都省咨該送兵部議
		得行省	十八字
	七	消泛	消乏
	十一	站赤管	站赤官
	十三	定鈔	鈔定
	背五	雜泛八字另	行項格陰文
	六	里正十八字另	行項格陰文
		是前户計	足何户計
	七	嚴政	聖政
四	三	二十一年日	作廿二年
	背	和買下漏若	遇和買四字

	六	諸和買	另行 入行同
	九	鈔物	錢物
		給示	給主
	十	監臨	其監臨
	十三	四件	二件
五	五	本路	令本路
	十三	臨朐縣	臨朐縣
	十三	差務	差發
	二背	放知	放支
	六	事縣	事懸
	九	追賠	追陪
	十二	致至大	至至大
	十三	合置	合計置
六	一	例破	倒破
	三	以高作底	以高作低
	四	和諸物	和買諸物
	一背	交值	支價
	三	諸色	物色
	五	外收	收外
	六	正官不放本職	正官首領官不妨本職
	七	是係官	是何係官
	八	數疋元	作數足 十一行同
七	一	據目夫役	在脚價後
	八	應付	應副
	四背	並有宣司	並宣慰司
八	二	主簿論差	置簿輪差

	四	婺州	婺州
	五	東北西南明越相通	東北與明越相通
	六	遍送	遞送
	七	送親舊	送遞親舊
		應付元	多作應副
	八	乂行	又行
	十	寬免	買免
	十一	買賣	賣買
	十二	才方免	才方放免
	十三	地荒	地荒蕪
	六背	施行下	小字行衍
九	二	元章	平章
	五	例體	體例
		定例	定到
	十一	六百十五里	六百一十五里
	十二背	一錢零四釐	一錢四釐
十	一	七十三里	三十里
	五	路修	路備
	十一	見搬物	見搬諸物
	三背	元站	无站
	五	差發	差撥
	九	漢軍	漢車
	廿	大輛	大車
	十五	丈字上寫	丈字上該寫
		元站	无站
十一	六	二十三年目	作二十二年

陳氏校補

三背　聽餘　／　聽於

五　分司　／　公使

十　准擬行　／　准擬施行

十一　准東　／　淮東

十二　一　先交　／　先支

九　近來　／　近年

十一　鄿黄　／　蘄黄

十二　別元　／　別无

十三　比下水　／　三字衍

二背　額數　／　頻數

三　參除　／　參詳除

十三　四　千里百勛　／　千斤百里

九　實勛重　／　實有斤重

十二　前應　／　前因

五背　上木入錢　／　上水作入錢

六　那便　／　即便

葉	行	誤	正
一	三	幹脫之幹	元通作斡
	五	兩省裏	兩个省裏
	八	與省	與著
	一背	少鄉	少卿
	七	候著	依著
	十	可吉只大王令子	阿吉只大王令旨
二	一	投下告	投下奏告
	二	借子	借了
	三	交使	支使
	六	經直	徑直
		官民人	官民人等
	九	返人	販人
	二背	運與錢	與字衍
	十	木烈大王	术烈大王
	十三	坐烈	坐到
三	七	照依照驗	照驗照依
四	四	爲此有	爲有
	九	已定還	已還
	七背	取得	取借
	十	亦得	亦不得
	十二	中書	中書省
五	八	等物貨	等物貨賣
	六背	諸人	另行
	八	至大改元詔	五字係小注
		部下不得借債	另行陰文項格

典章二十七 戶部十三 一

陳氏校補

	九	河東道元作湖東道
六	四	承奉承字衍
	八	如今如令
	十一	其勢其恃勢
	背二	二十日奉二十日奏
七	十	元還无還
八	四	珖瑁統子珖瑁琉子
	九	語人諸人
	十二	一十八箇一十八箇月
	背一	令照熊瑞照字衍
	八	都准都省
	十	此行應有元貞二年二月中書省議得今後諸
		人解典二周歲不贖許令下架二十六字

葉	行	誤	正
一	六	僚儒生	僚屬儒生
	七	央道	夾道
		班立	敘班立
	九	公所	公廳
	二背	中書省兵部	中書兵部
	四	一殺	一般
		人刺入	八刺八入
	五	旨下漏了也又照得至	元十六年八月十三日
		准太原路牒呈備奉河	東宣慰司劄付欽奉聖
		旨道三	十五字
	九	從命	從今
	十二	公所	公廳
二	一	擅面	壇面
	二	寶蓋蓋	衍一蓋字
		旋鑒	旋隊
	三	娼妓之類	娼妓宮監之類
	四	難名	雖名
	五	而因	因而
	十三	奉准	奏准
	五背	備據	備據
	六	伏申	申伏
	八	今無	合無
	九	路府州城	路府州縣城
		元解舍	無廨舍
	十	道例	通例

三	四	元當	無常
	七	常州	常川
		征行戍	征行屯戍
	六	班首	爲班首
	十	班依	班序
四	二	體例	體式
	八	用信	用印
	九	其上漏末後年月日上	及背縫亦用印上幾者
		准此封皮上帖黃押	下邊用印廿七字
	十	封裏	封裏
	十一	螭上漏龍幾	匣飾以五字
		表章迴避字樣	另行陰文頂格
	十二	晏征	晏徂
	三背	辱營	屏營
	五	蓦稿	慕搞
	七	右迹	古迹
		本行後漏一行叛散慘	恐尅、反逆、同、害戕
		殘偏枯、盼靈幽沉	埋、大小共十八字
	九	衆陵	泉陵
		士字	土字
	十二	一款	二款
五	五	翰林院國史院	翰林國史院
	十	後下漏合无令本州官	員進賀表章乞照詳本官
		部公議大名路申見所	轄開州濬州滑州雖係所
		五品衙門即係本路所	轄去處今後四十七字
	十三	主官	正官

頁	行	校記
		費正 賀正
	七背	勾當下漏不去的當四字
六	五	或都衙門 或屬在都衙門
		處各處 據各處
	六	屬萬戶府 屬字衍
	一背	呈此奉此 省省奉此
	四	應付 應副
	八	省部議 省部議得
	九	萬元節 萬年節
		之人 之心
七	二	登寶位 登了寶位
	六	字樣 字來
	七	上位的名字 的字衍 八行同
	十	名字的 名字的有的
	一背	體交 休交
	二	宣慰徽院 慰字衍
八	二	御史承 御史中丞
	三	幹耳朵 斡耳朵
	四	宣敷 宣敕
	十	拜表拜表日 拜表儀○拜表日
	三背	首樂 音樂
	八	皆又 及又
	十一	所再拜 又再拜
	十三	所讀 聽讀
九	二	又拜拜 又再拜
		行前 廳前

	三	皆樂	音樂
	十	遣往	遣人往
	十二	往處	住處
		排便	排辦
	十三	極香案	及香案
	一背	案設	設字衍
	九	所前	廳前
	十一	如閑官說本宅正廳八	字應小注廳誤作所
十	四	遣使者	遣字衍
	五	有元	有无
	十三	迎接目作頁	獻毋令迎接
	九背	於屠户	止於屠户
十一	六	合元	合无

	五背	來到	續來到
	十	有有俺官人	有俺省官人
	十一	例體	體例
	十三	體開	休開
十三	一	物貨有	物貨等有
	四	迎接祇待	迎送接待
	七背	行移	合行移
		施行	依上施行
	九	言言語	衍一言字
	十三	數行	教行
十三	二	教文字	教行文字
	五	施行	欽依
	八	平陽路	平陽路申

	九	河南	河東
	十三	得與	得於
	二背	經直	徑直
	五	往負	枉貟
	六	繁利害	繫利害
	八	得辨	得辦
	十	妨誤事深不便	妨誤府事深爲不便
	十二	管辨	管辦
十四	一	如今路	如令各路
	三	擬下漏除外咨請	照驗施行入字
		大德上漏貢獻毋令迎	接六字另行頂格陰文
	三背	廉訪司中	廉訪司申
	五	江浙省	江浙行省

葉	行	誤	正
一		表橫直線有	闕誤應改作
二	七	公服	一公服
		右經	右紝
	八	直經	直徑下同
	十	元枝葉	无枝葉
	一背	紅鞋	紅鞓
	二	花犀	花犀帶
	四	二年目	作三年
		十二月	二月
	九	見見	見當
	十一	職官	一職官
		龍鳳外	龍鳳文外
三	七	級造	歛造
	十三	五品	三品
	七背	紵絲元	作注絲
	八	帽立	帽笠
		裁製	裁置
	十一	紗帽	紗絹
四	三	見任者同	見任同
	六	綢絹	紬絹
	十三	濮州中	濮州申
	一背	合元	合无
	三	擅合罪羅	檀合羅
	八	道行	通行
	十一	典吏	典史

葉	行		
	十三	擅合羅	檀合羅
		黑角帶	烏角帶
五	一	遮差	選差
	三	江南省	江南者
		所擬	所據
	七	濮陽縣中	濮陽縣申
	八	擅合羅	檀合羅
		角帶	烏角帶
	十	都省擬	都省准擬
	十一	多吏目	都吏目
	二背	付省	行省
	五	管官	等官
	十一	到班	列班
	十三	省罰付人員	省罰人員
六	二	學正錄	學正學錄
	五	跕官	站官
	七	置造擅合羅	製造檀合羅
		省看詳	本省看詳
	九	置造	製造
	十一	十年月	作二年
	十三	侍儀司元	作侍儀司
	十三	南面而當坐	南面當坐
	二背	提舉	提學
	三	文廟	祭文廟
		具服	具公服
七	七	干載	千載

	一背	各從	宜從
	三	各令獻官於祭	合令獻官與祭
		齊郎	齋郎
	七	入合赤	入合亦
	八	節議該	節該
	十	比兵戎	比丘戒
	十三	茶衣服	茶褐衣服
八	二	揀下漏甚麽休攬擾呵	那人不怕那甚麽欽此
		十五	字
		校尉帶三字應	另行頂格陞文
	三	繁着帶	繫着帶
	七	祇每	祗候每
	十一	推大王	推稱大王

	七背	裏青巾	裹青頭巾
		子抹	抹子
	八	常穿裏戴	常川裹戴
	十	者諭	省諭
	十三	不戴兒	不戴冠兒
十		正二格銀六十五兩物	料八錢應作銀七十兩
		物料錢	七錢
		從三格銅一觔十二兩	應作銅三觔二十兩物
		料錢一錢一分二釐	應作一錢一分三釐
		從四格銅五觔四兩	應作銅三觔四兩
		正五格物料錢九錢九	分入釐應作物料錢九
		分三	釐
		從五格物料錢九分	一釐應作九分二釐

葉	行	右行	左行
		從七格銅二觔四兩	兩應作二觔六兩
	二背	承龍承借	承襲承替
	八	所使	行使
	九	元添減	无添減
十一		上百户	上百户上百户
	二	身死數内	身死事數内
	八	寺奏	等奏
	十	欽此依	欽依
	十三	雖襲	雖承襲
十二		表分四層應加三線	横線而去其直線
	二	削降與換	捋應平行
	六	承來	承奉
	七	部省	都省
	九	行的金牌脊邊欄	行底金牌有邊欄
	一背	大牌子下元有金牌銀	牌多底一般又合帶牌
		子底勾當出來了不	合帶牌子廿四字
十三	一	麗限	嚴限
		將職	將前職
	六	參政議和魯火孫	參議火魯火孫
	七	說將來下漏聖旨裏圓	牌子上頭寫着蒙古字
		有做官底牌子上	也寫着蒙廿四字
	十三	閑散的	閑住的
	三背	士可	仕可
	九	各人	官人
十四	二	旨下漏關將去了回來	隱藏着不納的也有如
		今除常川差使與來的	員牌外其餘不揀甚麽

	勾當裏差使的員牌牲	勾當裹差使的鋪馬聖
	旨五十	二字
	拘收了	拘收了者
四	隱藏	隱藏着
	者有	有罪
十	唐元	唐兀
十三	招狀	招伏
	照尊卑之等	昭尊卑之等
二背	藝芥	藝棄
五	所備	所佩
七	換授	換受
	減犯罪二等斷	減犯人罪二等科斷
九	誥命官員二條元另葉	前有誥命二大字標目
十二	元至	至元
十五 三	為例事	為例之事

葉	行	誤	正
一	五	定例體外	定例外
		女貞	女真
	六	漢人舊例體	漢兒人舊來體例
	四背	係今之下定也	五字元小注
	五	人之大倫起至六	行亦是止元小注
	八	擬使者	授使者
	十三	係今之下財也	五字元小注
二	五	許婚氏	許婿氏
	七	前期	前迎期
	九	出乘馬	出馬
	十三	就飲食	就坐飲食
	七背	牌位元	作位牌
	十	婦親	親婦
三	五	結親姻	結親婚姻
	七	宴夜	夜宴
		二三寸道	三二十道
	九	一二道	一二十道
		二三十棹	三二十棹
	四背	女貞	女真
	五	理制	禮制
	九	陣車	障車 十一行同
		及要	取要
五		五服之圖應作	本宗五服之圖
	四	兄弟及妻姪及婦二	格小功二字另行
	一背	孫婦格誤作孫麻二字	應作嫡婦緦麻衆大功

元孫格闕孫 麻二字應補

三 堂姊妹格嫁緦麻 應作嫁小功

堂姪孫女格應在下中 間應補堂姪女室小功

嫁緦麻 一格

六 一 舅之子爲父兄弟 父應作內

二 母兄弟格 妻字衍

三 外孫與外孫婦格 中間應有一直線

一背 哀傷 哀殤

四 嫡孫格曾 下漏元字

七 二 祖父兄弟格應 作祖父兄

三 父母格漏 期年二字

背 同居繼父格謂 之誤應作謂子

九 一 丁憂數 丁憂類

五 散髮者內於 散頭髮者於內

八 體推着做享發的 休推着做享祭的

殺牛殺羊 殺牛羊

十 打磨子刻來由 釘鑼釘子刻來的

十二 晐上 胲上

馱馳 駝馱

十三 大喪 大麥

或是楊了四字行應 作孝車前承四字

一背 齊和尚 齋和尚

十三 田地裏的 田地裏底

十一 體例宰殺 休宰殺

喪自裏 喪事裏

七 事內 數內

頁	行	字
	九	至至 甚無 無益 益
	十一	帳帳 幙幙
	十二背	埋埋 瘞葬
十一	一	埋埋 瘞葬
	六	權權 勢勢 之之 家
	十三	依依 着自
		完完 澤澤 篤篤
	一背	麽麽 道的
	七	無於 時時
		始始 死死 充如 充有 如窮 有 窮
	十	霜霜 露路
十三	二	未不 宜宜
	三	飲飲 宴食

頁	行	字
	四	不不 嚴禁
	九	忘忘 哀懷
	一背	風風 化俗
	十	亦辦 有有
十四	五	合倉 得得
	六	今合 俗俗
	七	五立 丈丈
	八	宣宣 撫招 司司
	九	依依 禮理 埋埋 瘞葬
	一背	房房 舍屋
	六	董董 童拾 二得 男 董 拾 得
	七	狀收 內內
		別別 无元 八 行 同

頁	行	原文	校
	八	男兒	兒男
	九	董意二	董童二
十五	五	既係	即係
	七	元年目	作二年
	十三	邱隴之邱	元通作丘
	十三	坊見	竊見
	背二	籍户	藉尸
	四	暴骸骨露尸	骨字衍
	十三	甚至	至甚
十六	二	衣物	等物
		截目	截日
	四	行省表	行省咨
	六	候震翁	侯震翁
	十	經曲該載	經典該載
	背八	必更張	必當更張
	九	江南俗	江南民俗
十七	二	雨而不克葬	而字衍
		乃葬	乃克葬
	三	則朝而定	則朝而窆
		窆下漏不毀則	日中而窆七字
	四	皆放	皆於
	六	舊停	留停
	背一	生則安死則亦安	生者安則死者亦安
	三	天理	天地
十八	五	奉中書	又奉中書
	六	聚作社	聚衆作社

	七	禁所	禁斷
	二背	留侯張	留侯張良
	八	博士斤	博士廳
	十	皇帝	黃帝
	十一	不易也	不易可也
十九	四	三王	三皇
	六	皇下漏聖帝合用禮儀	移准中書省咨送禮部
		照得三皇	十九字
	九	於支	放支
	十一	除破下漏	作支二字
	二背	二年目	作四年
	十三	文宣	文廟
二十	十	去者	行去者
	九背	緣無降錢	緣元降錢數
	十	酌量	約量
	十三	部擬	依准部擬
二十一	九	元降錢	元降錢數
	十背	社稷壇	立社稷壇
	十三	祭祀議	祭祀儀
二十二	六	吏部	吏禮部
	七	大司農司至	大司農司呈
	八	所祠	祈祠
	十三	七年目	作十年
	一背	依教	依數
	二	元得	无得
	八	部下漏呈為本路年例	祭祀錢數再行擬定必

		合祭祀事理連判	申呈本部廿六字
	九	重五九	重五重九
	十二	尚書省	准尚書省
		忍都於思	忽都于思
二十三	二	文字樣禁約	文字禁約

典章三十一 禮部四

葉	行	誤	正
一	八	法薛一	怯薛歹
	一背	例設立	體例設立
	四	提學校	提舉學校
	六	並所入學	並聽入學
	八	今所在	令所在
	九	譯史作	譯史譯作
	十二	發所	所發
	十三	閉者赤	闍者赤
二	十	提學校	提舉學校
		國之要去不可無	國之所要法不可無
	十三	字之校	字之效
	一背	不叨	不切
	十三	提調省	提調者
三	二	不好生	不好生的
	四	數的	教的
		用裏	州裏
	十	的下漏教學者教授學	正必闍赤則依着那般
		體例裏委付着學	文書的裏廿五字
	一背	校事會	三字重出
	四	生徒	生員
	五	江西等行省	江西等處行省
	九	生徒數目應另	行頂格陰文
四	一	着道	着麼道
	十	乞歹	乞里乞歹
	七	者不	若不

陳氏校補

		廉訪司官	官宇衍
	十	熟習	熟閑
		堪學	堪舉
	十一	經本處	經由本處處
五	三	管民	管民官
	四	常令	宜常令
	五	諸員	諸官員
	七	宣聖廟告朔禮	應另行頂格陞文
	十一	皆拜兩拜	皆拜再拜兩拜
六	三	可期元	作可期明
	五	加以	如法
	六	不爲下漏	小補二字
	九	詰路	諸路
	三背	舉保	保舉
	六	非禮	非理
	十一	言說	言語
七	二	准等處	江准等處
	三	儒學下漏提	舉司三字
	五	院下漏教官從翰林院	選擬呈省照會集賢院
		十五	字
	八	選城	選試
	十一	商我	商稅
	十三	江南校	江南學校
	七背	橫枝兇休差發	應另行頂格陞文
		二十五年目	作二十九年
八	一	奉下漏中書省劄付送	據戶部呈照得至大四

		年三月十入日	欽奉二十三字
	六	帖班半哥	帖班伴哥
	九	交陰	交除
	二背	合擬	擬合
	六	着的田地與他可	着喫的田地與他每可
	十	取數目	取勘數目
		省屬	着屬
九	二	祭祀自	祭祀着
	四	養齊看	養齊着
	十一	根底着	根底依着
	八背	勸下漏者這般宣諭了	呵別了的人每不怕那
		更這學校的	敦勸廿二字
	九	無元體例	元字衍

	十三	取去	取士
十	四	充貳	充貢
	六	除去	二字衍
	七	開舉人	開試舉人
	九	舉保	保舉
	一背	章句下元有	集注二字
	二	策二道	策一道
	七	已上三	已上三經
	八	三傳	二傳
十一	一背	程式目	程式條目
	三	行省	行者
	六	交行來	衍一行行字
	八	賦的	詞賦的

十二
- 十　浮了　浮華了
- 一　後顯　後頭
- 背十　御史試　御試
- 十三　限千字以上　限一千字以上成

十三
- 五　省部　從省部
- 七　一員　各一員
- 九　移行　行移
- 仍須　仍須
- 十一　舉貢　貢舉
- 背五　二道　二處

十四
- 背二　甘肅一人　甘肅二人
- 三　中間漏嶺北　二人四字
- 四　雲南三人　雲南二人
- 中間漏征東　一人四字
- 五　中間漏江西　六人四字

十五
- 五　擗掠　擗掠
- 七　鄉會試　鄉會等試
- 九　注一五十字　注乙五十字
- 十　硃書之硃　元作朱　硃卷同
- 背一　開拆　開拆
- 五　彌封　封彌　下同
- 八　還付　還赴
- 十一　舉人舉與考試官　舉人與考試官

葉	行	誤	正
一	四	聖旨一道	一字衍
	背三	教授蓋非	教授闕蓋非
		行學	行舉
	七	省諸人	省諭諸人
	八	部役	雜役
	九	許國真各懸金牌	許國禎各懸帶金牌
	十三	迎牛元	作遞牛
二	二	科取取	衍一取字
	三	無定	元定
		王子俊	王子俊等
	八	差經事	差發事
	十一	影占元	作隱占
	十三	有係籍户每限教	有係籍的醫户每限教
	十三	說將來	也說將來
	背七	重并	重併
	十	不係籍醫户	不係籍的醫户
三	五	學生員	據醫學生員
	六	就醫	二字衍
		欽此	欽奉此
	七	欽此此	衍一此字
	八	備擢用	以備擢用
	背一	年深呈本路	年深悉呈本路
	五	令後	今後
	六	程式	程試
	七	今切	今竊見

頁	行	右	左
四	三	科同	科目
	二背	醫師學	醫學
	六	師吏	司吏
	九	月行	廵行
	十二	上擬	上議擬
五	一	本學得	本學議得
	四	舉公事	舉場公事
	五	當都省	當時都省
	八	何醫者	何止醫者
	一背	不能備他書	不能備責他書
	二	程式	程試
	七背	行省行	咨行省遍行
六	四	第二十一百卷	第二十一至一百卷
	九背	至一百四十四	至一百四十卷
	十三	至一百四十二卷	至一百四十三卷
七	九	立醫學	設立醫學
	十二	年繳納	年終繳納
	四背	務在成	務在成材
	八	廢隋	廢惰
	十三	不主	不至
八	五	舉到	選到
	七	施行	施行外
	八	各職任	各有職任
	十一	擬合依遍行	依宇行
		若以肄業	以宇行
	十三	錄等	錄等官

典章三十二　禮部五　陳氏校補

九

六背　若大小　若有大小

十二　太醫院　太醫院闕

十三　令然　全然

二　催貢准　催貢事准

三　上貢納　上項貢納

四　應付　應副

即日　即目

九　復如　後如

十　無爲打元　作無偽打角

一背　大德　至大

二　學之人　學醫之人

三　之來　以來

四　以至於藥物　至如藥物

十

七　診後　診候

九　如是也　如是耶

四　學教諭　學正教諭

五　提舉學　學字衍

十二　皇慶二年目　作延祐四年

十三　譚時升　譚時昇

五背　屍悵　屍帳

九　刑部得　刑部議得

十　濫送　濫還

十一

四　依上　欽依

九　依舊　依着舊

三背　來的替的　來得替的

五　廉訪　廉訪司

	六	提領舉理	提領提舉事理
	八	舊例呵	舊例試呵
	十一	忠義	信義
十三	二	天受	元受
	三	戶爲	戶官爲
	四	軍校役稅銀	軍役稅粮 六行同
	八	法司	法師
	九	休都	休交
	十一	古文字	蒙古文字
	十三	理會	理會得
	二背	理會的	理會得
	七	麽道呵	麽道奏呵
	十一	多休	都休
十四	一	按時歷	授時歷
	四	抱收	拘收
	六	起意回	起意來回
		苗太監	苗大監
	十	賊磨問	賊人磨問
	十三	須盡絕	須要盡絕
	一背	七月	十月
	三	太乙	太一
	四	後限滿	候限滿
	七	推背圖	推背圖等
	十	圖書	圖畫
		亂衆	亂正
十五	二	天下	行下

頁	行	原文	校改
	三	牛經	土牛經
	六	龍頭	籠頭
	九	爲文	爲衣
	十一	五辰	五辰外
	背三	左手陰時	左手提陰時
六	二	木殖	木植
	八	孟孟日	衍一孟字
	十	柳枝兜	兜字衍
	十二	粉五色	五彩色
	背五	歸附之家	歸附之後
	七	今屬	合屬
	八	咨宋	咨送
	十二	嘉惠殿	嘉僖殿

葉	行	誤	正
一	五	差法	差發
	十	多以	以字衍
二	三背	教都	都教
	一	縣裏	州縣裏
	二	多都革罷	都支革罷
	四	欽此	敬此
	八	譯吉祥	鐸吉祥
	十三	再門外	再問外
	五背	另多係	另字衍
	八	舊曾與當	舊曾勾當
	九	營求勾當侵漁	六字衍
三	二	念經文	看念經文
	三	常鈐東	常加鈐束
		权袓	叔祖
		酒店等行坐	酒肆等處行坐
	四	以及	以字衍
	五	私立宅	私立宅舍
	七	革去	革罷
	十三	參知政司事	司字衍
	一背	舊役元	作舊設
	四	禮部參詳上下事理	禮部呈參參詳上項事理
四	二	德攝	總攝
	三	這的寺院	這的每寺院
	七	上皇帝	上字衍
	九	有麼道	有麼道奏來

陳氏校補

葉	行		
	十二	做筵席和尚	做筵席的和尚
	背二	四年目	作五年
五	一	正司	僧正司
	三	搖動	動搖
	五	鈔連	抄連
	十三	按剃	拔剃
		行政宣慰院	行宣院
	十三	寺內	事內
	背二	冒然爲未便	冒然爲僧未便
	三	方本寺	方許本寺
	六	簪剃經	簪剃給據
	十	欲開講讀聖旨	欲待開聖旨
六	二	剃拔	披剃
	十二	呈下漏據監察	御史呈六字
	十三	三十多人	三十餘人
	十三	司報不曾	司保不曾
	背七	官人	官人每
		教他	教他每
	十三	此下漏具呈照詳都省	咨請欽依施行十二字
	十三	聖旨	欽奉聖旨
七	三	稅錢糧	稅糧
	四	的當	的勾當
	十三	御史	二字衍
		體例察	體察
		門下漏歷	道管三字
	背七	別個	別了

葉	行		
八	三	和尚裏	裏和尚
	六	和冲	冲和
	七	有的	應有的
	九	官舍	官倉
	三背	天師言語	天師的言語
	六	分管城	兼管城
	十三	四五個	三四个
九	二	聖旨	奉聖旨
	三	道宮	道官
	四	加興路	嘉興路
		畜養妻子	畜妻養子
	一背	天師法籙	天師的法籙
	七	郭州	漷州
十	七	張天師	張宗師
	九	體例裏可	體例裏行可
	二背	來的	做來的
	五	相犯	相犯者
		縱統	總統
	六	教行者可	交行可
	九	裏這	這裏
十一	二	罄鐃鈸	磬鐃鈸
		那甚麼	那甚底麼
	九	法戒	戒法
	三背	這般宣諭	宣字衍
十二	三	宣慰	宣慰司
	六	掌教都	都掌教

	三背	子了也	與了也
	四	术工	术土
十三	八	這裏	裏字衍
	十	每有呵教李溥光	七字衍
	十一	甚麼呵李	甚麽言語每有呵交李
	一背	又遣	又這
十四	七	訖轉呈	乞轉呈
十五	三	御史奉	御史呈欽奉
	四	自守	自存
	六	子明	予明
	七	債二定	債銀二二定
	九	十多年	十餘年
	十	臺舉	擡舉
	十一	行運	營運
	三背	江亨魏秉宗	姜亨魏秉忠
	四	納送	送納
	五	一款	二字衍
	六	以厲	以勵
	十一	男德	男德安
	十三	聲名	聲迹
十六	二	方才	才方
	五	省議得	省部議得
	十三	趙毓儀	趙毓義
	一背	承奉	呈奉
	八	激厲	激勵
十七	一	奉節婦	舉節婦

二

頁	行		
	四	實行	行實
	五	垂戒	垂勸
	六	不符	不覈
	七	守志	守制
	九	文質	文資
	十二	墓上	慕尚
	六背	興化路	興化路申
	十三	所撰述	所撰著述
十九	三	林下元有	一字不明
	四	祖父母下漏	父母二字
	六	中空六格係割肝	剜眼釁臂胷七字
	九	不當	不賞
		杜天兕	杜添兕

頁	行		
	十一	近代是以條例	止是近代條例
二十	二	蔡國公	蔡國公男
	五	贓論	坐贓論
	十一	勘常	勘當
		中統鈔二年	鈔字衍
	十三	模勒	模勒 下同

葉	行	誤	正
一		表闕橫線其直線	又多錯誤應改作
	四背	若冒	苦冒
		損身軀	捐身軀
	六	方役	力役
	十	致便	致使
二	一	齊飲	齊歛
		行御史臺下漏	准御史臺四字
	四	齊歛來	齊歛要來
	十二	打算下漏不	交打算四字
	一背	甃理麼道	甃理者麼道
	九	置辦	置備
	十三	耕種已畝田禾	耕種私己田禾
三	五	欽物	錢物
	六	圖議	圓議
	十三	賛頭	替頭
	一背	樞密咨	樞密院咨
	四	不憐吉	不憐吉歹
	六	地理	地里
	八	兄弟	弟兄
		宅每	他每
	九	又的	又个
		安了	要了
	十	體要	休要
	十三	樞院	樞密院
四	一	一疑	一欵

	三	經進	征進
	七	正管經行	止管征行
	十	人勾喚	又勾喚
	十三	地理	地里
	背三	荅處	各處
	四	奥魯密	奥魯官
		騷役	騷擾
五	二	分揀軍户四	字元陰文
	三	達魯化赤	達魯花赤
	背三	裏攢	裹攢　四行八行同
	十三	部於	却於
六	七	自産	事産
	十一	無數	元數

	背一	室得	窒碍
	四	不是	不實
	六	起遺	起遣
	十三	保甲	保申
八	四	出征	出軍
		宣論	宣諭
	七	香焇	查照
	十	官民	管民
	十三	令先	今先
	背六	軍下漏者依籍當軍當	差者依舊當差十二字
	十三	結斷	續斷
九	三	本至	本主
	七	力多	丁多

	入	與僱	典雇
	十二	令次	今次
	二背	依倒	體例
	十	由所管	申所管
十	一	放市	於市
	二	城廓	城廓　三行同
		完修	完備
		起遺	起遣
	十三	初六	初六日
	一背	樞密密院	衎一密字
		李汝等等	李汝霖等
	四	轉入	轉役
		上部	上都
	入	把總	總把
	十	擬得把總	議得總把
	十三	二十三款四字	元小字陽文
十一	一	奉奏	奏奉
	二	每各路	與各路
	十二	稍以	稍似
	十背	還揀	選揀
	十二	閒閒	閑習
十三	五	投都軍人屯等去逃	拔都軍人屯守去處
	七	差投	差役
	八	綫都	拔都
		依田	依舊
	十	合必必亦	合必亦

葉	行	右	左
		軍人下漏遇夜止於守	城六字衍處輪番得依
		前川常	入字
	十三	等當	等勾當
	二背	之外	除外
	十二	頁領	首領
十三	五	其次丁	其次人丁
	八	把總	總把
	四背	缺少	失少
		補以致	補買以致
	九	對正	對衆
十四	六	十戶	千戶
		子頭頭處	子頭一處
	十	官軍	軍官
	十二背	鈴束	鈐束
十五	一	拖上漏使駕遞送却不	得因而拖拽官民梯已
		船隻及不	得廿字
	四	省人頭目	省會頭目
	十三	開支	關支
	二背	却下漏行回納或差出	軍馬粮料收頻候回日
		給付或令次	月請廿二字
	五	十四款三字	元小字陽文
十六	二	杖下漏八十七下發遣	當軍若有隱藏在逃軍
		戶決杖	十八字
	九	除外免	除免
	十	稅銀	稅粮
	十二	軍差	差役

	四背	取利	取息
	十三	於當	放富
十七	四	凶徒	兇徒
	十一	勾當來	來宇衎
	十三	侵的	侵犯
	三背	請王	諸王
	九	起遺	起遣
十八	一	征戍軍征人	征戍軍人
	二	降免	除免
	三	和買	和買外
	五	氣消乏	氣力消乏
		自致元	作是致
	十	放當	放富

	十三	起遺	起遣
	三背	軍兵	軍馬
	八	超避	趍避
十九	五	驅兵	驅丁
	十	黜降	黜降
廿	三	初起	起初
	四	塔不夕	塔不歹
	六	中書在逐	中書左丞
	十	募軍	券軍
	三背	生募	生券
	五	有外	在外
	七	當切	常切
	九	修細	備細

陳氏校補

行	原文	校
十一	伯安夕李占寄	伯安歹李占哥
十三	也有不出來	底六字重出

二十二

行	原文	校
一	准做	准奏
	李占寄	李占哥
四	須安	須要
	官給	官官給
	養贍亦抑	養贍亦仰
五	藏匿	藏隱
	軍人	犯人
七	二十一年目	作二十五年
八	利使	利便
九	准中書省劄	付六字衍
一背	將軍奏阿	將去奏呵

行	原文	校
三	蕭天祐元	作肖天祐
十	募軍	券軍
十一	抵守元	作抵手

二十三

行	原文	校
一	蹬刁寶弄	刁蹬賣弄
五	稱直	徑直
七	如杭州	謂如撫州
十	不赦	不放
十一	足藉	定籍
	元藉	元籍
十三	記行	施行
一背	軍藉	軍籍
二	招新附	招收新附
五	門户	户名

葉	行	原	校
二十三	七	形占	影占
	二	新答	新蕟
	十	軍人	軍內
		益是	蓋是
	十三	募軍	劵軍
	一背	來日	到日
	四	之情	知情
二十四	三	修高鄆軍	備高鄆軍
	四	相赦	相殺
	七	省功	有功
	八	田管	舊管
二十五	三	也速歹兑	也速歹兒
		管著藏	管著底

葉	行	原	校
	五	幹端 八行同	斡端
	六	糧的	根底
	七	伯指倒	怕指倒
	九	體要	休要
	十一	囊家夕	囊家歹
	十三	裏有	裏呈有
	一背	可术	阿术
	三	地每	他每
	六	聖旨下漏有您每的勾	當有您每好生的鈐束
		者麽道聖	旨十九字
	八	應奏呵	麽道奏呵
	十二	了去	去了
	十三	見的	見呵

卅六　一　別別　枝杖　兜兜

四　根根　底的

卅七　六　十十　七九　日日

七　一二　名名

怯刦　列列

八　乾乾　討討　虜會

九　安要　下下

强强　令合

十一　捉提　獲捉

十三　之之　民名

背一　民實　字爲　行民　便　當

二　塔塔　不不　歹夕　五行同

三　忙忙　古古　歹夕

五　一一　般收

六　相相　威成

七　言言　諾說

十二　咨咨　備修

十三　答品　剌剌　罕罕

卅八　一　奏奏　過聖　奉旨　聖　旨

八　不不　怕那　那

卅九　三　怯怯　薛薛　歹夕　濶濶　濶二

六　照照　驗會

八　撥撥　充充　養軍　馬馬

十二　據處　見見

背七　入人　去去

對對　證訂

	十	怯薛夕	怯薛歹
		欽此	欽依
	十三	投祥	投拜
三十	一	投牌名户	投拜民户
	二	婦著	歸著
	七	投祥	投拜
	九	安室	妻室
	十一	爭驅	正驅
	十三	穪恐	稱恐
	背四	投祥	投拜
	五	配於	配與
	九	拔多男刬都兒	拔都男怯都兒
	十	與民人	人字衍
三十一	三	正蒙古	正字衍
	五	講究得	講究合依得
	七	議得招	議得元招
	十	叔二	叔叔
	十二	合刺軍	合刺章
	背四	同藉	同籍
	九	拘刷在逃軍軀	六字元陰文
	十二	販獲	敗獲
	十三	給屬	合屬
三十二	一	軍力	氣力
	三	萬户海	萬户每
	八	船筏元	作船栰
	十三	限消乏	哏消乏

		在元	在先
	背四	交欠人家	欠字衍
	八	大德六年	大德八年
	十	隱藏差	隱藏着
	十一	沒了	沒者
		全字元	小注
三十三	八	勢垂	勢要
	十	斷來	定來
	十一	至元	至大
	十三	出經	出征
	背一	孩說	該說
		地裏	地面裏
三十四	一	肯出來	首出來
	五	使根底的呵呵	使長根底來呵
	十三	聖太子	皇太子
三十五	二	軍征	征軍
	六	宅每著	宅每想著
	八	麼道下漏奏呵那	般者麼道七字
	背二	宣人	軍人
	五	匠入	匠人
	六	根的	根底
	十一	並入	併入
三十六	三	他每每	衍一每字
三十七	二	逃士	逃軍
		三款二字元	小注陽文
		院奉	院奏

葉	行	元本	校改
	六	軍官下漏不肯二字	衍起補轉致損五字
	九	軍官下漏首	領官三字
		你是	您是
	十	下度	不度
	十三	憑軍官	您軍官
	一背	不到	不致到
	二	按察使	按察司
	七	官同	官司
	十二	條畫禁約至樞密	院十四字重出
三八	三	發遣	發遣
	五	逃去有回	逃走有爲
	十	烟瘴重	烟瘴重地
	十一背	訂見	證見
三九	十三	相民每	有民户每
	三背	與子	與了
	四	依例	依這體例
	六	札撒逃走軍官軍人入	字應另行頂格陰文
	九	罪道	罪過
	十三	根應	根底
四十	一	逃軍窩主罪名六字	應另行頂格陰文
	十一	奏到	奉到
	一背	發落	發露
	十三	其爲	甚爲
		中乞	申乞
四一	一	約舍	約會
四二	四	病故	病死

	五	各翼置安樂堂六字	應另行頂格陰文
	一背	三十鈐翼	三十餘翼
	十一	仍年高	仍委年高
	五	病軍爲	病軍爲念
	八	已死軍至許收爲民十	七字應另行頂格陰文
	十一	先推	先准
	十三	仗支	權支
四三	二	合於	合從
	四	浙江行省咨	江浙行省准
	九	支給逃	支給外
	十	之若	之苦
	十三	仵官行人	仵作行人
		手高	於高
	一背	名碑以得	名牌以待
	二	上同	上司
	六	至門	空閑
	七	依裝	衣裝
	八	依例	依外
	十一	錢錢	罰錢
四四	四	十七日	廿七日
四五	二	催替	雇替
		十一日	十二日
	六	有力之	有力之家
	二背	你議	您議
	七	照照	照得
	八	中書奏	中書省劄奏

	十一	依著你	依著您
四六	一	人下	人丁
		年月	年七月
	二	來省	來申
	四	有降	有元降
		相應元	作相度
	七	二年目	作三年
	九	單官	軍官
	十	今於	令子
	十三	說的小頭	說的工頭
	六背	軍及至議罪十八字誤	行應作禁治軍官不得
		代替軍役雖有軍官	違例令子十八字
	十	官名	空名

		實巳	入巳
		附名	除名
四七	一	奉職	降職
	六	壁道	歷道
四八	二	二款二字應	小注陽文
	三	體夾會	停俸未曾
	五	幾有	凡有
	十一	各二十	各二人
	十三	萬戶撫	萬戶府
	十一背	四面	四名
四九	二	唆朗今歹	唆朗合歹
	四	候軍	使軍
	五	的每	底每

五十
七　阿入亦　阿入赤
十三　大匠　夫匠
六背　不見百　不見有
九　即依　即係
一　答失變　答失蠻
二　禁治　禁擅
六　移容　容移
三背　甘肅　甘州
五　營的　管的
著守　看守
六　官每　官人每

五十一
一背　選家　還家
四　即是　即係

亦名　每名
八　阿速　阿速

五十二
二　每底　每根底
五　元貞元年目　作大德元年
十　准倒　准定倒
四背　署奉　署舉
七　合丁　合於
八　薪水　新米
十二　同歲　周歲
十三　吃著去底　喫著去底也有

五十三
一　這遇　經過
四　患病　病患
七　千戶下漏　百戶二字

	八	大德七年	應另行
	十	及生	極甚
		侯糧元	作餱糧
	十三	槁勞	犒勞
		合遍	合屬
		出征還	出征回還
	一背	軍人下漏稍得蘇息咨	請照驗准此送戶部照
		擬得今後出征回	還軍人廿四字
	二	所准	所擬
	四	聞除	開除
	十	措除	措除　十三行同
	十二	鎮合	鎮遏
	十三	以涉	似涉
五四	一	亦令	亦合
		無差	無着
	六	若將	莫若將
	七	正日	日正
		老小口糧三年	六字重出
	三背	本葉後缺軍裝	類凡葉半應補

葉	行	誤	正
一		表闕橫線且	錯亂應改作
	四背	可兒	哈兒
	八	色日	色目
二	二	色日	色目
	十	節交川縣	節文州縣
	一背	丞相你	丞相您
	三	本官	本管
	六	過有	遇有
	八	斟配	斟酌
三	四	每奏	奏每
	八	教人	教管
	十一	御史	御史臺
	十三	兒子	兔子、
	三背	另細	另个
	八	幹脫	斡脫
	十三	出來了	出來也
四	二	遞錯	遞舖
		手鎗元	作手槍　八行同
	十二	色日	色目
	四背	幹脫	斡脫　五行同
	六	的時	的時分
		箭幹元	作箭簳
	七	衆隻	象隻
	九	役這裏	從這裏
五	三	讎再立	仇再立

頁	行	原文	校改
	四	要下	安下
	六背	甚麼道	甚字衍
六	七	環刀	鐶刀
	十一	來麼道	有麼道
七	二	按司	察司
	三	稱遇	稱每遇
		帶箭	帶弓箭
	五	今據	今擬
	七	有餘	多餘
	九	御史臺咨	四字應陽文
	三背	每在先	依在先
	六	一般可憐	一般有可憐
	八	把軍	把軍器
	十三	那般者	那般行者
八	八	律送	律送
	十一	諸奧魯	諸軍奧魯
	十三	見刑房巡捕例應作見	刑部捕盜類小字陽文
		探馬赤以下	應另行頂格
	十三背	司開	司關開
九	五	衣匹	布匹
	六	依海	依抄海
十	五	你道的也依著你	您道的也依著您
	六	聞坐	開坐
	九	三十七	三十七下
	二背	杖七十七下徒三年	杖七十七下徒二年
	六	結事理	結案事理

頁	行	誤	正
	七	中書	中書省
	八	招狀	招伏
		結按	結案
	九	傳令	權令
	十一	欽奏	欽奉
十一	二背	呈准	准呈
	五	唆童	咬童
	六	環刀	鐶刀
		鎗頭	槍頭
	九	咨詳	咨請
	十	貸賣	貨賣
十二	二	當今	當職今
		親軍人	親見軍人

頁	行	誤	正
		貸賣	貨賣
	三	私買	收買
	十	其餘翼	其餘各翼
	十一	送委	選委
		造成	成造
	十三	法去	去處
	三背	帖貸	帖貨

葉	行	誤	正
一		表闕橫直線且	錯亂應改作
二	七	本户	本路
	十	驗校	檢校
		斷譴	斷遣
	五背	正要	止要
	六	若有不	若不
	八	省禮	省札
	十三	明文簿	明附文簿
三	七	便管	便當
	八	不令	及令
	九	辦驗	辨驗
	十	來貼	來站
	十三	收收	收到
	二背	補長	鋪馬
	三	拯治站赤四字應	另行頂格陞文
	八	元體例	無體例
	十一	分問來	分間來
	十二	有體的元體例的	有體例无體例的
	十三	教㖠了	教滅了
四	一	元體例	无體例
	五	問他每	問者他每
		就使	就便
		他問問	他每問
	六	將未	將來
	十二	勾當	勾當的

十三 便使當當

七 三 休休入人去去

一背 教教路府府州州縣縣

五背 六六月十十二二日日

五 休體交交

館館驛騎

十一 元云小云注見前

九 承呈奉奉

五 四 倒例斷斷

十 會念驗驗

五 各各處該處

十二 當當職取

八 休體揀揀

八 九 殺殺退追

十 甚甚麼麼差發發

十一 反反賊城

一背 奏奏來知

十三 生坐受受

六 那那甚人

十三 今令後後私司經經過過去處處去

七 二禁字治衍

七背 說訖來來

六 一 合合于於

十一 叛叛設說

三 各各道隨

十二 一一四匹者走

九
一　罪故　罪過
三　要取　取要
五　取問是依札撒　取問是實照依札
七　起送　起運

十
六背　奉聖旨　欽奉聖旨
三　應數　依數
四　或元　或无
七　今來　元來
九　註誤　闕誤
十　若騎　若有騎
十三　按同　探伺
三背　遇脱　遇晚
四　註誤　闕誤

五　件物　什物
仰合應作仰各仰各以　下錯簡應接十二葉四
行處　宇
七　揀選　選揀

十二
四　陳克拷　成克孝
五　赤忽兀歹　忽赤兀歹
八　遣差　差遣
十三　欽遇以下錯簡應接　十二葉背十行詔字
四背　按察使　按察司　入行同
十三　坐子　座子

十三
二　科害　利害
四　准尚書以下錯簡應　接卜葉背六行省字
六　河南　湖南

葉	行		
	二背	問寫	開寫
	三	揀會	檢會
	五	按察司使	按察司 六行同
	七	無詳	無許
	八	令出	今出
	十	照詳以下錯簡應接	十一葉十三行施字
	十三	革關	革閒
十三	六	稍帶	捎帶 八行十二行同
	八	剌赤	兀剌赤
	十二	下行	行下
	三背	場司許	場司討
	四	寀牘據	案牘處
	五	餅絡	餅酪
	六	經歷子等	子字衍
	十三	招狀	招伏
十四	六	說明	說名
	十	臣府	官府
		又奏	又照
	三背	肚及	肚皮
	六	受生	生受
	九	奏過	又奏過
	十	筵席	筵席呵
十五	一	自氣力	自己氣力
	二	官俸錢	官吏俸錢
	四	吏每下漏與筵席的交	禁治呵怎生麼道奏呵
		那般者省官	人每廿一字

十六

行	原文	校改
六	例禁	禁例
七	出使	使出使
十三	府官	官府
二	二款元小	字陽文
四	底使	底使臣
六	鋪蓋外	鋪蓋已外
九	御史臺	行御史臺
十	呵里陳左承	阿里陳左丞
十一	呵篤鑾	阿篤鑾
	沿途	沿路
一背	言語	言語了
	東西回	東西都回
三	脫脫禾孫盤問使臣	應另行頂格陰文

十七

行	原文	校改
五	諸王	與諸王
	應鋪副馬	應副鋪馬
七	本處官	本處官司
八	好的	好生的
十	有不有	不有有
四	有不	爲不
八	兀良一久	兀良歹
九	爲中書	與中書
十	站意	在意
四背	豪家歹	囊家歹
五	球毡	毬氈
十	招赦 十一行同	詔赦
	官務	公務

十八	二	選取站官	四字元陰文
		站官例	站官類
十九	二	禁約差役站戶	六字元陰文
	五	站戶	站戶每
	六	要重	重要
	十	科重	重科
	十一	奪羅勸	奪羅歡
	十三	大德以下	應另行
	七背	移咨路	移各路
	八	合將	今將
	十一	出言去	出去
	十三	有氣力	有有氣力
		出出	出去
二十	八	欒湯站	灤湯站
	九	二十一日	二十二日
	二背	分間	分揀
	三	院下徧呈大德元年十三	月二十三日本院官十
		四	字
	四	這底發	這底每
	十	每根底	每俺根底
	十三	將來	將去
		補喚	補換
二十一	六	各該	合該
	二背	猪鼠年	猪兕年
	四	省又	官人
二十二	八	議定	議擬

葉	行		
	九	明白下滿	咨省二字
		取據	所據
	三背	行准	宜准
二十四	二	補馬	鋪馬　三行同
	六	它每	元不空
	七	奉可	奏呵
		那裏省來的自	那省裏來的來着
	九	聖旨	聖旨者
	十三	使行	便行
	二背	羌劄	差劄
		省臺出給站舡	差劄元陰文
	三	騎馬	騎鋪馬
		出水路裏去的舡	又水路裏去的站舡
	六	即信	印信
	九	關少	闕少
二十五	四	設御寶	没御寶
	六	放子	放了
	十三	乘驛	乘騎
	二背	三年三月	二年二月
	五	呈貞	程貞
	六	補馬	鋪馬
		議得欽奉	議得係欽奉
	十一	合該	合干
二十六	一	差妻	差委
	二	至大德二年	德字衍
	三	已前理	已前事理

二背	西屬	西蜀
	准申	申准
三	廉訪司	廉訪使
四	三十	三十家
五	崎嶇	崎嶮
	困乏死	困乏死損
七	死省	死損
八	屬州	蜀川
	倒死	倒損
九	二三匹	三二十匹
二十七		
五	今各牌	令各牌
六	編重	偏重
八	赤挨次	亦挨次

	俱換	俱要
十	元說	元設
十一	差遍者	未差遍者
	匹每	每匹
十二	者數	番數
十三	應問	磨問
二背	調官	提調官
四	關訪	關防
二十八		
一	劄上元	作禮上
二	孛魯總答兒	孛魯忽答兒
七	道般	這般
十一	帝時	帝時分
十三	驗看	驗着

	五背	奉過	奏過
	十一	所除	聽除
	十三	不道	不通
三九	十	脚邊	脚力
		延祐七年目	作至治元年
三十	二	禁馳	禁馳
	四	馳運	馳運
	五	休馳	休馳
	七	各站	各路
	四背	運使	運司
	七	閔闕	閔字衍
三一	三	遣失	遺失
	七	運使	運司
	四背	起鋪馬	起給鋪馬
	五	騎鋪馬	騎坐鋪馬
	十	便便	便當
三二	二	說定	設定
	十	不須泛濫	不許從濫
	一背	二十七年	二十九年
	三	與又有差牽馬	與有又差搀馬
	九	人來	上來
	十三	失火溫	火失溫
三三	二	月迷的失馬呵	月的迷失上馬呵
	三	體與者	休與者
	七	人等	人員
	八	不應付	不應應付

	五背	每的 / 每底
	八	頭不換至次行民 / 户裏三十五字衍
三四	五	畔襖 / 胖襖
	十一	三隻 / 二隻
	二背	七年目 / 作八年
	七	寺處 / 等處
	十二	皇上 / 皇帝
三五	二	這人 / 這等
	五	體送約來 / 休送納來者
	七	人書 / 文書
		送來 / 送來者
	十三	所當 / 所管
	十三背	二十三日 / 二十二日
三六	一	譯使 / 譯史
	二	多不一 / 多少不一
	一背	如有 / 有如
	四	廉訪司 / 廉訪司申
	五	揚來 / 揚州
	六	段酒等 / 段疋酒等
	八	奧剌憨驢 / 奧剌憨驢驢
	十一	也阿温氏人 / 也里可温人氏
三七	一	包辦酒課 / 包辦揚州酒課
	二	憲照詳來奏 / 憲臺照詳來奉
	七	本司 / 阜司
		申說 / 申乞
	十	四處 / 迴去處

	十二	謊的	的字衍
	十四	兵政	兵部
	背三	兵部	兵部官
	五	葡萄酒標者	葡萄酒并酒標着
	七	今後太后	今後若太后
	八	這依	只依
	十一	經由部	經由省部
	十二	後如有	後有
三十九	三	料各	料穀
	六	各月	冬月
	九	經歷呈	經歷司呈
	十二	這道	言道
	背三	十三日	十九日
	十三	行上	行下
四十	二	邊陪	追陪
	五	信人	僧人
		著騎鋪馬將省	騎着鋪馬將着
四十一	四	禁急	緊急
	六	到於下元	空二格
	八	辦驗	辦驗
	背二	鋪馬來	鋪馬有來
	三	你做	您做
	四	省一箇	着一个
	五	其餘納物	其餘納錢納物
	六	宣慰司	宣慰使司
	九	旱路	旱站

四十一	十一	并附	并新附
	五	站船	站船例
	九	坐别	坐到
	四背	管府	管底
	五	如有	有如
	七	要每馬的	他每的馬
四十二	二	應付	應副
	十	回任	任回
	十一	一品三品六品之	上元各空一格
四十四	四	途站	路站
	十一	做官元	作做馬
	十二	息婦元	作媳婦
	三背	的了	了的
	四	又有	有又
	九	四川依著例	四川省依例
	十三	相應呈	相應具呈
四十五	二	劉吉列吉恩	劉乞列吉恩
	三	廉訪司	廉訪使
	九	盡由	蓋由
	二背	一匹	一品
	八	遵上	依上
	十三	正月	五月
四十六	四	涉江湖	跋涉江河 九行同
四十七	二	御史臺呈	御史臺承
	五	方行	才行
	六	多到	多致

葉	行	原文	校改
		沿途疏失	沿路疎失
	九	根著	根逐
	十一	稍帶	捎帶
	一背	蠻官	蠻夷官
	三	具稱	俱稱
	五	所物	所押物
	七	遇進	遇有進
	十	之內	之物
	十二	官司	官物
四十八	四	御史臺	行御史臺
	七	行馬	行李馬
	十三	稍帶	捎帶
	六背	差酌	差劄
		同無	同元
	十三	各用	合用
四十九	八	相樸	相撲
	十一	實防	實妨
	十二	繁利害	繫利害
	十三	鈔錠	鈔定
五十	二	省部	户部
	三	本守	太守
	四	贖同	贖銅
	七	禁約	禁借
	十	方户	万户
	十一	運情	軍情
	十二背	馳驛	枉道馳驛

五十三	三	無勾當	無勾當的
	四	欽此	湊時
	八	家在	家莊
		落子	落了
	六背	稍帶	捎帶
	七	沿途	沿路
	十	騎坐馬	騎坐鋪馬
	十一	沿路死	沿路走死
	十三	省落	着落
五十四	一	馬償	馬價
		恩赦	赦恩
	八	又大德行	另行
	九	處兀刺赤千五	據兀刺赤沈千五
	十	至到	至字衍
	十一	前江浙	前去江浙
		並造舍利別	煎造舍里別
	十二	赤騙馬	赤騸馬
	十三	時倒	時分倒
	二背	遞身	遍身
	三	損善	捐害
	四	所誤	有誤
	八	本倒	體倒
	九	已行	除已行
		著落刺忽	著落馬刺忽
五十五	十三	各逃裏	各站裏
	二背	他拖欠	他每拖欠

葉	行	原文	校補
	三	你道	您道
五十四	四	李二等	李二寺
	六	淩州	陵州
	七	青州	清州
	八	楊村	楊村
	九	過壩元	作過埧
	二背	議兵部	據兵部
	六	此行以後條卷三十	七之文錯簡於此
		大德六年	另行
	八	馬到	遞到
		辟闢于	薛闢于
	九	俟究	挨究
	十一	磨損擦壞打算	磨擦損壞扣數

葉	行	原文	校補
	十二	程服及所呈	程限及所置
五十五	五	毡袋元	作毡袋 下同
	六	綑板	綑擔
	八	凡號	幾號
	十一	到拔	到彼
	十二	打角一鋪	打角每一鋪
	三背	甚是	甚字
	五	都有	都省
	六	究備	完備
	七	管司	官司
五十六	七	於下漏相應户内依數	補換須令堪投人丁正
		身應役无	令二十字
	八	補換	不補換

	花下應接三十七卷一葉背十一行名字	
九	鋪户	鋪司
十	卷轉	卷縛
	拴緊	拴繫
十一	一木	一本
十三	盡字	畫字
背三	轉遞字	轉遞文字
四	官送	官選
五	紅綿歷	紅綿眉
六	鈐攀元	作鈐攀
	裹衣	簑衣
九	相纔	相攙
叁七 一	將伊	將引

二	究治下應接五十四葉背六行一提點行	
五	須聽	須得
	辦定	辨定
八	發緊	發遣
十	省諭司	省諭鋪司
十三	急近	急遞
	元年目	作五年
背二	稽遲	稽違
三	處字	處文字
四	止有	至有
八	終張	紙張
九	厚紙	厚夾紙
	本行後接五十六葉九行一凡有行	

葉	行	誤	正
一	七	表闕橫線且錯亂應改作	
	背八	餘官下漏府准此三小字	
	十	遞隨下應接三十六卷五十七頁第二行到字	
二	一	燈猴	燈堠
	二	遞處	遞去
	五	拴緊	拴繫
	六	交按	交接
	七	是各路	自各路
		俸來	俸末
	九	即當將該管鋪司	即將當該鋪司
	十二	減等	減一等
	背三	相洽	相沿
	四	已今有	已有
	七	擦損文字差不	擦磨損壞文字若不
三	二	行省御史省字衍	
	三	句承	勾承
	五	等到	等遞到
	六	磨損擦壞	磨擦損壞
	八	已經	已今
	九	仍俱	仍具
		入遞文字	應另行頂格陞文
	十	御史省	御史臺
		中書札付	中書省劄付
	背二	門下漏不該走遞文字數內除省臺軍民錢穀	
		造作各各衙門廿一字	

	各造至錢糧	廿二字衍
六	看詳	本臺看詳
	合令	令合
九	總府	總管府
十一	宣慰司	宣慰司去處
十三	文字軍情	文字沿邊軍情
四 一	禁約	稟事
五	發遣元時	發遣撫時
七	投下	役下
八	類有	類爲
十	已遍行了今當	已經遍行了當今
十三	送解	送辦
背三	御繕	御饍
四	總遞	止遞
十一	元本四衙門一	行排列齊整
十二	行省上漏	行臺一項
	宣徽司	宣徽院
	達魯花赤	扎魯花赤
十三	宣政司	宣政院
	通政司	通政院
五 三	總統府	總統所
	政用院	致用院
五	都元帥府	都元帥府
九	官正司	宮正司
	宮正司上有	內宰司一項
	各處方戶府	各處萬戶府

六	二	各部爲	各部闕爲
	九	稍帶	捎帶
	二背	文貴發	文桂發
	十	得照	照得
八	二	廣東行省	湖廣行省
	五	兵專爲	鋪兵本爲
	十	廉訪	廉訪司
	十三	究治	禁治

葉	行	誤	正
一	二	表闕橫直線且	錯亂應改作
二	二	欽依	欽奉
	三	罪的人	買的人
	八	使與	便與
	十一	鴨鶴	鴨鴈
	三背	已收	據已收
	六	先皇帝	欽奉先皇帝
	十	他也	也字衍
		差人	差好人
三	四	這般的	的字衍
	五	你行	您行
四	四	年舖內	年銷錢內
	八	擬合	擬令
	十	呈詳	詳呈
	十三	二十三年目	作二十二年
	一背	譯說亦納	譯該脫亦納
	四	中書省三	字元陽文
	六	有莫道	有麼道
		行子	行了
	九	敵闌獵	飛放圍獵
		引領賴子	引領無賴子
	十一	按察使	按察司
	十三	擾民一端	擾民之一端
五	一背	元本上字適爲	葉盡處有闕
六	二	牽皮元作捽	皮目作撵皮

葉	行	原文	異文
	三	鷹失了	鷹鶻失了
	四	分辦	分辦
	一背	根罷了	根底罷了
	六	沿途	沿路
七	三	他每料	他每草料
	四	酌量元	作斟量
		沿途	沿路
	五	糧底	根底
	七	你每	您每
	八	連右兒赤	速古兒赤
	十二	依你	依您
	一背	昔傳赤	昔博赤
	三	不忽木	不忽术

葉	行	原文	異文
	七	路的	落的
	八	使又的使細索拿的	使义的使綑索拿的
八	七	先者	完者
	二背	各路各縣	各路各縣
九	二	禁地方	方宇衍
	四	的人奴婢	底人若奴婢
	十	十八日奉	十八日奏奉
	三背	匹馬	馬匹
	五	兵部	兵刑部
	六	斡忒哥	斡忒哥
	七	東至州	東至灤州
	九	違犯者人	違犯底人
	十三	行蹈	行踏

頁	行		
十	二	每行	但行
	三	再行	每行
	四	諭私	諭了私
	五	襖子衣袄元	作襖了衣服
	八	破落人等	破落户人等
	十三	咨奉	劄付
	五背	無得	毋得
	七	捕打	打捕
	十三	休捕者打捕人	休打捕者打捕的人
十一	二	捕打	打捕　五行同
	三	在先哏希少子	在前哏希少了
	五	他地面	他字行
	六	要外	每外
十	十	淮淮西	淮淮東淮西
	十一	因羊於	因飲牛於
	一背	李五兒等放	李午兒等於
		獐二隻	獐子二隻
	六	劄付	劄送

葉	行	誤	正
一		表闕横直	線應改作
	十二背	五年半	半字行
二	二	蚩猶	蚩尤
	三	紱斬二字	元陰文
	九	十二月日	十二月廿六日
	一背	本行後闕做罪過的不	疎放一則十三行應補
三	四	篤疾廢	篤廢
	六	篤疾	篤廢
	七	呈咨	呈除外咨
	八	民官公罪許罰贖	七字應另行項格陰文
		十月日	十月十八日
	九	本行後闕罰贖每下至	元鈔二錢一則十七行
		應	補
四	二	遷徙	遷徙後同
		省行	行省
		咨刑部	咨該刑部
	一背	十三日	初三日
	二	本使	奉使
	三	權富	驟富
五	五	照詳	照詳得此
	六	正月	閏正月
	七	該龍興路	該字行
	八	辦穀	錢穀
	一背	十六日	初六日
	八	殘患下漏不	分道路四字

六	二	不准	不催
	三	檢日	檢目
	五背	是一般	是底一般
	七	刑省	到省
	十	不性復往	不惟往復
七	十	追令	追會
		執結斷罪通例應作執	結罪斷非通例另行頂
		格陉	文
	二背	廉訪司	肅政廉訪司
	五	執結	與執結
	八	除外	除外合下
	九	三月	五月
	十	追差税	造作差税
	十二	部堂	都堂
	十三	招狀	招伏
八	一	省詳呈斷	呈省詳斷
	三	招狀	招伏　六行月
	八	户部	軍户
	十一	元問	无問
		司路	司縣
	十三	的會	約會
	一背	各令	合令
	三	依上施	依上施行
	四	人員相犯	人自相犯
	六	官軍	官兵
九	六	奏呵上漏奏那二字	漏那般者麼道五字

頁	校補
八	立自立着
十	聖旨那般者聖旨
二背	怎生奏可怎生商量了奏可
	那般者那般者麽道
四	去也下漏據此照得先爲本臺呈奏奉聖旨節
	該也可札魯忽赤重罪過的人敢了蒙古狀子
	也立着漢兒案卷卅九字
	蒙古人犯罪散收七字應另行項格陰文
十一	本行後闕性怜口官吏犯罪及僧人自犯重罪
	二則共廿三行應補
二	僧盜僧道
	中書中書省
三	僧下漏人詞訟的上頭商量者麽道聖旨有來

頁	校補
	俺照得在先行過的文卷呵爲斷僧廿九字
四	殺人的殺人來的
一背	體例聖旨體例
	本行後闕和尚犯罪種田及先生每犯罪二則
	共廿六行應補

葉	行	誤	正
一		表闕橫	線應補直
		枷行杖罪一十入斤	應作一十五斤
		鐐行連環	應作連鋃
		杖行聱聱受	應作皆聱受
		下層大明等路	應作大名等路
		下層具獄具	應作其獄具
		下層謂如杻杖笞	應作謂枷杻杖笞
	七背	即以	却以
	十一	校勘	較勘
二	四	依本例用杖子應作依	體例用杖子另行項格
		陰	文
	五	十一月日	十一月二十日
		事一件	事內一件
		回話	因話
	十	重了	重的
	十一	將說來	說將來
	十二	商量將	商量得
	十三	依上漏潤里吉思戲言	也似說來也者十二字
	四背	獨號	尤號
	七	呈推	凡推
	九	禁約得此都省	禁約施行得此本省
三	六	無得	毋得
	十一	大宗回閱銅人	太宗因閱銅人
	九背	捆打	摑打
	十一	飢膚	肌膚

四	一	哀矜	哀矜
	四	申訖	申乞
	六	等例	等刑
		大至	大德
	十	罪治	禁治
	十一	咨請	除外咨請
		施行	禁治施行
	二背	贓伏	贓仗
	九	聖旨	聖朝
	十一	毋致違犯	毋致似前違犯
五	一	取招咨省	取明白招伏咨省
	二	贓伏	贓仗
六	七	朝廷	朝省

	九	十一月	十二月
	三背	以為	似當
		正統	中統
	六	提獲	捉獲
	十二	都省咨請	都省准擬咨請
七	六	照察	昭察
	七	嚴行	嚴刑
	十二	背瘠項覽	背脊項[illegible]
	三背	人將	又將
	四	跪鎖	跪鏖
	六	冤免	冤黿
		應在	應有
	十一	如上漏庶望少	免冤濫六字

	十三	省下漏三行六	十二字應補
		准呈	准所呈
八	一	正月日	正月二十四日
	二	十一月日	十一月十三日
	三	招合的人	招合硬問的人
	七	田土	田地
	八	的人	的人每
	九	一般	一般有
	十	招狀	招伏
	十三	奏呵下漏那般	者麽道五字
		依上	欽依
九	六	招狀	招伏
	七	圓座	圓坐
	八	番異	翻異
	背二	李一	季一
十	背五	禁幕	禁暴
	六	有司	百司
	十	罪及提調	罪及元委提調
	十一	訟情	詳情
十一	二	債務	債負
	三	入監	監入
	十	至事	主事
	背八	借了元	作借〻
	十	排日	排月
十二	四	亦照	亦合
	五	州府	府州

十三

十　被繫　繫被

背三　病患　患病

十　刑罰　刑獄

二　所得　所行

從來　從前

六　私情　徇情

治罰　治罪

九　木繫元　作水繫

十一　或造繫袄　成造繫襖　背二行同

背五　准呈咨請　准呈除外咨請

八　照得　得此照得

九　其如　其餘

十三　患病　病患

十四

八　推治　隨狀推治

十　據醫　據官醫

背一　復請　伏請

十二　醫人　醫工

十五

十　看治戶部　看治則付戶部

十一　二月　三月

背十三　前領官　首領官

十六

四　考校　考較

九　照此　然此

十二　行下漏今後務要依期　審錄毋致淹延死損違

錯十　六字

十三　決罪　決遣

背二　產二十日　產後二十日

葉	行		
	三	本行後闕孕囚出禁分	娩、僧尼各處監禁、
		罪囚季報起數三	則共三十行應補
十七	四	治下漏若有所枉者具	事故關報呈省十二字
	七	轉委本所	專委本廳
	十一	贓伏	贓仗
	四背	到官	刑名
	八	官府	府官
	九	究問	完問
	十一	專於	專管
	十三	完僉	完簽
十八	三	大德起	另行
	五	廉敏元	作廉政
	八	庶囚徒	兼囚徒
	十二	得矣	得已
	十三	僉押	簽押
	十一背	本行後闕枉勘枉禁	論罪一則入行應補
十九	二	十月日	十月二十六日
	三	限遲慢	哏遲慢
	四	做賊每	做字行
	六背	施行	施行奉此
二十	三	若事元	作苦事
	六	審伏	審狀
	七	弁首領	并首領
	九	官倒	官吏
	十	若元	若无
二十二	二	提點	提控

葉	行	原文	校改
	五	其錄	具錄
		下決	下次
	九	刑各	刑名
	十二背	亘時	晝時
卅二	三	患病	病患
	十三	監禁	監繫
	七背	嚴刑	嚴行
	九	牢獄	牢禁
	十	病役	疾役
卅三	三	獄囚	獄內
	七	回歸德府	爲歸德府
		各招狀迄遍行	各各招伏乞遍行
	八	匣床	柙床

行	原文	校改
九	牢卒	獄卒
	不飲酒	不得飲酒

葉	行	誤	正
一		表闕横直線且	錯亂應改作
二	六	二十六年	二十五年
	六背	相應呈	相應具呈
	九	原由	無由
三	五	照詳	照詳得此
		二十二日	二十四日
	九	體委付	休委付
	十	可下漏那般	者麽道五字
	十三	應山縣	應城縣
	二背	把琖	把盞
	四	二十二日	二十六日
	十	內本婦	與本婦
四	四背	小名兒	兒字衍
	十三	莊覺並	莊覺顯
五	一	招狀	招伏
	三	呈奉	承奉
	六	判錄	錄判
	十	照例	比例
	十一	詳下漏得	此二字
	十二	省下漏除外	合下四字
	二背	黨氏	党氏
	三	人恐	又恐
	六	降先降	降先職
	九	還遠	邊遠
六	十一	招狀	招伏

葉	行	文
	十二背	俱呈 具呈
		施行 依上施行
七	六	二年 三年
	九	用力 用刀
		札死 扎死
	十二	右臂元 作右壁
	五背	發潰元 作發潰
八	二	正月日 正月二十六日
	三	去間 去問
	十二	要子錢 要了錢
	十二背	奏呵上漏麼道二字下 漏那般者麼道五字
九	一	上人 主人
	二	奏呵下漏是 有麼道四字
	五	孫異等罪過赦恩 孫賢等罪遇赦恩
	七	財產 財產等物
		其審 具審
	八	張圭 張珪 十行同
		隆興路 龍興路
	一背	王異 王賢
	三	十八日 初八日
		砍柴刀 斫柴刀
	五	奉部 奉本部
	八	犯人 凡人
	十一	發怒用砍柴刀 發惡用斫柴刀
	十二	王柳子 王柳仔
十	三	十六日 十二日

	四	碎扯	捽扯
	五	罪死	罪犯
	五背	三月	五月
十一	九	田地	田土
	十	設官	沒官
		周阿季	周阿李
	十一	本行後闕鄭貴謀故殺	姪一則三十六行應補
十二	三	中書	中書省
	四	誣告謀反者流	應另行頂格陰文
	五	招狀	招伏
	六	新茶	辛茶
		至元	於至元元
	八	雎周	雎用　九行同

	十二	犯法至亂言	十字重出
	七背	具元告	其元告
	九	二年	三年
	十三	約諸	約請
		朶耳只	朶兒只
十三	一	人民生農	人氏莊農
	五	亂事情	亂言事情
	七	道達達	這達達
	十二	召來元	作呂來
	九背	二十二日	二十四日
	十三	既取	及取
十四	四	立自	立着
	十一	一千	一干

頁	行	原文	校改
十五	五	招狀	招伏於
	六	二十一日	二十四日
	九背	咨請下衍依上二字漏	多出文榜禁治及遍行
		合屬排門粉壁	曉諭十七字
十六	五	的管	的官
	十	立排門	排門立
		壁下漏明	白的三字
		奏呵下漏那般	者麽道五字
	十一	十一月	十二月
	五背	斟酌	就便斟酌
	十一	安置	羈縻安置
	十三	擬下漏除已劄付樞密	院取發起遣外回十三
		字	

頁	行	原文	校改
	十三	樞密院	行樞密院
十七	一	南濱	南瀕
	三	正是	止是
	五	鄉村	鄉都
	七	供同	供指出同
	十	收捕下元有	怠慢二字
	十三	二十二日	二十六日
	六背	管民	管民官
	八	交往	交住
十八	五	誠恐賊人滋蔓	誠恐已後草賊滋蔓
	六	招狀罷	招伏黜斥罷
		今據擬	據字衍
		決二十七下	量決三十七下

元典章四十一 刑部三 三

陳氏校補

頁	行		
	七	亦決	量決
	十	邕州路元	作筥州路
	十一	上有	上猶
	背七	奏可下漏那般	者麼道五字
		欽此	二字衍
	十	賊人	賊火
十九	三	奏可下漏那般	者麼道五字
二十	四	十二日	初二日
	七	他人	凡人
	九	二起	元小注
	背五	忽抹察	忽林察
	六	路驢兒	另行低一格
	七	唆魯忽論	另行低一格
	十三	八十衣	八十下
二十一	二	本行後闕奴殺本使	次妻一則七行應補
二十二	二	省部	户部
	四	准便	難便
	九	以婚	已婚
	背四	婊弟	表弟
	八	澆簿	澆薄
二十三	七	勸免	勉勸
	八	罪過	罪遇
	十一	照詳	照詳得此
	背一	本司	本厮
	五	玷刑	玷形
	六	身取	自取

葉	行	原	改
	十	宜決	擬決
	十一	宜免	擬免
廿四	二	刀刺	刁刺
	十	以前	已前
	十一	都省	都省准擬
	十三	任瘦見	任瘦兒
	背九	割去囊腎	割囊去腎
廿五	七	耳剜銀鋸	銀剜耳鋸
	九	罪過免	罪遇原免
	十一	准擬	准擬除外
	十三	撫軍縣	撫寧縣
		辛茶	辛寨
	背四	郝馬兒	郝罵兒
	五	呈訖	呈乞
	十	郝大嫂	郝六嫂
	十三	無穿	元穿
		灶窩	竈窩
廿六	九	搏住	縛住
		蠶下	蠶搥下
	十	赦馬兒	郝罵兒
	十一	燒火	燒紅
	背二	郝馬兒	郝罵兒　五行六行同
		一碗	一椀
	三	既然	慨然
	五	於上	於搥上
	十	議得下漏八十九字四行應補	

典章四十一 刑部三

葉	行	原文	校補
	十三	都省上漏得此二字	都省下漏除外二字
		咨請下漏照驗	遍行合屬六字
二七	三	初二日	初三日
	六	通姦	強姦
	九	招狀	招伏
	十三	有姦	姦有
	一背	取到	并取到
	二	法司上元	空一格四行同
	六	並在	並不在在
	八	罰訖	准訖
	十	招狀	招伏
		福怜	福怜十二行同
二八	一	依理	就便依理

葉	行	原文	校補
	三	李阿	阿李
	十	將難	再難
	十一	准擬移咨傷上	准擬合行移咨依上
	二背	十三日	初三日
	三	祆子	襖子
		房內於季兒	房裏於季春
	五	今姦	令姦
	十	有狗	看徇
	十三	招狀	招伏
二九	一	火閣	火閤
	六	二十二日	二十四日
三十	五	退使	道使
	七	道的	道底

陳氏校補

	背十二	雙足	雙脚
		挖出元	作腕出
三十一	十	本行後闕禁治採生蠱	毒一則十一行應補
	十三	申下漏總管呂	亞中闕六字
		咨請	咨詳
	背一	湖廣行省	湖廣
	四	折割	析割
	十一	親官司	親字衍
三十二	二	彩壁	粉壁
		體察	嚴加體察
三十三	二	都省	都堂

葉	行	誤	正
一		表闕直線且	錯亂應改作
三	四	劉天章下同	劉天璋
	六	二十三日	二十五日
		陳玉軀	陳玉驅
四	七	姦夫以下	元另行
	九	姦婦以下	元另行
	十三	傳歸鄉下同	傅歸鄉
	二背	石山山	元另行
	四	傳歸鄉	元另行
	八	本行後闕船上圖財謀	殺一則廿四行應補
五	二	抹殺	抹死
		省准	省劄准
	六背	怎生	怎生麼道
		奏呵下元有那	般者麼道五字
	七	怎生	怎生麼道
		奏呵下元有那	般者麼道五字
	十三	怎生	怎生麼道
六	六	怎生	怎生麼道
		奏呵下元有那的是最	合敲的人有敲了者麼
		道十	四字
	八	仔細恭照	子細參照
	五背	五十定	五十錠
	六	明明	明白
	七	七月日	七月十一日
	十一	怎生	怎生麼道

頁	行	校記
		奏呵下漏拿着硬問者麼道七字
七	四	呵合馬　阿合馬
	七	省送　省劄送
		議得下漏南劍路達魯花赤七字
	十三	情因　情同
	背四	本縣上元有旁字
八	三	用左手　用右手
	十	本行後闕持刃殺人同故殺一則廿行應補
九		闘殺前鈌刼殺一門共四行應補
	六	白要奴　白要奴八行同
		小鄭　小鄧
十	二	致死下元有三起二字小注
	三	馮呵蘭　馮阿蘭
	七	外女　劉外女
	背二	三年　五年
	三	誤擬　誤將
	四	將於　擬於
	五	給主　給付苦主
	七	十五日　初五日
	九	追燒　依倒追燒
		銀下漏五十兩三字
	十	生幼　年幼
十一	八	生老　年幼
	十三	省准　呈奉省准
	背三	王雲二　黃雲二下同
	七	合免　合無

	九	本人私	本人喪私
	十三	此後鬬打死強要定親	媒人一則十九行應補
十二	九	雖扣元	作雖和
	十	仍徵	仍依例徵
	十一	給主	給付苦主
	六背	十一日	初一日
十三	十	依例准	依例擬准
十四	十二	省上漏准法	擬追錢五字
	二背	無情	元情
十五	四	若使	若便
	一背	本行後鬬馬駕車碾	死一則七行應補
	四	人口車牛	車牛人口
	六	銀給付	銀兩給付

		本行後鬬神刀傷死及	拴馬誤傷人命二則共
		十三行	應補
	八	林中	林內
	十	耳所不及	耳目所不及
	十二	餘鈔	餘上鈔
	十三	十月日	十月十五日
十六	一	二十日	二十五日
	六	難擬	難議
十七	十二	十九日	初九日
		著王元	作着主
	七背	弁逐	棄逐
	九	晚蔡林	晚爹蔡林
	十二	追勘問	追勘間

頁	行		
十八	二	趁食	趁熟
	五	毀咀元	作毀祖
	九	氣顙	氣頭
	十三	二十八日	二十六日
	背五	都堂	都省
	六	毀咀元	作毀祖　十行同
	七	跟你	根你
		複從	復從
	十三	弁逐	棄逐
十九	五	三年目	作二年
	十二	燒埋銀	燒埋銀兩
	十三	刑茶哥搵下袄子	邢茶哥搵下襖子
	背二	刑茶哥	邢茶哥　四行七行同
二十	八	二十七下	三十七下
	九	本行後鬪又一	則十一行應補
	三	河內死	河內漪死
	六	死有罪男	漪死有罪男
	八	彭仙	元另行
	九	彭忠	元另行
	十二	彭深	元另行
	背二	徹鈔三十二貫	徹元寶鈔三十二貫文
	三	彭鐵兒	元另行
		王里驢	王黑驢
	九	部擬	部准擬
		省准擬	省准擬呈斷訖
	十	鈔錄元通	作抄錄

	十三	張次千	張次十
二十一	一	張華	張燁
		張樸	張朴
	五	夭傷	夭殤
	二背	嬰兒	嬰孩
	三	風俗	風化
	四	廉訪司元	廉訪分司
		作	
	七	治罪	治罪外
	八	也賜	乞賜
二十三	二	二十三日	二十五日
	七	十五日	初五日
		鐵筋強元	作鉄筋疆
	十二	審門	審問

	十二背	埋葬	埋瘞
二十四	一	本段舡字凡	見元均作驅
		六	
	二	兩三十	兩三下
	八	難擬	難議
	三背	十年	十一年年
	六	難擬	難議
	九	一人	一个
二十五	三背	妄殺	妄傷
	五	佃地	佃他
	八	收豪	權豪
二十六	十二背	蘄留住元	作蘄留住
			下同
	十三	十一日	初一日
二十七	四	蘄留住	元另行

頁	行	校記
	六	慈不揪　元另行
	背五	閔典兜　閔興兜　下同
	八	閔興兜　元另行
	十	粱當兜　元另行
二十八	三	省准吳　省准呈免訖
	八	戴引兜　元另行
	十	張驢兜　元另行
	背四	收令史　權令史　下同
	十一	斷訖下漏別　無定奪四字
	十三	冠民縣　冠氏縣
二十九	六	通明　道明
	八	呵是實　阿高是實
	十二	一百十七省准　一百七十下省准斷訖
	背一	呵趙　阿趙　二行同
	十	三月　五月
三十	一	吳三千　吳千三
		右耳　左耳
	二	等物　并物
	三	燒揚　燒颺
	八	焚揚　焚颺
三十一	四	木行後闕姦婦不首　殺夫一則十行應補
三十二	五	打砍　打破
	六	炙晒　炙曬
	八	銀給付　銀五十兩給付
	十	鈒兩　銀五十兩給付苦主
		於十月　於至元八年十月

頁	行	原	校補
	背九	又舉	又學
三三	八	人爲	又爲
三四	七	板曲元	作瓪曲
三五	四	趙丑草	趙丑前草
		按前	按前
	五	本段有數處空	格均係前字
	八	奉申	來中
	九	牛阿侯元	作牛阿侯 下同
	十	跟趕	根趕
	背三	就便斷決	從本路就便約量斷決
	九	延安路	延安縣
三六	三	掷拷栳	柳栲栳
	九	霍金告	霍金見告
	十	奉都堂准擬	奉到都堂鈞旨准擬
	背六	訪問	訪聞
三七	二	閥喜生	闊喜僧
	三	十八日	初八日
	六	喜生	喜僧 入行同
	十一	要來	要來

葉	行	誤	正
一	四	檢屍法式上元	有一字並陰文
	九	兩眼胞	兩眼胞
二	五	兩臂	兩臂
	六	兩肚踝	兩脚踝
三	十二背	仔細元	作子細
四	九	扶同	符同
	五背	屍身	凶身
		準擬下漏今將屍帳式	樣錄連在前除外合行
		移十	五字
	六	施行	依上施行
	十三	於是	爲是
五	三	仔細	子細
	二背	云檢屍法例	五字元小注
	十	卒無	卒急
六	七	木標	木牌
	十	行省	行中書省
	二背	親見	親覩
	七	戕殺	戕殺
七	一	信此	似此
	二	浴身	沿身
	八	至元至準呈十	四字元小注
	十一	咨請上漏除外二字下	漏照驗遍行所屬六字
	八背	本行後闕無檢驗骨	殖例一則十行應補
八	十一背	並記	並計
九	七	銅名	銅錢

頁	行	
		追追 理埋
	十	可可 陪賠 下同
		典典 雇產 下同
	十一	王王 大太
	五背	蒙蒙 古古 家蒙
	六	孩孩 兒兒 呵
	八	作二 十十 四四 年年 月
	十	謝謝 阿阿 楊揚
十	八	元犯 無人 名名 字下
	十	與與 的的 无呵 呵
		怎怎 生生 麽 道
十一	三	憫憐 憐憫
	五	尸尸 仗伏
	二背	沿訟 路路
	八	強強 盜姦
	十一	未未 審省
十二	二	放放 箭箭 人入
	八	至施 大行 四下 年元 十本 一有 月墨 十筆 八添
		令日 史路 孫吏 英劉 承允 行承 十奉 月省 初府
		三五 十日 一札 字付
	三背	揆發 尸尸 四 行 同
	七	月月 十 三 日日
	十三	三二 年年
十三	一	朱朱 阿阿 黃王
十四	九	二十 月二 月
	十一	毋丑 阿阿 王王

頁	行	誤	正
十五	十三	宋婦	本婦
	背四	十七日	初七日
	十二	難擬	難議
十六	三	死籍	元籍
	四	自故	事故
		拋下	拋下
	八	並上漏	窮二字貧
		折措元	作折判
	十	復體	體復
	十三	木棍	木棒
	背二	門少	闕少
	三	州言	用言
	八	報勘	保勘
十七	一	本禁在禁	本人
	二	已後犯	已後但犯犯
	四	罪赦	遇赦
	五	折措合無	折判合令
		准莫	准算
	六	未定	未足

葉	行	誤	正
一		表闕橫直	線應補
		七十七應作六十七	八十七應作七十七
		九十七應作八十七	
		諸毆第八格物	汚上闕職字
		諸毆第十格損	事應作損二事
	一背	舊例闕毆罪名六	字應頂格陰文
	五	目下漏盼爲虧損其	明猶能見物十小字
	八	頭目	頭面
	十	舊患疾	疾字衍
二	十背	三月	七月
		奧魯赤	赤字元無
	十三	五十下	五十七下
三	三	楊青	楊青
	六	王章	王璋
		杖上漏他物	傷人四字
	八	徒上漏折跌	支體四字
	二背	將事	將仕
	十一	施行	仰依上施行
	十三	彭妙靜	彭妙淨 下同
		彭曾三	彭層三 下同
四	一	張德云	張德雲 下同
		挖出元	作空出
	六	頭角	額角
	二背	中書	中書省
	九	施行	二字元無

本行後闕馮崇等剜壞 / 泌餘眼睛一則十六行

應 / 補

五 一背　都海牙 / 拔都海牙

折辨 / 折辨

五　信難 / 似難

六　施行 / 仰依上施行

七　准省 / 准中書省

九　侍怎麽 / 待怎麽

六 二　條省 / 行省

四　本行後闕知府毆打軍 / 官一則十七行應補

十　縣尉 / 萬載縣尉

二背　鬅鬆 / 鬅鬆

五　照詳 / 照詳得此

六　罪過 / 罪過

回避 / 迴避

七　施行下漏省府仰即令 / 和元行迴避本縣別行求

仕十 / 五字

本行後闕官吏毀罵 / 親聞乃坐一則二十行

應 / 補

八 七背　貪得 / 貪吏得

九　自官司 / 是官司

葉	行	誤	正
一		表前半闕橫直線後	半闕橫線應改作
二	三	十三日	初三日
	五	斷遣訖	斷遣去訖
	九	任奴奴	杜奴奴
	十	女賽賽	女子賽賽
		降事省	事字衍
	四背	十二日	十三日
三	六	狀指	狀招
	二	鄭忤古歹	鄭忙古歹
		強姦訖	強行姦訖
	十	原奉	先奉
	十一	幹脫兒赤	斡脫兒赤　後同

葉	行	誤	正
	十三	即依	即係
	二背	照例	照到
	十一	固准	固難
	十二	慮重	處重
		脫斡兒赤	斡脫兒赤
	十三	竊恐	竊慮
四	三	如十歲	謂十歲
		以同	亦同
	五	擬下元有除外	仰照驗五字
	八	呈檢	呈驗
	十	威寧路	咸寧縣
		女六歲	六歲女
	九背	十二日	初二日

五	五	施下漏十一行應補
	六	本行後闕重刑公事無得亂行申覆一段七行
		應補
八	四	高得仁後同 高德仁
	十二	其在祖父母 在其字衍
	一背	高得仁 其高德仁
	三	郭阿熙 郭阿燕
	十二	與吏 與更
九	三背	覺舉 舉覺
	十	擬施行 擬依上施行
十	三	强姦等事 强行姦汚事
		據姦婦 據字元無
	三背	百下元有因姦所犯四字
	十一	議得 議擬
十一	十二	議得 議擬
	二背	中書省刑部 中書刑部
	五	潘屎蛙下同 潘屎蛙
		同親眷 令親眷
	九	潘成 潘字重出
十三	四	若使 若便
	十	招伏已 招詞
	四背	王圭章 王珪章
	六	見前例三字元小注
	九	經直 徑直
	十一	者姦所 若姦所
十三	二	三月 二月

頁	行	元本	校
		省咨	省來咨
	五	李陞元	作李昇
十四	十一	大德五年目	作至元五年
	二背	王瓌奴	王環奴 四行同
	四	行上元有單	衣受刑四字
	五	犯姦上闕舍	居女三字
	八	舍下	合下
	十	大德六年目	作至元六年
	十一	薛文祐	薛天祐 十三行同
十五	三	大德八年目	作至元八年
	二背	覆文	符文
	三	妾於都聲	妻于都聲
	五	於都聲	于都聲
	六	六月	二月
	十一	仰照驗	合下仰照驗
十六	四	服裏	腹裏
	七	達魯花赤	札魯花赤 十一行同
	十二背	扎魯花忽赤	花字衍
十七	三	喬禎	喬禎
十八	三	兇上元有	一字不明
	二背	我跟你去	我根你去
		銀錢	錢銀
	六	逃走	逃來
	十三	跟逐	根逐
		句當	勾當
十九	九	死下元有除	外合下四字

	一背	巳巳	已行
二十	四	張賽兜招	張賽兜狀招
	七	各杖	各合杖
	八	擬下元有量	情各斷四字
二十一	十	欺壞	敗壞
二十二	四	唐阿邵	慶阿邵
	五	准慰司	准尉司
	六	節給	節級
	七	趙道明	邵提控
	九	趙道明	邵道明　背一行同

葉	行	誤	正
一		下曆以至元鈔爲則六字應自爲一行	
		枉法不枉法兩類之間應有一直線隔斷	
		不枉法第一格一十貫應作一一貫	
二	七	無禆	無俾
		式付	式副
	三背	三十貫	五十貫
	四	三十貫	五十貫
三	一	至大四年	應另行
	二	貪行	貪汙
	五	定擬給役職例	應另行項格陰文
	十	罪囑	買囑
	九背	有買囑	有罪買囑
		脫免者	者字衍
四	三	窠闘	窠闕
	六	議設	議役
	十二	合若	今若
	十三	與錢等	與錢人等
	七背	擬先行	擬合先行
		原是要	是字衍
		俟勾	候勾
五	一	被中	彼中
	十	各項	名項
六	三	凡監臨	凡字衍
	七背	照驗施行	照驗依上施行
	九	副司	副使

七	十三	張人等	張十等
	三	明理不花	明里不花
	四	過呵下漏行省宣慰司	路官每近底一處審了
		斷者麼道	十八字
	五	去呵	覷呵
	八	怎生奏呵奏呵	怎生麼道
		奏呵下元有那	般者麼道五字
	十三	奏呵下漏是人教後頭	人改底那般行者麼道
		十四	字
	背一	三月	五月
	十二	別無	另無
八	四	䞇臟	犯罪
	六	此事	前事
	背二	廉訪官	廉訪司官
	三	奏呵下元有那	般者麼道五字
	九	月日奏過	月十四日本院官奏過
九	三	逃走看	逃走了有
	四	麼道無體例者	麼道說呵無體例有
	五	罪了	罷了
		即時	幾時
	背四	綏品級	授品級
	五	本臺	本等
	十一	的行	行的
十	二	奏呵下元有那	般者麼道五字
	三	他們的	他每的
	八	奏呵下元有那	般者麼道五字

	十	王日進	黃日進	十一行同
	十二	一十買	二十買	
	十三	之體	一體	
	五背	二十七下	三十七下	
	九	二年	三年	
十一	一背	此係	此實係	
	六	本剌忽	木剌忽	
	八	哥下漏治書王治書別	帖木兒殿中蒙古必闍	
		赤鄰釋鑑	十九字	
十二	三	奏阿下元有那	般者歷道五字	
	十一	西番茶提舉	西蕃茶提舉	
	一背	每官	官宇衍	
	五	十一月下漏二	十七日四字	
		施行下漏准此仰	欽依施行七字	
	八	張壽	張鑄	十三行同
十三	六	十三章	十二章	
	九	信有	似有	
	十	部省	都省	
	十二	閱據	關據	
	十三	賈得仁	賈德仁	後同
	六背	三定	二定	
十四	五	八年月斷罪	八年十一月斷決	
	十一	准呈	呈准	
	十三	照詳	照詳得此	
	四背	同科元	作全科	
	六	庶有	庶望有	

十　照詳　照詳得此

十一　按察　被察

十三　十月日　十月二十二日

凉州元　作京州

十五

一　呵難答的　阿難答的

八　那般　這般

十一　怎生奏呵　怎生麼道奏呵

呵下元有那般　者麼道五字

背二　吳得義　吳德義

四　定價　官價

五　罪輕　罪經

七　三月　三月初二日

十　繁亂　煩亂　十三行同

十三　正月日奏　正月十三日本臺官奏

十六

二　奏呵下元有那　般者麼道五字

三　此下元有咨請　欽依施行六字

四　二月日　二月十一日

六　祝脫木兒　祝脫脫木兒　後同

十　與本軍人　本字衍

十三　病下漏轉添　啞中四字

於皇慶　於字衍

背四　餘下漏如蒙准　呈照會六字

都省准擬　得此准擬都省合下

五　官與取受羊酒解任求　仕目作贓不滿貫解任

標　附

六　宣慰　宣撫

元典章四十六 刑部八 三

陳氏校補

十七	四	准擬施行	准擬咨請施行
	七	淮西道	浙西道
		該當諸	當該謝
	十一	正月	五月
	十三	張秀	張琇
		告行	行告
	三背	人户	人口
		仰照驗	除外仰照驗
	六	王天俊	黃天俊 十三行同
	七	司吏	泉州路司吏
十八	三	府下漏除將李天錫	另行定奪外十字
	十三	部下漏酌古	准今四字
十九	二	贓下漏此謂通計前	罪以克後數十字
	九	被告	其被告
		故因此	故字衍
	十	僉捕	僉補
	六背	十一月	十二月
	七	五月日	正月初八日
		誥書	詔書
	十三	三月	三月十六日
二十	十	部堂	都堂
	四背	欽奉	欽依
	十	十八日	初八日
	十三	二月	三月
二十一	二	傅顯元	作付顯
		匿鈔	匿税

三 丁得榮 / 丁德榮

四 鈔冒 / 鈔帽

十一 省劄 / 省劄付

十一月內奏過 / 十一月初四日奏過

十三 待問阿 / 待問呵

五背 本行後闕吏員贓滿一 / 體追奪一則卌行應補

二十二

二 辦課人員取受目作侵 / 使增餘以不枉法論

七 受劣 / 受錢

五背 劣數 / 錢數

九 九十三定 / 九十五定

胖袄 / 胖襖下同

十一 月日奏過 / 月十九日本院官奏過

十三 去阿 / 去呵

二十三

一 三定 / 五定

三 論曉 / 曉諭

五 來下元有 / 麻道二字

九 四十三定 / 四十五定背一行同

十三 爲何 / 爲例

如今 / 如令

二背 決斷 / 斷決

六 本行後闕出使取受送 / 遺一則廿二行應補

二十四

六 三月日 / 三月二十日

七 萬戶所 / 萬戶府

十一 您說 / 恁說

四背 照驗 / 照詳

葉	行	誤	正
一		表闕直線且有	錯漏應改作
二	十	十七年	十字重出
	十二	徒單朝例	徒單朝列
	二背	不料元	作不科
		卞鑑元	作下鑑　六行同
三	一	二十一年目	作二十二年
	五	交付元	作交刈
	十	二十一巳	二十三日
	十二	田莊	田產
	四背	也前	已前
四	九	勢要人	勢要人等
	十二	糧石	糧斛
	四背	官例	官例
	七	不曾受	不曾受分
五	九	體到	體例
	十二	糧石	糧斛　十三行同
	一背	用下漏有失覺察者驗	糧多寡究治十一字
	四	司縣官	司縣官司
	七	緝獲	緝捉
	十	糧石	糧斛
	十一	賠糧	陪糧
六	一	王桂	黄桂
	八背	糧石	糧斛　下同
	十一	拘治	均賠　後同
七	九	三十七	五十七

葉	行	校記
	六背	本行後關處斷飛盜粮例一條十行應補
	七	五月日 閏五月二十口
	十二	逮期 違期
		侵盜 侵盜訖
八	五	本行後關接攬稅粮事理一條二十五行應補
九	五背	錢糧 糧錢
		二十七年目作十七年
	十二	忽察忽恩 忽察忽思後同
十	二	酌量斷罪 約量歸斷
	四	忽察忽恩招伏 忽察忽思狀招
	五	今本家 令本家
	三背	經忽察忽恩 緣忽察忽思
	十三	姚德管 姚總管
		來下漏短說者麼道五字
十一	六	怎生奏呵 怎生麼道奏呵
		奏呵下漏那般者問去者麼道八字
	十	借細 備細
	十二	軍目 事目
	三背	欽丁 欽了
	七	呵下元有那般者麼道五字
	十一	于伸 于仲
		朱雲振 朱雲震
	十二	王慶 黃慶
十二	一	元棣縣 無棣縣
	二	總調 提調
	十	于伸 于仲

	五背	受財元	作受錢
	六	二等	三等
	十三	五十七下	二十七下別求仕
十三	四	于仲	于仲
	十二	初十日	初九日
	三背	三十五兩	三十三兩
	七	不枉法	不枉法例
	九	本行後闕侵借官課驗	贓依枉法斷及侵使官
		錢追陪贓例二	條廿三行應補

葉	行	誤	正
一	六	二付	二件
	八	十五日	初五日
	背二	羅衍	羅術
	九	出修	出備
二	一	中書劄付	中書省劄付
	五	本行後闕知人欲告	回錢一則十行應補
三	一	過錢目在	回錢前
	四	勾當的底	的字衍
	背十三	行贓	行賍
四	三	說事的人	的字衍
	十	勾當纏立	勾當立
	背八	本行後闕僧人過錢察	司就問一則十九行應

補

葉	行	誤	正
	十	于礙	干礙
五	一	過錢之人	之字衍
	二	緣免	原免
		本行後闕過錢尅落	入已一則十行應補
六	七	裏臺	臺裏
	十三	呈首元	作陳首
	背一	揑令元	作揑今
	六	緣其罪	原其罪
	八	首緣	首原
	十一	以社	以杜
	十三	而國愈因	而位愈固
		不衷	不衰

七	四	勾遣	勾追
	背五	底之	抵之
		其寫	具寫
八	六	五月日	五月二十二日
	七	勾管	勾當
	十	受錢	受財
	背三	原問	无問
	八	社保元	作卅保
	九	許准首	方許准首
	十	緣其所犯	原其所犯
	十三	緣免	原免
九	一	雖自	雖是
	二	緣免	原免
十	三	計令	許令
	十三	本行後關雜犯錢物所	在官司出首、行賍之所
		贓廉訪司出首、官吏	內外首鈔人三則三十
		七行	應補
十	三	各取受	各各取受
	四	賠價	陪償
	五	無體例	沒體例
	九	四年十月	十四年四月
	十三	來去	去來
	背八	公吏	公支
十一	二	合行	令行
	五	揀分	分揀
	背六	本行後關臺察就便起	發贓罰鈔及造贓濫册

		二則廿一	行應補
十三	七	到本道開讀於當	到來本道開讀了當
	十三	不暗	不諳
	背二	覛朝廷	視朝廷
	五	議得下漏前尚書省直	省舍人脫因不十一字
	八	合行	合從
		鍊達	練達
	十二	官司	官府
十四	四	委使元	作該使
	十	即使	即便
	背一	大書字寫	大字書寫
	七	咨請	咨請遍行合屬
		依上施行	依上禁治施行
十五	十	孫蓁四	孫莘四
	二	事平人衆	事干人衆
	六	施行下漏淮此除欽依	施行外今奉前因憲司
		牒可照驗除請俸人員	外即將其餘人數依例
		羈管聽候施	行三十八字

葉	行	誤	正
一		表分六葉横格與斷	例多不相應應改作
七	四	忽魯	魯忽
	六	教部個	教陪九个
	七	姑今	如今
		體例者	那體例行者
	九	傷著入	著字衍
	十	並不得	並字衍
	七背	庫藏物	庫藏錢物
	十二	又而	流而
八	一	之條	之例
	五	半者	者字衍
		徒二年者	徒者二字衍
	七	侗恰	洞恰
	八	日記	日計
九	一	不知	不獲
	二	免罪云	云字衍
	五	既放	脫放
十	一	徒例	體例
	三	左右司	左右司呈
	五背	回而	因而
	七	御史臺	御史臺咨
	十三	奉奏	奉字衍
十一	一	二十二日	十二月
	一背	法訖	發訖
		札魯赤	扎魯忽赤

	五	施行下漏又倒 / 見后四小字
	七	薛怯 / 怯薛
	十三	說謊 / 說謊的
十二	三	拘黔 / 拘鈐
	七	賠贓之賠 / 元均作陪
	十	追贓 / 賠贓
	十一	一百七下 / 下一字衍
	十三	不曾 / 先不曾
	三背	多了 / 多了的
	四	莫道 / 麽道
	十三	太宗 / 大宗
		也札魯花赤 / 也可扎魯花赤
十三	二	爲此擬 / 爲此送擬

	三	准奏 / 奏准
	八	一百七下 / 下一字衍
	十二	俺根 / 俺根底
	十三	擬來的 / 的字衍
	二背	斷例 / 新例
	四	商量 / 商議
	五	大司 / 大師
		搭失 / 塔失
	十二	奴兒千 / 奴兒干
十四	九背	盜人 / 賊人
	十	七十七下 / 此四行下字均衍
	十一	財物的物 / 的字衍下元空一格
		几三百 / 凡字衍

十五	二	斷六十七放	六十七斷放
	三	已行	又已行
		斷四十七放	四十七斷放
	四	宜比	宜字衍
	五	如再做賊的	再做賊可敲勾當敲
	八	您門	您每
	十三	四年	三年
	背三	庶杜	庶絶
	十三	准擬	二字元無
十六	背二	李子	李筆子
十七	一	把錢	把盞
	背四	端潤赤	潤端赤
	十三	元祐	延祐
十八	一	見前下元本有四月二	十八日杭州路吏呂憲
		承十三小	字墨筆添
	八	架子上	上字衍
	十三	剜却	剜訖
	背二	獲捉到官	親獲到官
	三	各各	衍一各字
	四	以致令	令字衍
		賊人	二字衍
	五	偷盜	作賊
		三十七下	二十七下
	六	各各	各招招承
	十一	剜折	剜折
十九	四	這那	這般

五　的賊　底賊

商量　商量來

八　路呈　路申

九　獲得　獲賊　賊从

十三　賬房　帳房

一背　盜賊　賊字衍

四　剜割　剜豁

十二　每底　每的

二十一

一　本行後元本有杭州路吏趙世澤承行十月十二日旨揮十六字墨筆添

二十二

三　准呈　呈准

八　十五　十五歲

九　三頭個口　三个頭口

二十三

三背　行御史臺　行字衍

一　追贓　追陪贓

四　長下元有　一字不明

六背　偷猪　盜豬

七　名招伏　各狀招

八　又有少　及小

九　詳伏　伏詳

二十四

一　擬倒　依倒

六　黃牯牛　黃牛牯

七　招狀　招伏　背十三行同

本部　二字衍

八　同著　著字衍

偷盜　盜字衍

行	原文	校
九	決斷杖	杖斷
十	屢次以來	四字衍
十一	已經	累經
	止今犯	止以今犯
十二	財物者	者字衍
十三	作皆	皆作
一背	於至元	於字衍
二	偷盜	盜字衍
	三十七下	六十七下
	今又犯於	又於二字衍
三	欲行賣	欲行貨責
	本叅詳本賊犯先	叅詳本賊先犯
六	既係在	在字衍

二四

行	原文	校
七	屢次荷蒙詔赦	累經詔赦
十三	捉獲到	到字衍
二	免刺字以及徒役並不	免刺徒役不
三	決斷訖	斷訖
	便可	二字衍
四	合於	合于
	取到招狀	四字衍
五	知賊人	知字衍
	竊盜得	得字衍
	一頭	二字衍
	已經	經字衍
六	若於	於字衍
	親屬中	中字衍

而免其刺字以及徒役　免刺徒役

並不行追　並行二字衍

七　庶可　二字衍

八　一頭　二字衍

九　既是同驅使奴　既係同使驅奴

竊盜　二字衍

既然已經　既已

二十五

二　造賠　追倍

標目下漏見前強竊盜　通例第六條十小字

三　元不　空行

七　此行　衍

八　元償折償　无償折傭

九年目　作二年

十一月　十月

九　俛順興　興字衍

賊人順興　順興二字衍

十　各賊人　人字衍

二背　江南　江西

三　賊盜之獄　賊盜之

四　無一可堪追索　無可追索

六　若主　苦主

七　而身死　而字衍

十　勿得令其知會　不令知會

二十六

一　遇華元　作遇格

二　高縣　高要縣

朱總招狀於　朱聰招伏不合於

三 牛一隻 牛毋一隻
五 未曾 未審
與陳成 三字衍
又兼之 之字衍
十一 欽奉 照依欽奉
十三 朱總鄧宥盜 朱聰鄧宥偷盜
陳成處 處字衍
二背 仍造賠贓 仍追陪贓
四 亦該 二字衍
六 月日 二字衍
七 咨東道 咨浙東道
十二 估贓定 估贓定罪

二十七

一 欽依 二字衍

二十八

三 陝西省西安府臨潼縣 安西臨潼縣
六 盜偷僧人 偷盜僧人
八 今呈 今承
九 所犯之事即係與 所犯即與
所犯一體 所犯二字衍
十 札魯火赤 扎魯火赤　十一行同
更訖 更乞
十二 賊人 二字衍
免刺字 字字衍
三背 應刺了字可 應字二字衍
四 並該 二字衍
當民差 民字衍
五 仰依 仰字衍

葉	行	原文	校記
	七	十六年	六年
		月日	二字衍
	十	者却	二字衍
	十一	今以後除出	以出二字衍
	十二	之人	之字衍
		諸人	二字衍
	十三	盜賊者	者字衍
廿九	四	但賊	但字衍
		都省處	處字衍
	五	字科	二字衍
		其餘俱准	其俱二字衍
	七	徒偷	二字衍
		物件	件字衍
	八	招伏	伏招
	九	盜得	得字衍
	十	又黃	又字衍
	十二	免刺字	字字衍
	十三	四月月	日字衍
	二背	招狀	招伏
	七	闕竊盜得	闕得二字衍
		蓋師兄師弟之情	七字衍
	九	剌斷發付還俗本籍充	剌斷還俗籍充
	十一	得東寮	三字衍
	十二	公袁允中處	公處二字衍
		剌字	字字衍
三十	一	徒偷	二字衍

行	校記
	物件件字衍
三	綿纔綿線
四	又芋又字衍
	計賦實有四字衍
	獲得得字衍
五	招伏二字衍
	鈔物鈔物招詞
六	招詞二字衍
	姪弟弟姪
七	字斷二字衍
	爲事理爲例事理
	部議部呈議
九	間偷間字衍

行	校記
	等物二字衍
十	訛發訛字衍
	警跡人人字衍
三背	等事等物
四	既寬免寬字衍
六	不明白不呈不明若不舉
七	燒毀毀字衍
八	圖圖二字衍
九	庶幾至一可九字衍
十二	獲得强竊得竊二字衍
	於大德於字衍
十三	夜間間字衍
二十一	捉獲獲字衍

右項　左項
二　詔恩　二字衍
四　强盜　强賊
十　盜得　得字衍
十一　不花　將不花
一背　得訖　價錢
二　分訖上漏分訖鈔四十一兩不花九字
不花　不存
三　二月　日　三字衍
一款通例於內　一款於三字衍
四　諸人　諸字衍
六　剌字配軍　字軍二字衍
九　三月　日　三字衍

三十二
二　請驗　請照驗
三　色目人　人字衍
月　日　二字衍
八　仰依　仰字衍

三十三
三　大德年　月日　五字衍
洛州路申　洛州申
四　夜間　間字衍
六　王通射　王通事
八　一貫該　該字衍
五下　五貫
九　八十下　下字衍
七背　咨據　咨字衍
十二　張真剌　張剌真　十三行同

行	原文	校
十三	刺字	字字衍
三四 一	之情	知情
二	誠恐差池	誠恐未當
五	取審勘	取勘
八	獲到	到字衍
	囚官審定刺斷	審囚官刺斷
九	伊父	伊字衍
十	況兼甘仔	兼本人
	止得	二字衍
	尚是	係是
十一	抑且不曾	又不曾
十二	年紀	紀字衍
	順從父命前去	止從父命

行	原文	校
十三	高三至於其子	六字衍
背三	蕭仁壽元	作肖壬壽 下同
四	二十六日夜間	初六夜
	盜得	得字衍
	蕭得三元	作肖德三 下同
五	盜賊	賊字衍
	刺字	字字衍
六	狀詞	二字衍
七	盜訖	盜字衍
	一頭	二字衍
九	月日	二字衍
十	開載	該載
十一	一頭	二字衍

三十五	二	三月	正月
	十二	拆價	折價
	十三	該拆	該折
	二背	六十	六十七
	五	家米	家字衍
	六	詞狀	二字衍
	七	偷落	落字衍
	八	糶犯	糶賣
		常例	常盜
	十	刺字	字字衍
		施行	二字衍
三十六	十三	窖的	窖來的
		錢來	錢物來
		重丁	重了
	二背	在可	在所
	九	恩詔	詔赦
	十一	謝秀	二字衍
		估贓計該	贓該二字衍
	十二	宋仲友	三字衍
		刺字斷罪	字罪二字衍
	十三	將贓	二字衍
		舊所	二字衍
三十七	一	唯依	唯擬仰依
	二	廢疾者	者字衍
	六	已事理	已前事理
		罪犯	犯罪

三六

七	罪贖	罰贖
九	十二處	處字衍
	被捉	被字衍
十	之徒罪未便	五字衍
	即行	罪經
十一	至程	至字衍
	十五歲	歲字衍
十二	字科斷	三字衍
十三	篤疾殘廢者	篤廢疾
背六	袁六五	袁六五家
九	隻雞	雞隻
十三	審到	勘到
一	刑部	刑部呈

二	一貫	十一貫
五	罪過	罪遇
六	仰依	仰字衍
七	僧道	僧盜
八	盜訖祖師	盜師祖
九	錫錢	錫盞
	本看	本字衍
	衣服	衣物
背二	仰依	仰字衍
三	二年	三年
	二十一日	四字衍
四	靜居	淨居
五	依元	伊元

六 招狀 狀招

七 本月 月字衍

十二 本泰 本字衍

狀詞 二字衍

十三 估贓 估計

三九

一 饑寒所迫致盜 饑貧兼所盜

二 張萬一 章萬一

刺字 字字衍

六 計至元 計字衍

斷杖 杖斷

七 便行 行字衍

深恐 慮恐

參詳 二字衍

八 偷盜驢畜 盜畜二字衍

已經刺字 已字二字衍

九 看管廟內 看守廟寺

等物所犯 情犯

十 刺字配軍 字軍二字衍

十二 議得 本部議得

靜居 淨居

十三 寺內 師等

等件 二字衍

定論 二字衍

四 背招狀 狀招

五 癸年月日 四字衍

六 陳百六家 家字衍

行	右	左
	估贓	併贓
七	爲從的	從賊
八	各各杖	三字衍
九	倶免刺字	倶字二字衍
十	佃主	田主
	與彼	彼字衍
	他人的	的字衍
十一	爲從的	從賊
十二	各贓	二字衍
	其中	二字衍
	豈無	各有
十三	倶係	倶已
	追贓賠償	追徵陪贓

卌

行	右	左
二	處布疋	三字衍
	服等	二字衍
三	爲從賊人	爲人二字衍
	六名	二字衍
	合依常盜科斷定罪	合依凡盜定論
四	仰依	仰字衍
六	得財者	者字衍
八	三更時分	四字衍
九	賊人	人字衍
	孟干兒	孟千兒 下同
十	三更時分	四字衍
十一	木棍	木棒
	朱伴兒	朱字衍

十三 箴簣 箴簣

簣內見有 簣內有

一背 並簣 並簣

一隻 一个

木棍 木棒

捉獲 獲字衍

二 於延祐 於字衍

十一月二十二日承蒙 十一月十五日蒙

四 誣告 妄告

官司誣告 官妄告

五 用左手執雜木棍 用所執木棒

梁賢 梁字衍 十七行同

七 到蒙 致蒙

卌二

八 朱伴兒 朱伴兒

九 二人 兩字衍

爲從定論杖斷 爲從倒杖斷

十三 等四人 三字衍

既不曾 既字衍

一 二人 兩字衍

二 刺字 字字衍

三 仰一一 三字衍

五 吳信行 行字衍 十行同

六 二更時分 四字衍

七 奉詔 欽奉詔

十 首賊 賊字衍

伊妹 伊字衍

葉	行	原文	校
		羅福二	羅福二等
	十一	恩詔	二字衍
	十四	刑部一	刑部十一
四十二	二	二十四日	四个字衍
		兵部	兵刑部
	五	招狀	招伏
		呈到	到字衍
	六	捉獲得	得字衍
		取訖招狀	取了招伏狀
	七	審問明白	四字衍
	八	以及	二字衍
		所犯情	所犯情由
	十二	初一日	三字衍
	十三	節錄	節該
	一背	不到的	不到底
	三	不備	不倫
		或再	二字衍
	四	在內	二字衍
		都臺	二字衍
		咨請仰依	咨仰二字衍
	六	廣西海	廣海
	十	不付給彼口糧	不給口糧
	十三	以及立	及定立
四十三	二	月日	二字衍
	三	路等	等路
		吳喜等	吳喜兒等

頁	行	原文	校記
	八	月日	日字衍
	九	物件	件字衍
	十	華定	華亭
	十一	詞狀	二詞字衍
		賊人	二賊字衍
	十二	不意	二不字衍
	十三	仰上	依上
	二背	如或	二如字衍
	三	大都路	路字衍
	五	赦免	放免
	六	省臺	臺字衍
四十四	二	初五日	三字衍
	九	及父母	及字衍
	十	藁丁	二字衍
		侍養	侍丁
		因准	如准
四十五	四	省劄	省字衍
	六	招狀	招伏
	七	院內去	院內入去
	九	打了	打了教道了
四十六	二	准中書兵刑部	准部二字衍
	三	解到	到字衍
	四	强行	强字衍
	五	取訖	取到
		招狀	招伏
		年巳	巳字衍

葉	行		
		勘酌	斟酌
	六	賊人	二字衍
		勘酌決外	約量斷決外
	七	追審	追勘
	九	的人	人字衍
		官司人等	司等二字衍
	十	的賊	賊字衍
	十二	欽遵	二字衍
	三背	要述	要術
四七	三	強竊盜	強盜　四行同
		竊盜	并竊盜
	十一	官防	關防
	一背	即須	二字衍

葉	行		
		時候須	三字衍
	三	行江西省	江西行省
	四	趙朝散	趙朝散關
	六	今因	因字衍
	十三	事干	二字衍
		議據	二字衍
四八	三	籍寄	籍記
		直立	置立
		墻壁	墻字衍
	四背	補獲	捕獲
	七	倒內	內字衍
	九	便塞	便字衍
	十三	奉到	到字衍

頁	行		
		該司縣	皆司縣
四十九	三	四月 日	日字衍
	四	趙朝散	趙朝列
	五	大都路	路字衍
	六	司下漏見獲盜賊起內賊	多係他處經斷警跡
		徒蓋因所在官	司二十二字
		使其	二字衍
五十	三	田晉奴	田留奴 下同
		招狀不合拾得	狀招不合將拾得
	九	言語	語言
	十	一匹	一隻
	十一	議得	又得
	背九	上打元作	此上打
		踢說元	作帖說
	十	賊人	賊徒
五十一	二	七八	八七
		壽三	謝壽三 五行同
	四	看叅	看詳
		詞狀	二字衍
		若依離異	若依前後離異
	五	刑部	刑部呈
		謝徐氏	氏字衍
	六	警跡之人	之字衍

葉	行	誤	正
一	十	枸欄	枸闌
	背四	沕分	勤分
二	三	牽同	撁同
	五	强論罪	强盗論罪
	八	刀割	刀字衍
	十	令後	今後
	背五	顏喜兜	彥孫兜
	七	各咨	合咨
		照審	照勘
三	三	於至元	於字衍
	十二	二十八	三字衍
	背二	告行	行字衍
	三	名俊	名元大字
	五	事主例	例字衍
四	三	處驅	逃驅
	七	佗人錢物	他人財物
	九	施行	二字衍
五	二	月日申到	四字衍
		高如厮	高奴厮
	三	不合於	三字衍
	四	比屋	北屋
	五	間數並	三字衍
		又燒	并燒
		女孩兒	孩字衍 七行同
	六	擬將	將字衍

行	校記
	宅舍一條絞罪　舍宅者絞
七	斬罪　罪字衍
九	至元年月日　五字衍
十	二十一日　一字衍
	夜間二更時分　間時分三字衍
十一	狀告　二字衍
	招狀　招伏
十二	故意　二字衍
	零物　厶物
	估鈔已有　已估鈔
背三	草房　房舍
	三間　二字衍
四	徒罪　罪字衍

行	校記
	之數者　三字衍
五	二十貫餘　二十餘貫
七	理合　合理
十	議得　公議得
	故意燒毀　故燒
十一	緣伊父　却緣伊父
十二	杖斷三十七下　決三十七下
	令其　二字衍
十三	仰依　仰字衍
六 二	狀告　狀字衍　五行同
五	都臺御史　都省
	太重　更重
六	將黃牛兕罪犯　六字衍

葉行	原文	校補
	其妻	二字衍
	准此	二字衍
七	十四年目	作十九年
	二十五日	四字衍
九	於至元	於字衍
	二更前後	四字衍
十	欽遵	欽遇
十一	治斷	二字衍
七背	初六日	三字衍
	御史臺	御史臺咨
八	刑部呈	刑部
十一	一例體斷	四字衍
	杖決	杖斷
十三	放火	二字衍
	係是	是字衍
	事干通例	四字衍
七 一	誠恐	竊恐
	看詳	二字衍
	今以後凡有賊徒	今後諸人
二	以及	二字衍
	宅舍者	者字衍
	若於	二字衍
三	以及	以字衍
	一切之物者	一切者三字衍
四	定論	二字衍
	依得	得字衍

月日 二字衍
五 物件 物價
六 雖係 雖是
九 又放火賊人倒 六字衍
十 十五日 三字衍
十一 山東路 路字衍
十三 所招詞狀 狀招
實因 實字衍
十三 心挾讐恨故將 挾恨將
背一 草房間 間字衍
參呈 參字衍
二 諸賊 諸字衍
三 以及 二字衍 五行同

四 盡屬 盡爲
五 如有 若有
挾公讐私怨 五字衍
六 居宅舍 居止舍宅
將放火 三字衍
七 斷決 斷字衍
因此 此字衍
八 如燒毀 三字衍
家財畜產 財物
十一 庶幾乎可使諸徒 則庶使賊徒
十三 准擬 二字衍
八 二 月日 二字衍
四 追審 追勘

	七	各處	二字衍
	八	欽遵	欽遵外
	十	六年	七年
	一背	父母	父祖
	八	富厚	富稅
		有錢	用錢
	九	尸骨	骸骨
九	八	各處	二字衍
		今以後	以字衍
		違犯者	者字衍
	十一	行省	行省劄付
	十三	周祖藏	周左藏
	十三	等物	等事

	一背	到官	二字衍
	三	等物是以	四字衍
	六	犀皮	犀皮
		當用	常用
	九	托子	槖子
	十一	又曾層二	又字衍
		詞狀	二字衍
	十三	免刺字	字字衍
	十三	若擬斷	斷字衍
		字科斷其餘從賊	七字衍
十	二	偷盜得金銀祭器一切	偷取祭器金銀
		罪屬重大萬	五字衍
	三	難與盜親屬之例比斷	難與親屬相盜之比

	雖然周月卿之犯係在	雖是犯在
五	九一	周九一
六	曆二等	等字衍
	偷盜訖	偷字衍
七	祭器等物分贓	器皿分張
八	今能三次掘伐偷盜	三次偷掘
九	詔恩	二字衍
十	同合	合同
	科斷	二字衍
	既犯如此惡逆之罪	既犯惡逆
	萬難令其	難令
背二	方應榮等	等字衍
四	刺字斷罪	刺斷
十一		
	從賊例	從賊一例
七	偷盜訖	偷字衍
十	首賊	首從
十一	施行下元本有三月初	九日路吏沈昱奉令史
	張必達承行二月廿七	札付二十三字墨筆添
十三	十九日	三字衍
三	賣的買	賣的買的

葉	行	誤	正
一	五	各官	各管
	十	禁夜	夜禁
	一背	行人	人行
	四	巡弓防手	巡防弓手
	十三	收補	收捕
二	四	又中書省	應另行
	二背	脫斡	斡脫
三	三	軍民	軍官
	七	地方	地分
	九	今復	今後
	十	遍行欽此	四字衍
	十二	合於	合干
	十三	放長	社長
	六背	違犯者	者字衍
	八	條內云云	條云云至云
	十	好閑者	者字衍
四	二	若令	若另
	五	驗事	事字衍
	八	督泐	督勒
	十二	燕只歌	燕只哥
	六背	櫃箱	箱櫃
	九	八作司正	八作司正官
	十	仔細收巡	子細搜巡
五	一	守留	守宿
	五	搜巡	搜尋

頁	行		
	九	再一等	加一等
	十二	軍官軍人	軍官軍
六		斷例二字應在	免罪上一格
	中縫	刑户十三	刑部十三
七	四	擬議	議擬
	七	法同	法司
	十一	尉縣	縣尉
	十三	令次	今次
	背三	差站	差占
	五	巡捕官	官字衍
	六	不致	二字衍
		奉到中書刑部鈞旨	奉到都堂鈞旨
		送據	據字衍
	九	該差	差字衍
	十三	把守	守把
八	三	不同	一同
	九	行臺都御史鈞旨咨	元作御史臺咨四字陽
		文與前	行平
		十一月	十月
	十三	說謊	說謊底
	背四	員等	二字衍
	五	與捕盜	與字衍
	六	各各	二字衍
九	三	在先	在字衍
		專設	設字衍
	四	差站	差占
	九	行同	

	六	今者	者字衍
	九	恐防	恐妨
	十一	准擬	准擬咨
	十三	二十五日	四字衍
	背二	差站	差占　三行同
		夜巡禁止	巡禁
	三	如今	如字衍
	八	獲捕	捕獲
	十三	並力	併力
十	十	頻並	頻併
	背四	司官	官字衍
		凡色目	凡字衍
	五	品給	品級
	十二	今令	而今
		的每	的人每
十一	八	就用	除就用
十二	五	員官	二字衍
	九	差站	差占
	十	施行	二字衍
	背六	奏的	奏底
		如或拏住	如拏住
	七	如像他每	如他每
十三	十	謂捉獲	謂如捉獲
	背三	二十一日	四字衍
	五	張德林	林字衍
		賊盜	盜字衍

十四

二　初一日　三字衍

七　承奉　呈奉

九　冠州　冠州

十　二更時分　四字衍

被盜　被贓

十一　版踏門　板踏門

十三　小管等物　小管等驢畜等物

十二背　年月　二字衍

十五

七　日月　二字衍

都臺御史定到　都省定到

八　照例　照字衍

十　行省　二字衍

不詳行　不詳元行

十六

十二　二十五月　四字衍

十三　云云　二字衍

欽依　二字衍

三背　指此　此字衍

本部　二字衍

七　照得　二字衍

十二　就放橫取　就於橫收

一　關照　照字衍

欽此　奉此

餘者　二字衍

三　准擬　二字衍

四　月日　二字衍

五　皇帝　二字衍

云云 元小字 六行同
六 類內 內字衍 七行同
又有 有字衍
十一 虛詞 虛調
十七
三背 賊伏 賊仗 後同
二 諸賊 諸字衍
四 准呈 二字衍
十三 獲得 得字衍
十三 送據 據字衍
一背 二十一日 四字衍
類內云云 四字衍
四 曹楨 曹禎 下同
六 寶鈔 賞鈔

七 舊例 舊字衍
十六
九 倉庫裏賊 拿庫裏賊
十 阿東 阿東
三背 弓兵義 弓兵民
十九
二 賞罰 責罰
九 二十三日 四字衍
十一 差站 差占
十三 御史臺申 御史臺教申
一背 站著 占著
五 欽依 欽字衍
根巡 根尋
六 諸人相 三字衍
二十
二 初八日 三字衍

三　備申　備字衍

四　一事　一字衍

七　奉上　上字衍

送據　據字衍

一背　捉捕　捕捉

四　咨請依上施行　六字衍

十　二十一日　四字衍

廿二

一　目前　自前

七　日內　日字衍

十　凡遇　凡字衍

四背　省湖廣　省字衍

五　搬喪　奔喪

回付　回赴

六　到得　得字衍

八　等件　件字衍

廿三

七背　十五日　三字衍

十二　賊自　二字衍

廿三

四　是至　是致

七　給案　結案

八　限內　限外

七背　延祐四年　應另行

九　云云　元小字

廿四

八背　移咨　移字

延祐三年　應另行

九　初五日　三字衍

十三　呈奉　承奉

頁	行	原文	校補
二五	二	在於	於字衍
	五	各處行省	四字衍
	六	二十九日	四字衍
	七	趙閏年	年字衍
	十	疾病	二字衍
		身前	生前
	四背	十年	目作七年
		十五日	三字衍
	九	本行後闕捕毆死人賊	同強盜罪賞一則六行
		應	補
	十	捕毆死人賊	捕放火人
		二十六日	四字衍
	十二	王淮房	王准房舍
		韓溫恭	恭字衍
二六	一	如有賊人	四字衍
	二	以及	以字衍
		物者	者字衍
	四	中書省准呈咨請所擬	中書省咨准擬
		遍行依上	四字衍
	五	二十五日奉到	六字衍
	六	據呈曹州路備狀申	據曹州狀申
	七	幢片察兒	幢廳察兒
		先鋒墳墓偷盜訖	先鋒墓偷訖
	八	器皿等物	器物
		捕獲偷盜	四字衍
		賊徒	捉賊徒

九 先是 是字衍

掘開墳塚偷盗訖 劫訖

十一 賊人 人字衍

十二 既已 二字衍

入土 二字衍

塋葬 營葬

十三 無事 二字衍

如何 二字衍

近有 却有

財物 財利

一背 屍骸 骸骨

不惟賊匪滋生 六字衍

切恐 實恐

二 將來 二字衍

三 今後 二字衍

開劫墳墓 劫墓

於已 於字衍

仝罪如 三字衍

四 與强盗 同强盗

同罪如 三字衍

與傷人同罪 同傷人

五 都堂鈞 都堂鈞旨

葉	行	誤	正
一		斷例二字應在四十七之上一格	
二		下層第一行酒記二字	元作洒記
		下層十一行放脫二字	元作脫放
	背	中間偽造行省印五字	應移下一格
		中間下層五月日	日字衍
		下層合出軍的出軍	的下漏交字
		下層毋得至故	耳下十五字衍
三	二	至元十五年月日	七字衍
	六	等情令	三字衍
	七	詐誘說者	詐者二字衍
		張斌對	對字衍
	九	戲訖	覷訖
		親女	親字衍
	十	對向	向字衍
		孫彌二人	孫彌等
	背一	安裏	安童
	六	詐偽	詐爲
	十	劄付	付字衍
	十三	至元至六日	十个字衍
四	一	八年三月二十一日	五年六月二十五日
	三	并文書者	并者二字衍
	四	所犯理	三字衍
		杖決	決字衍
	六	初九日	三字衍
	九	田粱	田粮

		都堂	省堂
	十	同吏	司吏
	背八	二十二年	二十三年
	九	近來	近者
五	六	胡士宗	胡仕宗
	八	十三日	三字衍
	十	得詐	得字衍
	十一	員充	元充
		不合於	於字衍
	十三	年間	間字衍
	背六	零七下	零字衍
	十	播州	瓊州
	十二	忽然	二字衍

六	六	劉付	付字衍
	七	一十三卷	一十三宗
		妄稱	妄申
		失去幸	三字衍
	八	俱已招伏	俱伏二字衍
	九	唐有孚	三字衍
		吳文惠二人	五字衍
	十二	似爲	二字衍
	十三	至元至八日	十一个字衍
	背一	周發福下同	周福
		中山等	等字衍
	三	該決	該字衍
	四	九月十六日	五字衍

		獲得	得字衍
	六	奏聞	聞奏
	八	合體	今體
七	六	禁治	整治
八	二	月日	二字衍
		奉到	到字衍
	四	死者	者字衍
	六	至元至月日	九字衍
	九	二十七	三字衍
	十	奉到	奉省
	十二	獲得	得字衍
	三背	酒記	洒記
	七	放脫	脫放
	九	初五日	三字衍
	十	陝州路	峽州路

葉	行	誤	正
一		上層諸人告罪者	應作諸告人罪者
		下層諸訴公事	應作論訴公事
		下層量罪輕重科斷	應作量事輕重科罪
	背	上層原告走了	應作原告人走了
		中間下層虛告人的	應作虛告論人的
		中間下層交者	應作交死者
二	十	申狀	甲狀
	背六	過差	過錯
	九	與寫	書寫
	十一	經赴	徑赴
三	二	本部	本臺
四	二	四款	目作五款
	十一	論解	諭解
	十三	看詳	看循
	背二	系囚	繫囚
	五	二十四日	四个字衍
	七	一切	二字衍
	十	詞訟	詞訟理斷
		恐有	二字衍
		者事發	三字衍
		由是仰諸	由是諸三字衍
	十二	民間詞訟	間訟二字衍
	十三	處依	處字衍
五	一	十七日	三字衍
	十	乞呈	呈乞

	十三	十五日	三字衍
		於二月	於字衍
	背十	二十二日	四字衍
六	六	本事	事體
	十三	十七	二字衍
		行廉訪	行字衍
	背二	節詞	飾詞
	八	止勸	止動
	十	初五日	三字衍
七	三	據便	遽便
	七	從公理斷	從斷二字衍
	八	備馬站	備字衍
	十	具狀	具字衍
		備由	備申
	十一	馬戶人	人字衍
		大德下漏五年典訖田	四十七畝有零年過滿
		不肯放贖其董應辰	自大德二十五字
	十二	十一年間	閒字衍
	十三	本縣	本字衍
	背二	縣該	該縣
	七	不讚	不諳
	十	紊亂	紊煩
八	二	人告	告人
	五	以及	以字衍
		不公者	者字衍
	六	欽此	二字衍

葉	行	原文	校改
	七	應訟	應訢訟
	六背	二月二十八日	六字衍
	七	一切	二字衍
	九	各處行省	四字衍
		施行	二字衍
	十	二十三日	四字衍
九	一	糧決	量決
十	六	誣人	証人
	九	遠遥	遠寫
	四背	各處下漏官司推勘鞫	問中間作威作福深繫
		利害宜與廉訪司	書吏奏差廿五字
十一	二	吉伊	告伊
	三	減視	滅視
	六背	二十九	三字衍
		福建省宣慰	福建宣慰司
	七	至大年	至大四年
		十一月二十五日	十月初四日
十二	八	歸到	歸對
	六背	多事	都事
十三	八背	奔赴	奔訃
十四	一	原告	元告
	二	二十一日	四字衍
	六	毋得照驗	仰照驗
	八	省判送據	省據二字衍
	十	跟捕	根捕
	二背	聞奏上位	聞奏過

十五	二	初四日	初四日省臺官
	三背	彭城	彭誠
		號今	號令
	六	札送	劄付送
		趙際	趙齋
十六	二	十九日	三十字衍
	三	司申	司令司申
	五	上頭	上項
	八	依弟	伊弟
	一背	詔恩	詔書
	四	掃刮	掃割
	八	二十五日	四字衍
	十一	招狀	招伏
	十三	恩義	二字衍
十七	一	王頭口	三字衍
		棄滅	滅棄
	二	不下闕應言	告罪犯五字
	三	都堂	省堂
十八	三	王乎	王平
	七背	近奉	近欽奉
十九	二	十五日	三字衍
	九	愛訖	訖字衍
	八背	十八日	三字衍
	十	不明	二字衍
二十	六	如今	二字衍
		衆百姓	衆字衍

	十一	御史及	三字衍
廿一	二	登位	登了寶位
		赦前勾當	赦前的勾當
	四	分陳者	分揀者
	七	只寫	則寫
	背七	斷放	斷做
	十三	三年	目作二年
		二十六	三字衍
廿二	十二	二十七日	四字衍
	十三	准都臺御史	准御史臺
	背五	赦免	釋免
	六	准擬	二字衍
廿三	五	應迴避	應合迴避

	六	二十二日	四字衍
	十三	詳令	許令
	背二	依上施行	四字衍
	三	不越訴	不論越訴
	九	依上施行	四字衍
廿四	二	麼道是	是字衍
廿五	二	九年	目作十九年
	六	羈伴	羈絆
	十	雖以	雖曾以
	背三	准擬	准擬外
	五	行省御史	行御史臺
	八	興訟	興詞
	十	名安	民安

頁	行	原	改
	十二	依上禁例	依例禁治
	十三	爭論	爭訟
二十六	十二	十一月十二日	六字衍
	背七	當片	當廳
	十三	執拒	抗拒
		自端	事端
二十七	三	不言	不爲
	七	之意	之義
		違理	違禮
二十八	二	五月二十五日	六字衍
		兵部承奉	兵刑部奉
	三	移咨	移字衍
	四	拆證	折證
		等事	二字衍
	五	揀著	著字衍
	八	七月初八日	五字衍
	背一	二十日	三字衍
二十九	一	若迫	苦迫
		大夫	大失
	三	都省	二字衍
	五	二十三日	四字衍
	十一	孩兒那	孩兒耶
三十	五	仰依上	三字衍
	背五	管民官	管字衍
	十	六年	元年
	十一	處約會	一處約會

葉	行	原文	校補
	十二	申院	申部
		本行後元闕一行廿二	字又一行爲處歸問斷
		者欽此	七字
三十一	一	遲慢	遲悞
	四	不憐吉久	不憐吉歹
三十二	七	本行後元	闕六行
	八	月日	二字衍
	九	事內	內字衍
	背一	約會省	約會着
	六	即該	即合
	十三	都臺御史	御史臺
三十三	十	交管民官	交字衍
	背二	二十八日	四字衍
		承奉	二字衍
	三	烏江縣	和州烏江縣
	五	公務事等	務等二字衍
		與同	同字衍
	六	如若	若字衍
		不至者	者字衍
	八	除出	出字衍
	九	在管	在營
三十四	二	除出犯在姦盜	除犯姦盜
		以及	二字衍
		有司處	處字衍
	三	邊相	二字衍
	四	繼絕一切事務	繼絕等事

		約會	約問
		倘三偏不到來	倘到二字衍
		歸斷下元	不空格
	七	照會施行	照會依上施行
	九	奏道	道字衍
		及完者秃	及字衍
	五背	百姓等	等字衍
	九	約會事	約會事理
	十一	御史	御史臺
三五	二	諸色	諸色户
	四	軍民官	官字衍
三六	二	月日	二字衍
	五	審問	二字衍
		者不妨	三字衍
	六	欽遵	二字衍
	七	二十一日	四字衍
	九	經有	有經
	十	亥凡	二字衍
	十二	司官	官字衍
	一背	公事者	者字衍
		歸問理斷	問斷二字衍
	三	如若	若字衍　八行局
	七	須得追那	得那二字衍
	九	別所	別聽
	十	官及	二字衍
	十一	並已	並已斷

葉	行	原文	校
	十二	卹合屬	卹字衍
	十三	八月初六日	五字衍
卅七	一	判札付	判字衍
	二	之日即便	四字衍
	十	要於本年即爲杜絕	要本年杜絕
	十一	日即	日字衍
		如違者	者字衍
		及廉訪司二處	及二處三字衍
		官下元	不空格
卅八	三	祁阿馬 後同	元作祈
	八	即因	即目
	九	土地 後同	地土
	背五	官自	背自
	八	爲理	違理
	十三	今後	令後
卌	五	初七日	三字衍
	六	幹脫	斡脫
	七	田户人郭已成	人已二字衍
	九	頭兒的	的字衍
		寫著元	作寫看
	背一	又禁撇無頭文字	應項格陰文
		二十三日	四字衍
	三	一張	二字衍
	四	商量	商量來
	十	他的	他底
		更須賞與銀	更與賞錢

陳氏校補

四十一

十一 寫的 寫底

十二 賞銀 賞錢

二 寫的 寫底

五 至大四年 應另行

六 寶位後 後字衍

九 十年 目作七年

二十二日 四字衍

准奉 奉字衍

七背 問有 間有

四十二

四 誣妄 誣枉

七 之意 之計

一背 恐以 恐習以

十 月日 日字衍

十三 徧省仰 三字衍

四十三

一 二年 目作三年

三 至大三年 應另行

四 二十七日 四字衍

七 反叛謀逆 反逆謀

首告 告首

八 議得下漏奴婢告主以 卑陵尊以賤犯貴甚傷

風化大失人倫如准 御史臺二十五字

九 十九日 三字衍

云云 元小字

十三 至大四 應另行

四十四

一 體察元 作休察

二 大勾當下漏 小勾當三字

三	臺裏	裏字衍
七	御史	二字衍
	又有	有字衍
八	滅犯	犯字衍
十	聽察	察聽
四背	照條	二字衍
	其如	如字衍
六	奏過	啟過
七	省裏要了肚皮	省要肚皮
	他每遮蓋著自己	他每遮蓋自己
八	有如自	三字衍
	以後	以字衍
十二	立來的定例	立來的法

	交趾監察御史廉訪司	交監察廉訪司
罡 一	奏者	啟者
	奏呵	啟呵
二	欽此	二字衍

葉	行	誤	正
一		斷犯	斷例
		違枉違錯係第一	格應有一橫線
	背	知事又權	知事文權
		除名不敘用	用字衍
二		私役係第一格影占弓	手係第二格應改正
		不應應例	不應應副
		脫囚係第一格失監罪	例係第二格應改正
	背	不即救補	不即救捕
		承告不即救捕亦屬違	慢罪其上應有一橫線
三	二	中書省	尚書省
	七	至元八年六月二十三	日十个字衍
	背一	三十七	二十七
	四	至元二十四年二月日	九字衍
	五	中書省申	申字衍
	六	目爲	因爲
	九	總管府	府字衍
	十二	研究	研窮
四	七	止緣	二字衍
	八	都臺御史擬斷	都省擬斷
	九	付劄	札付
	十三	御史臺	御史臺咨
	背四	斷決	斷字衍
	七	可疑者	者字衍
	八	到元元刼	到无元刼
	十	不合	不令

五

四 用再外徼　四字衍

五 銀兩　二字衍

苦主　各主

似爲　二字衍

縣尉　二字衍

十 招伏詞　招詞

背四 縣令　令字衍

五 債負因殺　債令殺

七 一角　一个

六

十三 二十六日　四字衍

二 李縣尹　李縣尉

四 縣令　縣尉

於至元　於字衍

八 牒放　牒發

十 牒發縣尉　發縣尉二字衍

十一 嚴刑　嚴字衍

十三 驗請　請字衍

背一 二十七日　四字衍

二 袁州路備　備字衍

三 縣吏　被縣吏

六 狀子　杖子

竟將　徑將

一十七下　一十下

七 又於　又字衍

九 施行　施行間

十一 赦免　釋免

頁	行	校記
七		恩赦　二字衍
	一	致因傷損　致損二字衍
	二	三人　二字衍
		銀兩　二字衍
	五	御史臺　三字衍
	九	葉五　葉曆五
	一背	據呈　具呈
	四	跟捕　根捕
	五	身死　二字衍
	六	余增六　余曾六
	八	脫囚　脫監
		若比條例　若條二字衍
	十	依定例　依例
八	十三	決杖　杖字衍
	一	以充　以字衍
		似爲　二字衍
		仰請　仰字衍
	二	一一　二字衍
	九	敘得　議得
	十三	用棍棒　用棒
	一背	但知爲吏竟不思量　八字衍
	五	打死驗作　打死作
	七	肯打　毆打
	九	不毆　不肯
	十一	竹破　打破
九	三	而反　二字衍

十三　肥鄉　肥鄉縣

二背　氣身死　氣病身死

三　要了　了字衍

五　赴本路　赴路

七　除出　出字衍

仰請　請字衍

八　依上一一　四字衍

九　三十　二字衍

閩福建　閩字衍

十　准呈　呈字衍

按察司呈　廉訪司申

十一　司使　使司

二　正月日　正月內

三　夫子　子字衍

不雪　二字衍

五　賊人　人字衍

八　鬻五賊　賊字衍

九　分付郴　郴字衍

十　等招詞　等招

韓國宣楨　朱國宣楨

十一　不招　元不空

因爲　二字衍

一背　朱國楨　朱國宣後同

二　恩詔　二字衍

九　追問　隨問

十二　明白　白字衍

葉	行	校文
	十三	病回 / 病危
		不到 / 不及
十一	一	代告 / 代首
	六	元招 / 无招
	七	出外 / 在外
	八	家中 / 二字衍
		銀數 / 錢數
	十一	三月日 / 日字衍
	背一	伊夫 / 伊字衍
	三	看驗詳 / 詳字衍
	五	罪輕 / 罪經
	十	匡乂 / 匡八
	十一	財物下漏武崗縣官吏 / 并管軍千戶張宣武節
		次取問得匡十一等一 / 十一名各招不合聽從
		首賊匡彈壓糾合行劫 / 孟弓手匡等四家財物四
		十九 / 字
十二	五	詔恩 / 二字衍
	十二	招伏 / 狀招
	背八	似爲 / 二字衍
		元問官 / 元問正官
	十三	令司吏 / 重出
十三	三	對歸 / 歸對
	六	狀伏 / 招伏
		違條例 / 違例
	八	九箇月 / 九个月餘
		直至 / 二字衍

保放　名保

九　至一十　至字衍

背四　呈奉省罰　呈依奉省罰

十四

四　魯文信　曾文信

九　詔恩　二字衍

十二　二十八日　四字衍

背三　欽遇詔恩釋免　罪經釋免

五　似爲　二字衍

七　初九日　三字衍

九　馬法大　馮法大

進問　追問

十　朱錄孫　朱祿孫

格前　革前

十五

九　詔恩　二字衍

十　亦難以議擬追徵　難議追理

呈奉　二字衍

此所　二字衍

十一　仰請　請字衍

十二　湖廣背一行同　胡廣

背三　明理於恩　明里于恩

貴縣縣　貴池縣

八　司吏周崇仁狀招　元陽文低一格

十　跟捉　根捉

十六

三　縣尹　縣尹等

六　湖廣　胡廣

背三　詔恩　二字衍

葉	行	原文	校補
	四	首領官	另行
	五	擬議得	擬字衍
	六	胡凱等所犯	胡凱等
	七	因傷身	身字衍
	八	推官	另行
	九	因爲雕	因僞雕
	十一	爲播擾民	爲擾民
	十二	致死	至死後同
十七	一	詔恩	二字衍
	二	路官	另行
	三	各各	衍一各字
	五	拏捉	拏字衍
	六	張胡哥	胡張哥

葉	行	原文	校補
	十二	赦恩	二字衍
	十三	總管府	府字衍
一背		府判官	官字衍
		等各	二字衍
		庶不致似爲	五字衍
	二	監押號令官	另行
	三	等各	二字衍
		各招伏詞狀相同	各狀招伏相同
		今已	二字衍
	五	總管府	府字衍
	七	以致傷身致死	因傷致死
		名各	二字衍
		幸遇詔恩原免	罪遇原免

頁	行	原文	校記
	八	官醫之前元有虛捏病	狀四字陰文自爲一行
	九	幸欽遇詔恩	幸詔恩三字行
	十	錄事司	另行
	十三	幸遇	罪遇
		獄典	另行
十八	一	司獄	另行
十九	二	九年目	作六年
	十三	敕恩	二字行
	背一	苦主	二字行
	四	原免	釋免
二十	五	只恁的	只恁地
	背二	敕恩	二字行　八行同
	九	即日	即目
二十一	三	二十三日	二十二日
	十	罪既遇釋免	罪經釋免
	十一	之後	之字行
	十三	過名似爲	四字行
	背十	檢司	檢尸
二十二	三	同劉提領	因劉提領
	五	司吏官徐禮	司吏徐禮等
	六	欽遇	罪經
	九	敕恩	二字行
	十	期年後	期年
	背五	勾喚	勾喚
	七	焦布	蕉布　後同
	八	人已	入已

葉	行			
二三	八	患病	病患	
	十三	詢因	詞因	
		幸得	二字衍	
	一背	赦恩	二字衍	十三行同
	二	訖下漏刑部議	得徐禮六字	
	十	忙哥兒	忙哥察兒	
二四	三	二十七	三字衍	
	十一	元調遣	无調遣	
	三背	加收	枷收	
	十三	官事	軍事	
		二十三	三个字衍	
二五	十三	約會省	約會着	
	二背	准狀	准伏	
	十	二十六日	初十日	
	十一	奏過州官	奏通州管	
二六	八	行條	二字衍	
	十三	有元	有无	
	二背	鄒本縣	鄒平縣	
		正伴兒	王伴兒	
	四	王喜兒	黃喜兒	後同
	九	王成	黃成	
	十一	攻作	攻字衍	
		跌打	踢打	
	十三	認著王伴兒右顋	於王伴兒右腮	
		耳根	根字衍	
	十三	詔恩	二字衍	

頁	行		
		邵平	二字衍
二七	一	均罷	均字衍
	二	似爲	二字衍
	五	准行	准擬
	六	二年目	作三年
		二十四日	四个字衍
	七	審鈔	審錄
	十三	罪經詔恩釋免	罪經原免
		合解任罷職	擬合解任罷役
	六背	色黑	黑色
	八	究問	窮問
		傷痕	痕傷
二八	五	實下漏本部議得番禺縣尹馬廷傑所十二字	
	十三	木把頭	木杷頭
		謝景德打死	謝景德打
	三背	若比定例	若定二字衍
	四	過名似爲	四字衍
		典史	另行
	六	爭田土	爭耕田土
二九	三	聖旨赦恩	四字衍
	四	過名似爲	四字衍
	五	皇慶	另行
		奉下漏江西行省劄五字	
	十一	議斷問	議斷問
	五背	取問	取問間
		元体	无体

頁	行	誤	校
三十	六	累經詔赦	累經欽遇詔赦
三十一	二	有巡失捕	有失巡捕
		三十年目	作三年
		二十一日	四字衍
	十	行省	省字衍
	一背	革賊	草賊
	七	赦捕	救捕
		五月二十二日	六字衍
	十	杖決	決字衍
	十一	擬杖	二字衍
	十二	遍處官吏以及	六字衍
		本路與府與	本路官與
三十二	二	二十六日	四字衍
	九	仰依上	三字衍
	十	元貞二年目	作至元二年
		二十九日	四字衍
	二背	州官七下	州官決七七下
三十三	四	總官	總管
	五	量行	量擬
		過七下	過七十
	八	役下漏朞年後降先職	一等餘准部擬今承見
		奉本十	七字衍
	十	王文德	黃文德
三十四	六	娣已	梯已
	二背	劉千戶	千戶劉源
		省准	都省准呈

三五	一	據目私役在	違例門後
	二	至大以下	十一个字衍
	六	仰逼	抑逼
	十	已於	已字衍
		二十五日	初五日
	背二	燒埋銀	燒埋錢後同
	八	這般作	這般做
		一一	一般
	十二	這禁	違禁
三六	三	民官下漏管軍官運司	官醫官管匠官十一字
	四	十七	十五
		他每約罪遇赦	他每的罪過遇赦
	五	斷罷	斷罪
	六	見任	見職
	十	十八日	三字衍
	十一	挑掘	挑撅
	十二	賠徵	倍徵
	十三	擬議得	擬得
	背一	縣尹	二字衍
		追賠	倍追
	二	苦主	各主
	四	二十七日	四字衍
	六	於大德	於字衍
		月日	二字衍
	七	舟沉	船沉
	九	均徵燒理銀兩	均徵銀錢

頁	行		
	十一	爲心	爲務
	十二	舟夫	船夫
	十三	赦恩	二字衍
		依條解任	依例解見任
		賠徵	倍徵
三七	一	元本此行後	重出一段
	三背	令依	合依
	七	一前件	一字衍
三八	二	二十六日	四字衍
	三	史美秀	美字衍後同
	四	關仔	閏仔
	十三	初五日	三字衍
	三背	決杖	杖字衍四行同
	四	是實	二字衍
	五	二年目	作三年
		二十九日	四字衍
	六	吉安路	吉州路
	八	却不	却字衍
	十	都臺	都省
		御史	二字衍
		杖決	決字衍
	十一	庫子	據庫子
	十三	施行	二字衍
三九	三	張私禮巳	張禮私巳
		虛揑著	著字衍
	四	汪鼎鈔	汪鼎等倒鈔

五　問照依分問　間照依分間

六　條例　條字衍

十　既已　已字衍

十二　詔恩　二字衍

如若　若字衍

十三　本臺議擬定在除名　臺擬除名

都臺　都省

仰請　請字衍

一背　二十三日　四字衍

四　議得戶　議得百戶

六　初八　二字衍

九　馬鋪　鋪馬

十一　詔恩　二字衍

四十

三　行省　行字衍

十三　官披　官被

管勾當　當字衍

五　若比舊例　若舊二字衍

四十一

九背　鈔造　抄造

十一　月日　二字衍

四十二

三　決擬　擬決

五　五月二十六日　六个字衍

六　來咨　二字衍

九　蔬菜　菜蔬

十三　當富戶　將富戶

交他　他字衍

交那　那字衍

頁	行	原文	校補
	一背	商量來	來字衍
	二	去的官	去的省官
四十三	七	體察	體覆
		災傷	傷字衍
	六背	另行	明白
		餘外	餘字衍
	十三	二年目	作二三年
		二十九日	四字衍
四十四	二	覆熟	伏熟
	七	詔赦	二字衍
	十	似爲	二字衍

葉	行	誤	正
一	二	雜犯	雜犯二
	背三	各決	決字衍
	四	四十七	四十七下
	十三	名下鈔	名下徵鈔
三	二	初九日	三字衍
	十	宋僧住	三字衍
	十一	准呈	二字衍
	背一	受囚鈔	受錢
		二十八日	四字衍
	五	聖旨	二字衍
	七	依條	依倒
	十	赦免	原免
	十一	此與	比與
四	三	如是看來	四字衍
	七	主首	主守
	十三	仰依上	仰字衍
五	二	十二日	三字衍
	六	斷遇	斷過
	九	常德路該管	常德路外
		請依上	請字衍
	十	十一月二十一日	七字衍
	十二	十二月	十一月
		二十日	三字衍
	背二	兩下漏內平州八撒兒	分訖鈔一百五十六定
		一十兩	十八字

六 詔赦 詔字衍

七 請依上施行 五字衍

八 二十五日 四字衍

九 奉到 到字衍

十二 蔡稍 蔡稍

十三 跟捕 根捕

六

一 大者及 火者及 後同

五 省府 府字衍

六 擬議 擬字衍

自至大 自字衍

八 賊人等 等字衍

九人 九名

九 者及 火者及 十行同

背

一 又兼 兼攝

二 並勘 併勘

三 詔恩 二字衍

擬解 量擬解

四 准呈 二字衍

請依上 卯依上

葉	行	誤	正
二	五	文到	二字衍
		如或	或字衍
	六	咨請	二字衍
	八	奏過	過字衍
	四背	督點勘	擢督點勘
	五	當二十五日	當月二十五日
	六	認識	識認　七行同
	七	無又	無人
		交付一	一字衍
三	三背	人例	人一例
	五	宋因用	宋國用
	六	鈔斷	鈔數
四	四	遼陽東	遼東
	六	拘奴	拘收
	七	得准	得先准
	二背	十一	二字衍
		二十七日	四字衍
	三	該譯	譯該
五	六	只將	止將
六	五	依定條例內	定條內三字衍
		數月	數目
	六	似爲相應都省准此	八字衍
		請依上	咨請依上
	七	二十六	三字衍
	四背	聖旨	二字衍

七

五　理合依准　理依二字衍
九　二十一日　四字衍
十一　在先的　的字衍
一　趕跟　根趕
十　送典　送與
外據　外處
十三　放學　倣學
六背　杖決八十七　斷八十七
七　定例　體例
九　杖六十七　杖字衍
十　官人每每　衍一每字
十一　斷罷了　斷字衍
十二　生議定　怎生議定

八

奏過　啟過
十三　二十七日　四字衍
一　七月門內　日字衍
四　到下漏頭疋別无屯田　耕種處所若不依價變
賣誠十　七字
五　變下闕　賣外二字
七　便爲　更爲

九

五　磁鉢　磁鉢
六　剜出　剜裂
八　部　省部
九　分贓賠到　分張陪到
二背　呈准　准呈

葉	行	誤	正
一		表第一葉誤多三十七	一格與第二葉不相應
		背面諸格位置又有	錯亂此葉應改作
二		夜禁下曆產有	應作產育
		禁刑下曆初二應作初	一二十五應作二十三
	背	賭博錢物下曆錢下漏	物字取官應作職官
		買賣毒藥下曆	買條應作買藥
三	二	二十四	四字衍日
	五	子收	於收
	九	法呵	發呵
	十一	賊人	賊每每
	十三	根甲	根脚
	背三	憑的	恁的
	六	三十一	三十年
		十六日	三字衍
	八	廣之	闊廣之地
四	三	依定	依倒倒
	六	務咨	務字衍
		官司	司字衍
	七	司吏	司官
	八	召其	召親親
		人識認	五字衍領去
		完斂	完聚
	九	依奉	二字衍
	十	二十一	三字衍
		江西行	江西省省

五

十一　河南行省　河南省

十三　十月日　日字衍

背三　傷殺　殺傷

十　賣契　買契

十三　陳告　承告

六　賊人　人字衍

七　賣去做　賣做

八　吳馬兒等　等字衍

獲促　二字衍

取訖了　取了

背六　元賣　元買

十　失檢察者　失檢察

十三　如知情　於知情

六

十三　人等處　人處

八　似爲　二字衍

九　四月　四字衍

二十八日　四字衍

背四　與人下漏以爲通例其　間有爭分家財或因妯

娌不睦便將弟妹過　房與人二十五字

絶棄　棄絶

十　通行　通同

十一　許凡　許兄

七

一　十五日　三字衍

三　依定例　依例

八

一　斷罪　科斷

八　各路　各處

行	元刻	校
十	二十八	三字衍
十三	申呈	呈字衍
	此實爲	三字衍
	之通論	之字衍
二背	典賣	典買
	追完	追還
三	途陲	邊陲
六	以致於願將	致將
七	聲勢	勢要
	典賣爲驅使	典買驅使
十	聲勢諸色目人	勢要諸色人
九 一	以致願將	致將
二	作爲	二字衍
	豈未知	三字衍
三	親屬等	等字衍
	聲勢	勢要
四	罪既	罪經
	欽遇聖詔	四字衍
五	空爲	官爲
七	二十五日	四字衍
十一	到官	官司
	地面	二字衍
十二	即行	即字衍
十三	本人	二字衍
三背	准此	准呈
四	仰依	仰字衍

	五	十八日	三字衍
		行臺	行臺劄付
	八	依在先定例	依舊例
	九	作爲驅使呼喚	作驅使喚
	十二	開食	關食
十	六	拿捉得	拿着
	八	爲由	二字衍
	九	呼喚	呼字衍
		依在前	依着在前
	十	禁出	禁止
	十一	服詳	照詳
		十月	十一月
	背三	二十七日	四字衍
	十二	罪既遇詔恩原免	罪遇原免
十一	一	以致	以此
	三	女子	二字衍
	五	依品官	係品官
	六	御史	御史臺
	七	咨請依上施行	六字衍
十二	一	典雇之雇	元通作雇
	二	二十九日	四字衍
	六	無力	不力
	七	五兩	五貫
	九	施行	二字衍
	十	十五日	三字衍
十三	一	理宜禁治	四字衍

四 豈有 二字衍
作主 二字衍
五 用心 二字衍
十一 急需 急用
背一 省上都字衍下漏府 仰依上施行六字
二 二十四字 四字衍
六 風薄俗敗 風敗二字衍
八 歸還 還於
十三 妻子 子字衍

十四

一 若謂 謂字衍
二 其自然 三字衍
四 之大倫 之字衍
所陳言論 陳論二字衍

十 誘至 誘致
背二 或因 或同 丁同

十五

十 錢財 財錢
三 禮數 禮教
九 以涉 似涉
比年以來艱實鮮食者 比年缺食
十三 准下漏呈咨請照驗 行移合屬九字
背三 詔恩 二字衍
六 似爲 二字衍
七 准此 准擬
行移合屬 四字衍
八 典賣 典買

十六

二 九月十六日 五字衍

葉	行	右	左
		十月二十五日	四月十一日
	三背	世宗	祖宗
	十	窮民	貧窮
	十一	本速魯蠻	木速魯蠻
		木忽	术忽
	十三	一日內	內字衍
十七	一	他每每字	衍一每
		者別相連	二字元
	五	至以下	十一元字衍
		部申	申字衍
	六	定例	定字衍
	九背	二十一日	四字衍
	十	文字譯	文字譯該
十八	七	言聽呵	言語聽呵
	十	分付	分付者
	十二	麼道	麼道欽此
	十三	馬牛	牛馬
		四月二十六日	六个字衍
	二背	民文	明文
	四	照依定例	依例
	五	如遇着必需用此皮貨	如遇必用皮貨
	六	似爲	二字衍
	九	四月	四字衍
		二十九日	四字衍
	十二	五月二十一日欽遵奉	五月內欽奉
十九	二	因馬	因病

二十

處	原文	校補
三	篤遠	遠篤
五	私宰	私殺
七	牛黃	水黃
背三	凡一切	三字衍
	人不奉	三字衍
四	在先定	三字衍
五	二十七日	四字衍
十	月日內	三字衍
四	執給	執結
六	都臺	都省
	御史	二字衍
	日間	間字衍
	與刑部尚書	與尚書省

處	原文	校補
八	原議	圓議
	定云今後凡有宰	定今後有私宰
	杖決	決杖
	一百下	下字衍
九	作付	作字衍
	杖決	杖字衍
十	本官	本管
	者杖	二字衍
十一	杖決	決杖
十二	若是	是字衍
背一	一一	二字衍
二	官告報待	四字衍
	然後	二字衍

四	恩免 恩字衍
	首告 告首
	充賞鈔兩 賞錢依例 仍依條例
	准呈 准擬
六	二十一 三字衍
七	河南行 河南省
九	偏多 偏字衍
	照得在先聖旨 照得先欽奉聖旨
十一	依條例 依例
	賠贓 倍贓
十三	在先 二字衍
二十二 一	似爲 二字衍
	准呈 准擬

二	十三日 三字衍
三	肉贓 肉贓 十二行同
十	依條 依例
十二	至於 二字衍
十三	着令 令字衍
	請各處 三字衍
背二	二月初十日 二月內
四	依定例 依例
八	寫遠 寫字衍
	不妨 二字衍
九	二十一日 初一日
十	凡有 二字衍
	覺察者 者字衍

頁	行	原文	校補
	十二	寫遠	遠寫
	十三	京路	京城
三二	五	三年目	作四年
		初一日	三字一行
	十一	一百下	下一字行
	十三	爲用之處	四字行
	一背	承奉	呈奉
	二	二十四日	四字行
三三	七	十五日	三字行
	八	中書	中書省
		権茶司提舉	榷茶同提舉
	十	移准	移咨
	十一	違害	違礙
	四背	二十二日	四字行
	九	依條	依例
三四	三	火爐	火燭
	六	延徹	延亂
	九	二十六日	四字行
	十一	斷得	得字行
		合該杖	合杖決
	十三	奉都省	奉省
		施行	二字行
	一背	二十九日	四字行
	二	江南省行臺	省字行
	五	又奉到	又准
	六	咨文	文字行

葉	行	校記
	八	沿燒 延燒
	十二	初二日 三字衍
三十五	二	清畫 倩晝
	九	房屋 房產
	背二	沿燒 延燒 五行同
	六	聖旨 一字衍
		似爲 二字衍
三十六	一	各區 各處
	三	黨惡 惡黨
	四	枷號 枷令
	八	送刑部呈擬 送據刑部呈
	九	遵依 除遵依
	十	燒徹 燒亂
三十七	九	欽此 欽奉
	十一	四齊日 四齋日
	背三	施行 禁治施行
	四	十一月二十二日 七字衍
		省准 省移准
	五	定昏 定婚
	七	禁日 禁忌日
	八	依在前定例 依前例
三十八	一	禁賭博目在 禁豪霸後
	二	禁賭 禁字衍
		初五日 三字衍
	六	比例 比斷
	背一	收監 監收

葉	行	原文	校
	七	各各	衍一各字
	八	場上	上字衍
		鈔銀	銀字衍
	九	作充賞	作字衍
		之資況	三字衍
	十	已經	二字衍
		奏過	過字衍
二十九	三	二十二日	四字衍
	七	葉鏊	葉林
	九	若便是依著舊例	若便依例
	十	並不	別不
三十	一	中統錢	中統鈔
		無錢	無鈔
	五	銀壺一箇	銀壺瓶一个
	六	著舊定條	四字衍
		杖決	杖字衍
		本部	二字衍
	十二	仍依舊例	依例
	一背	二十七日	四字衍
	四	元例須自	元行須是
	五	驗證	證驗
	十	各物	錢物
	十三	議得到	議擬
三十二	一	照行	二字衍
	三	二十一日	四字衍
	四	王佯兒	王佯兒等

十三　倘有　倘字衍

背一　盡行付與告人　盡付告人

杖決　杖字衍

三　須一體　須字衍

其餘仰依舊定條例　餘依舊例

七　杖決　杖斷

十一　依定例　依例

具已　俱已

卅二

六　詔恩　二字衍

卅三

十二　二十五日　四字衍

背四　家私　家貲

五　官司　官府

十三　痛行　初犯痛行

卅四

四　三件　二件

十一年　十年

十一月二十一日　十月日

五　省府　府字衍

七　據送　據字衍

八　仰請　仰字衍

卅五

八　奉申　申奉

十　都臺　都省

御史　二字衍

行省　二字衍

十二　更望　望字衍

背一　上下相交　上下交相

八　結交　交結

葉	行	校記
三六	八	督飭元作督勸
	九	巡警巡禁
	背八	承奉施行奉行
	九	望即二字衍
三七	五	理宜理應
	九	奴隸奴婢
	十二	二十二日四字衍
	背五	跟隨根隨下同
	十三	問諜間諜
三八	背三	無引元引
	六	准擬二字衍
三九	一	禁毒藥目在後禁聚衆
	二	十四日三字衍
	六	不識不知
	九	至元六年月日六个字衍
	十三	財賄財利
	背十	二十六日四字衍
		奉到到字衍
	十二	是年二字衍
四〇	三	至元以下九个字衍
	四	前有脫迷兒前者脫兒迷
	十	的人下漏七十八字凡四行應補
		並追並字衍
	十一	一百兩正正字衍
		作充賞作字衍
	十三	每每衍一每字

典章五十七 刑部十九 七

陳氏校補

合着假藥至街市　合假藥街市

背二　二十八日　四字衍

三　關爲　爲字衍

四　完澤篤元　作完者篤

五　凡有　二字衍

七　都臺府家　省部家

定例　體例

八　咨請　咨字衍

九　聖旨　二字衍

都堂　都省

鈞旨至省仰　十二字衍

十　欽依　咨請欽依

四十一　計十二種　四字衍

四十

二　二十四日　四个字衍

三　關爲　爲字衍

二十五日　初五日

四　員特　二字衍

每每　衍一每字

六　胡亂行醫用藥　亂行醫藥

七　體已前所定之例　七字衍

八　禁治　禁治呵

不惟以下　十一字衍

九　加嚴　二字衍

四十一　禁聚衆據目　在禁局騙後

二　月日　二字衍

部爲　爲字衍

葉	行	原文	校補
	八	二十五	三字衍
	背二	性亂	淆亂
	八	行錄事司	行下錄事司
四三	二	乘閒	乘間
		所係	所繫
	七	別事生端	別生事端
	十三	省府	府字衍
	背一	奉聖旨	三字衍
	二	准此	二字衍
	八	檮聖	禱聖
		已禁治	己嘗禁治
	十三	爲着	爲首
四四	七	評重二	許重二
	九	跟捉	根捉
四五	三	會經	二字衍
	四	又歷道	又字衍
	八	敘衆	聚衆
	十一	二十九日	四字衍
	十三	拜征	拜住
	背一	燕只於	燕只于
	十一	他每每	衍一每字
	十三	二十四日	四字衍
四六	背六	罰俸	罰俸鈔
四七	七	昭身	貼身
	九	賭博	賭撲
	十	欽憤	飲憤

葉	行	元刻	校改
		勝數	纏數
	十一	願玉	顧玉 下同
	一背	残珠	盞珠
	四	招誣	招証
	五	吉局騙	告局騙
	七	買田	賣田
	十	沈珍元	作冘珍
四十七	五	強盜	强賊
		潛形而	潛形隱面
	六	贓賠	倍贓
	七	更甚者	更字衍
	八	尤甚	尤爲
	十一	輕容	輕觸
	十三	咨刑部	咨送刑部
		杭州路	路字衍
	一背	設如	設法
	二	元徒	无徒
四十八	五	悲態	悲哀
		驟觀	聚觀
	八	成毀	戕毀
	十	比奉	批奉
	十三	十一月	十月
		二十六日	四字衍
	九背	月日	二字衍
	十	元圖小民	無圖小人
五十	一	禁行	施行

頁	行	原文	校補
		又端奉	又奉
	八	初二日	三字衍
		承中書	承奉中書
	九	御史呈	據宣徽院呈
	十一	四大天王	大字衍
	十二	仰欽此	仰字衍
	十三	二十五月	四字衍
	三背	相捕	相撲　六行同
	六	諸色人等	諸人
	七	付給陳告人	給告人
	十一	月日	二字衍
		行書省准中書來咨	行中書省准中書省咨
	十三	秤等	等秤
五十二	十三	斷五十七	斷決五十七
	九背	秤等	等秤
五十三	四	依部	照依部省部
		元降式樣製造	元降樣製成造
	十三背	諸捉拿	諸人捉拿
		加項	枷項
五十四	一	爲給付	爲字衍
	十一	划掉元	作撶掉　下同
	十三	赤琖	赤盞
五十四	二	月御史臺	行御史臺
	九背	神鬼	鬼神
	十	划龍船	撶龍船
五十五	一	等物	二字衍

陳氏校補

頁	行	原文	校語
五六		次欽	二字衍
	五	區處於	區處於后
	八	問船	開船
	背四	將馬匹	匹字衍
	五	犯人各杖斷	犯人杖
	七	二十四日	四字衍
		御史臺	御史臺咨
	九	一勾元	作不勾
	十	船錢	錢船
	背一	因此	因而
	八	欽聚	聚斂
	十	癡兒	癡男
	十三	六月日	日字衍
五七	三	二十一年	十一年
	五	的人每也合禁約	七字重出
	九	技藝元	作妓藝

葉	行	誤	正
一	四	十二款	十一款
	七	工夫元	作夫工
	十	必然	二字衍
	背四	令造	合造
		上位	有上位
	七	檢點	點檢
	十	移關下漏	工部二字
		尚書	二字衍
		每季一呈行省	季一呈省
二	十二	一切	二字衍
	一	檢擧究	檢擧究治
	四	虛籍	虛掛
	五	節用	薪用
	十	先保	先儘
	背三	科其	料其
	六	須急	須急差
		此條例	此例
	八	提刑按察使司	廉訪司
	九	匠人妄	匠人每
	十一	這般	這般說
	十三	刷出郥文卷	照刷出文卷
三	七	拖欠	拖兑
	九	三月十五日	五字衍
		承奉	奉字衍
	十	欽頒	欽奉

四

背二 餘豁 除豁

四 施行 二字衍

八 絲綢 絲紬

背一 不元 不无

依著 著字衍

三 在先 在字衍

五 官人 官人每

九 凡各處 凡字衍

五

十一 站裏 裏字衍

二 人每下漏罷了衙門交 工部官人每就提調着

來如今工部官 人每二十二字

六 二十六日 四字衍

行中書 行中書省

六

七 綾錦 錦字衍

十 至元十年月日 六字衍

十二 收支 放支

三 十六日 三字衍

十二 類吐 纇吐 下同

七

六 類絲 纇絲

九 辦驗 辨驗

背七 收頼 收頓

八

二 該各 各該

九 至元七年目 作大德七年

十三 緞疋 段帛

背二 金素元 作金索

五 中副 中幅

葉	行	原文	校補
九	二	管民官	官字衍
	四	其㦲	其物
		沒下漏官	止二字
	六	同縣	司縣
	十	皇帝御穿御用的	上位穿的
背	一	皇上	上位
		御穿御用的一般用	穿的御用
		只少	則少
	二	爪子	爪兒
		賣著	着賣
	三	背龍兒	背背龍兒
	四	行省處	三字衍
	五	交禁約休交休織龍兒者	禁約休織者
	六	十一月二十五日	十月十九日
		唯奉	奉字衍
	八	于第二日	于字衍
		水晶宮內呈奏	水晶殿內奏
	十	同籤事	事字衍
		一干官吏員	五字衍
十	三	十六日	三字衍
	四	呈奉	呈承奉
	五	恣意貨	恣意貨賣
		金素元	作金索
	六	綾羅	紗羅
		紗絹綢綿	絹帛
		并有	二字衍

使用的三字衍

買主元作賣主

七 誘騙愚人四字衍

在先二字衍

八 移關移字衍

及下并下

十三 中書中書省

緞綿段帛

背四 幅織幅闊織造

十一

十 計約酌量約量

十二 原議圓議

背四 如御用三字衍

綢綾二字衍

街市街下

五 禁治不禁治不嚴

六 綢綾二字衍

八 又元貞又字衍

九 文譯文字譯

十 條例條字衍

諸路路字衍

八托八托六托

十一 每幅每字衍

十三 不得同御用緞疋七字衍

十三

二 照得在先定例六字衍

三 仍然然字衍

四 不許造織繡不許織繡

葉	行		
		龍鳳	龍鳳等
	五	在已	在先
	六	今後合將禁治事理	今將合禁事理
	七	榜文	文榜
	八	計開	二字衍
	十三	二十八日	四字衍
	一背	尚書	二字衍
	二	不花	不華
		職烈門	識烈門
	三	撒迷	迷撒迷
	四	雙龍鳳答子	雙角龍鳳搭子
十三	二	十六日	三字衍
	三	上只	二字衍

葉	行		
	四	彩雲	雲彩
	五	不得用描金	不用金
		四月二十日	五字衍
		承奉	奉字衍
	九	蒙古文	蒙古文字
		索羅	孛羅
	十	凡諸人	凡字衍
	十一	交你	教您
	十二	二十六日	四字衍
	一背	府承	府字衍
	八	金後	今後
	十	二十三年	二十二年
		二十五日	四字衍

葉	行	原文	校記
	十一	至元二十二年	六字衍
	十三	以及	二字衍
十四	六	如見	如今
	九	賣酒的	賣酒底
		這的	這底
	六背	紗絹	絹字衍
十五	一	劉金	二字衍
	三背	牛皮馬貨顏料	馬牛皮貨顏色
	十二	行度	用度
十六	一	時估價休	時價估體
	二	准前	准前因
	四	估價	估體
	七	二十六日	四字衍
	十三	王金子	玉金子
	三背	二十五日	四字衍
	四	刑部	刑部呈
	八	欽依欽遵	欽此
	十一	未有	未時有
	十二	不賸元	作不剩
	十三	的人	底人
十七	三	六月二十二日	六个字衍
	七	觸憲	觸刑憲

葉	行	正	誤
一	四	修理	修造
	五	蓋起	蓋造
	七	依時	依得
	十	長官	常官
	背八	二字衍	在先
	九	舊例	定例
	十三	須合	相合
二	一	檢察	檢驗
	二	无體例	元體例
		作廿五年	十五年目
		三字衍	初五日
	三	院咨 六行同	院使咨
	六	聞奏	奏聞過
	七	三字衍	聖上欽
	八	堤堰	堤岸
		四字衍	二十八日
	背七	二字衍	今後
	十二	二字衍	提刑
	十三	仰字衍	仰行移
		仰依上	請依上
三	一	二年	元年
		四字衍	二十四日
	二	奉省劄	省劄
	背二	三字衍	十五日
	十一	依字衍	依例

頁	行		
五	二	二十一日	四字行
	十	有鈐束	有失鈐束
	十一	雇訖船	雇船
	背四	二十年目	作廿六年
		二十七日	四字行
	十一	行合屬	行下合屬
六	二	月行	二字行
	十二	二十一日	四字行
	十三	司使	使司
		依條例	依例
	背二	降得	照得
		聖旨舊定	四字行
	三	條例	條畫
	六	付茶	茶付
	七	欽依定例禁治	依上禁治
	八	車船人擋攔	幸船當攔
		依上	二字行
	九	至元以下	十二字行
		咨會	會字行
	十	正月上漏至元	二十九字六字
		十五日	十一日
七	二	初八日	三字行
	十三	名姓	姓名 背三行同
		元籍	无籍
	背一	保給	保結
	二	飯頭人等	飯頭等

頁	行	原文	校正
八	三	上下年月	上下半月
	五	二十四日	四字衍
	六	二十五日	初五日
	七	故意	二字衍
		搖至	欲至
		方停檐	才方停檐
		不及	及字衍
	八	勢驟	二字衍
	九	遭濟	遭字衍
		不知其數	甚衆
	十二	進呈	二字衍
八	二	餘人	餘户
	四	招伏業	招復業　十行同
	六	漕運同	漕運司
	七	關役	關役
	十	綱該官	該綱官
	十二	綱管	綱官
	六背	二十日	三字衍
	七	欽此	欽奉
	九	設立著	著字衍
	十二	奏手不及	四字衍
	十三	吏員	二字衍
九	二	二十二日	四字衍
	三	議得	擬得
	四	儉要	險惡
	七	稍撑駕	稍工撑駕

頁	行	原文	校記
		人等	二字衍
	九	時聖上欽定條	六字衍
	十一	各路	各字衍
	十二	仍自前者	仍前
	背三	百名	一百名
	五	凡遇	二字衍
十	一	二十八日	四字衍
	五	諸色	二字衍
	六	海內賊盜爲害	海賊爲惡
		應同	應字衍
		科斷	斷字衍
	十	諸色	二字衍
	十一	把執器械	執把器杖
	十三	即併力	晝即併力
		白晝	二字衍
	背一	執器械	三字衍
		并拆毀	并字衍
十一	二	黃河渡司官要化做甚	河渡司要做甚
	三	黃河河渡官司	河渡官
	四	每至	二字衍
	十二	追究	追解
	背九	貧苦	貧窮
		並不得	得字衍
十二	四	幹脫	斡脫　入行同
	五	人每夕	人每夕
	七	道歷	歷道

	八	如今	今後
	三背	初一日	三字衍
	四	尚書	尚書省
	十	馬合麽丹	馬合麻丹
		達魯花赤	做達魯花赤
		澉浦元	作澉浦
十三	十	提調官	提調者
	十一	總官	總管
		水脚淺	水脚錢
	十二	要的	的字衍
	十三	盜羅	盜耀
	二背	也下漏七十四	字凡四行應補
		事承以下廿行至有印	信係十四葉背十三行

		道等下之文	錯簡於此
	五	搠立增綏旗鎗號	搠立綏鎗旗號
	七	者詳	看詳
	十	阻澁滯	阻碍澁滯
十四	七	所當	所勾當
	八	蹸是實	蹸佑是實
	一背	欽奉聖旨	四字衍
	十三	禮法	札法
		道等下接十三葉背二行	行事承至有印信廿行
十五	四	得此下元有都省准擬	除外咨請依上施行十
		六	字
十六	二背	氈毯	毯氈
		硯車	硯卓

三　棹麻　卓床

四　年鋪錢　年銷錢

八　乞爲　爲字衍

十一　擬到　議到

十三　修理　修補

十三　實値價錢保給　實直價錢保結

十七

二　二十四日　四字衍

四　分坐　坐分

九　衙門廨　衙門公廨

背一　宅房院舍　宅院房舍

八　價錢　錢字衍

九　自今　二字衍

補修　修字衍

以及　二字衍

細寫明文　四字衍

十　上司後文　上司明文

十八

二　都臺鈞旨議得　都省議得

三　委實係是官員公廨　委是係官公廨

五　二十二日　四字衍

六　御史　二字衍

九　去其　其字衍

使過往安歇　使臣安歇

背四　二十五日　四字衍

六　宋時　時字衍

飯付　飯附

今有　有字衍

葉	行	原文	校補
	七	糾工	二字衍
		之勢	去處
		若再	再字衍
	八	似爲未便	四字衍
		今已	除已
	九	如有	二字衍
		倒去處	倒榻去處
		合於	合干
	十	係一體	亦係一體
十九	一	廉訪司	廉訪分司
	八	地所	他所
	九	二十八日行	五字衍
	十	肅政	二字衍
	十一	民等	等字衍
	三背	員所	二字衍
		自行	自合行
	十一	十一月二十一日	七字衍
二十	五	施行下灞再送據户部	呈合行依禮部所擬具呈
		照詳得此都省咨請	依上施行廿六字
		初九日	初六日
	十三	如此絶	如此可絶
	五背	中准	申准
	十一	依上	二字衍
	十二	係是官員房舍	係官房舍
		十二月二十日	六字衍
二十一	二	以親買	以親就買

背三	而今而後	今後
	房宅舍	房舍
四	官司	二字衍
六	初六日	三字衍
十	萬壽	壽萬
三十 二	交住	交字衍
八	合修理	合修理的

葉	行	誤	正
一	四	擾民	擾民者
	五	凡貼書	凡字衍
	七	村主上漏諸	字陰文另行
		村坊	坊村
	八	依著	著字衍
	九	不系	不繫
	十	系著 背二行同	繫著
	背二	系腰 下同	繫腰
		如諸王	如今諸王
	六	二十六日	四字衍
	九	頻擾	頻擾
	十一	御史臺	臺字衍
	十二	請依咨請	咨請依上
	十三	十一月二十八日	十月十八日
二	三	妨害	妨碍
	八	俱有	俱於
		色銀	包銀
三	六	禁納	禁約
		初六日	三字衍
	十二	這般	這字衍
		除去	去字衍
		須照	二字衍
		在先舊所欽	五字衍
		定例	體例
	十三	其餘的	其餘底

行	原文	校
	地田	田地
一背	間人	閑人
二	出應	二字衍
	衹候	二字衍
五	系帶	繫帶
	中服色類内	中内二字衍
六	二十六	三字衍
八	於大德	於字衍
	衲袄	衲襖
九	本末鈔兩	本朱鈔
十一	別無	並無
十三	元職	无職
四 三	末鈔	朱鈔

行	原文	校
	行省處	處字衍
四	各處行省	各省
五	官司	二字衍
	自今以後	今後
	須得覓那摘委	須要摘委
六	不致有悞	四字衍
七	准此咨請依上施行	准呈施行
九	二十二日	四字衍
十三	須差遣	須遣二字衍
一背	出差	差出
六	委吏	差委
	長官下漏捕	盜官三字
	苟非	苟字衍

葉	行	校補
	七	如有 二字衍
	八	呈省施行 施行二字衍
	九	回繳納 回納
		二十四日 四字衍
	十	於至元 三字衍
	十一	宿房子 宿的房子
	十二	那人若是有了罪過 那人有罪過
		便不要 便字衍
五	四	前來 前字衍
	六	係過行 你遍行
		投下入去 投下投入去
	八	二年目 作三年
		十一月二十一日 七字衍
	十	牒詳 牒看詳
	十二	其餘 餘字衍
		各有欽定之額 各有定額
	一背	定其戶永充官 定其厶戶永充厶官
		祗應緣 祗應後緣
	三	付衙祗候 付厶衙祗候人厶
	四	也遠 地遠
	八	此也 也字衍
	九	父子母妻 父母妻子
	十	勿由 弗由
	十二	忍氣百端取 飲氣百端漁取
六	一	固滯 滯固
	二	設因 設用
	三	

人等 等字衍

三 陳奏 二字衍

每一季調換 季一調換

四 若不奏明禁攷 若不禁攷

五 國家 二字衍

政事照刷 政事亦宜照刷

各路 路字衍

六 每季 每字衍

八 不言然 三字衍

言處 處字衍

雖不而害事實甚 雖不害事實大

十 爲此 然此

仰照 仰字衍

十二 准呈 准此

衙門 二字衍

十三 政下漏弊出 多端四字

使計至王化 十五字衍

一背 司官 官字衍

於每季 於字衍

一若 若字衍

七

九 合說 合設

八背 監禁獄 監禁獄卒

理詞 詞理

十 今以後 今次

八

六 繁亂 紊亂

十 照會 照驗

綱目

葉	行	誤	正
一	三	頒行四方	板行四方
	十二	照制	照刷
二	八	職官犯姦	元不空格
	十三	造作下漏工	役二小字

目錄

葉	行	誤	正
一	六	上字應在五	行太字上
		加字應在本	行太字上
	八	阿撒等詭謀遭誅七	字應在本行詔書上
	十背	宣政院	宣徽院
二	五	上曆至治二年	元作至治元年
		隔越行移	有目無書
	九	下曆闕住罷	封贈一目
	一背	有姓投下二條	有目無書
	三	延祐年	延祐四年
	十二	吉敘	告敘
三	三	七年	六年

卷	頁	內容
	六	下層闕劉萬户奔繼父喪一目
	七	站提領一條有目無書
	十三	至治二年一條有目無書
	一背	漢人追封一條有目無書
	三	吏員依舊一條有目無書
	五	典史張思敬一條有目無書
	六	元年 二年
四	十一背	下層闕茶課添力辦納及不得拘奪運茶船一目
五	十二	下層闕蟲蝗生發申報一目
	六背	災傷攢造二條有目無書
六	一	結絶上漏隨時二字
	七背	此後有祭祀社稷體例及添支各項祭錢二條
七	五	達魯花 達魯花赤

卷	頁	內容
	一背	此後有奴兒干出軍及肇州屯種二條
	三	罪囚 斷囚
	五	諸姦書在諸毆後
	八	拯盜條書在偷頭口後
	十	使物 主物
八	三	未出免刺 未出倉免刺
		延祐五年 皇慶三年
	六背	獲犯 獲賊
	八	賊例 賊罪例
	九	罪例 賊例
九	六	遷徒 遷徙 背五行同
	八	邱縣尹 丘縣尹
	七背	下層闕户計司相關詞訟一目

頁	行	校記
十	十	僧俗相犯一條 有目無書
	十一	打死馬 打死馬疋枉勘賠價
	二背	管民官一條 有目無書
	四	人口逃軀之間 應有一直線
	七	元年 二年
十一	四	遷徙 遷徙 下同
		不放 不赦
	五	潑皮一條 有目無書
	十一	借辦 借辦
	三背	遞鋪門書 在兵部末
十二	二	大全 二字衍

葉	行	誤	正
一	背十三	稅銀	税粮
二	背一	依收捕	依例收捕
	二	王化	王政
	四	科學	科舉
	九	十一	二字衍
	十	之內	之義
三	一	應於	應干
	五	之本	之德
	背六	頻仍	相仍
四	二	失限	失陷
五	二	濫鋪馬	濫給鋪馬
	背七	增自作	增自作增
六	背二	才高德邁	才德高邁
	六	設法	從新設法
		於戲	另行
	八	至意	至懷
	十三	殊卑	殊乖

葉	行	誤	正
一	三背	伏乞	伏惟
	六	家制	定制
	七	奏事諸司	奏事然諸司
	八	違背	背違
二	四背	於此	如此
	十一	不可謹	不可不謹
三	五	馬剌忽	馬剌忽的
	八	轉多了	展轉多了
	一背	屢次元	作累次
	九	依舊	依着
	十	行下漏呵怎生	奏呵奉六字
四	三	您省官元	作恁省官

葉	行	誤	正
	九	合於	合干
	十一	根底	根底告的
五	十	格前	革前
	十二	歹人們廝廝做做	歹人每廝做做
	四背	省文書	省家文書
	十一	有人	交人
七	八	百姓們	百姓每
	七背	元體例	无體例
八	四	體入去	休入去
		阻壞 背十行同	沮壞
	七背	恁根底 十三行同	您根底
	十	罰撒	扎撒
	十三	意在	在意

九	背五	說我	說有我
	八	百姓的每	百姓每
十	九	按門	按問
	十一	既受理	既係受理
十四	十	宣慰呈	宣慰司呈
	背三	驗得	照得

葉	行	誤	正
一	四	名器	名爵
	十	的人	人的
	六背	今史	令史
	七	生受	好生
		合照	合交
二	三	再有	有字行
	七	更礙	更礙着
	十三背	不教	二字重出
		委付	委付這般
		體例行	體例行呵
三	二	江浙行省	江浙省
	七	闍奉	欽奉
	九	招狀	招伏
	二背	追到	追收到
	三	罪擬	罪犯量擬
	十	招覆	招伏下同
四	五	照得	刑部照得
	六	本部呈先准中書	省劄付十字重出
	十一	五月	二月
		學士	學士奏
五	六背	鈔到元通	作抄到
六	三	行下漏省每季類咨都	省仍令上項已委路官
		時復點勘倉庫見	在如中間廿六字
	六	無礙	无得
七	二	中書咨	中書省咨

葉	行		
	五	欽此除此	欽此
八	一背	試驗下漏敎	官內三字
	六	直學	學字衍
十	一	據目醫官	在儒官前
十一	四	提調	提領
	六	監例元	作監倒
十二	八背	省劄燒了	省劄已燒了
十三	六背	俱在	俱有
	九	擬令	擬合
十四	二	吏部	吏部約會
十五	六	來子	來了
十六	十三	再行	舟行
十七	十一背	子孫	子男
十八	一	除劄	除已劄
十九	六	別元	剏无
	二背	初日	初十日
	四	施行	依上施行
	五	部議	部擬
二十	六	皆見月爲理	五字元小注
	一背	與軍官	即與軍官
	十二	通例	通制
二十一	八背	准擬	都省准擬
	十一	列奏差	劉奏差後同
二十二	一	管理	管領
	十三	奏差	劉奏差
	三背	山西	山東

頁	行	原文	校文
	八	詳看	看詳
	十	祇候	祗候
二三	七	劉萬户奔繼父喪	毛本闕此條諸本不闕
二四	二	江西	江浙
	十	顧問	顧問
	十一	四月	十月
二五	七	五月	正月
	八	免征	免徵
	十二	官人	官人每
	二背	計典	計點
	八	又云	又大字
二六	七	提調	提領
	八	罪過	罪遇

頁	行	原文	校文
		依擬	已擬
	二背	宜於	失於
二七	六	激功	激勸
二八	十一	宣史	宣使
二九	九	文資	升文資
三十	三	學子	擧子
	十三	典史	典吏
	三背	公事	官事
三二	八	務須	務使
	六背	部總管	都總管
三三	四背	依照驗	仰照驗
三五	四背	典司	典史
三六	一	告敘元	作告係

六 無十箇月 九十个月

十 未除 未受

背爐户 九竈户 後同

葉	行	誤	正
一	四	鈔到元通	作抄到
	八	勘酌元通	作斟酌
	三背	借債	借倩
	十一	袁州路	袁州路官
二	十一	二升	二斗
	三背	段正	叚正
	十	潤麪	濶面
	十一	不得已	不獲已
三	一	主首下漏	社長二字
	二	土田	田土
		耕種者	者字衍
	九	不似	不依
	四背	加糧	加量
四	十一	官例	官吏
五		三十七格別	事元作別仕
		六十七格別	任元作別仕
		七十七格一	等元作二等
	十	中書省三字元	在延祐五年上
	一背	檢閱元	作檢閘
	十	復審	審復
六	十二	前任	見任
	七背	檢閱元	作檢閘 下同
	八	閱出元	作閘出
	十三	據前因	今據前因
七	一	褌鞻	褌麥

八	五	未未 曽嘗
	十	鈔鈔 板報
	五背	紙紙 坯壞 後同
	十	僞僞 鈔抄
九	七	書畫 填填
	十一	字字 號樣 號
十	四	野野 里書 牙牙
	六	上依 字上 衍
十三	二	關開 收收
	二背	卑卑 庫府
十四	二背	紙紙 札劄
十五	三背	竈爐 户户
	十二	唯難 復復
十六	二背	革格 前前
	六	至云 係云 小至 注
十七	六	沮阻 壞壞 虧弓 兑兑
	七	官官 吏吏 人等 等
	八	作阻 沮壞 壞元 通
十八	十	根根 底底 均到 到
	一背	逐遂 旋旋
	二	價價 錢銀
	八	怎怎 生生 奏奏 呵
	九	文榜 榜文
十九	五背	銀銀 錠定
二十	一背	欽欽 遇遵
		抄鈔 家家 産産

	三	末未 抄鈔
	四	合合 給糾
	五	激激 勸功
二十一	六	指指 拳投
	十一	三三 十十 斤七 觔
	二背	運運 使司
	十三	秤稱 盤盤
二十二	一	菉蘇 蕪蕪
	二	虧弓 兌兑
	五	每淹 引鹻 淹每 鹻引
	八	魚魚 鹽鹻
	九	封封 艙船 須須 經從
	十	淮准 浙浙

	十二	澁澁 滯商 商旅 旅
二十三	九	運運 使司
	十	提提 舉舉 司
	一背	作虧 虧空 官元
		要要 額添 上額 添 額
二十四	十三	運運 使司
二十六	二	止止 依從
	三	榷權 茶茶
	七背	攢攢 攔欄
二十七	三	斟勘 酌酌
	八	課報 數數
	二背	榷攢 茶茶
	十	門衙 字門 衍

二十八	六	數目	數多
	十一	官事	公事
二十九	四	行省	行臺
	七	取曠	取礦
	五背	咨江西	移咨江西
三十	七	微私	徽利
	十二	古人	告人
	四背	之酒	造酒
	十	貨物	物貨
三十三	三	爐户	竈户
	三背	原買	將原買
三十四	六	呵哈	阿哈
	八	全料	全科
	一背	近至元鈔	折至元鈔
	九	官糧一斗添二升	應另行項格陰文
三十五	一	一年有	一年有收
		租了	租子
	四	添科	添科呵
	十	買鈔	價鈔
		回回當差納包銀	應另行項格陰文
	三背	念祝壽	念經祝壽
	四	放糧	放良
		鈔數	抄數
三十六	八	百姓每	百姓每的
	九	爐户	竈户
	十二	拘當	均當

	一背	奉中書省	准中書省
	二	錫塲	銀塲
	十	折革檢閱	折草檢闡
三十七	一背	民人	人民
	九	於一月	預於一月
三十八	二	所役	所欲
	五	定奪	差定
	十二	定備	足備
三十九	八	收放	牧放
	九	桑菜	桑菓
		樹木	樹枝
	十一	縱放	牧放
		田禾	二字衍
	十背	今後	今歲
	十一	出蟰	虫蟰
		並力	併力
四十	三	本處元	作■處
四十一		表闕橫線且有	錯漏應改作
四十二	二	將他	將地
	四	無價	元價
	十	本呵	本主呵
四十四	七背	罪過	罪遇
	十三	看詳司	看詳有司
四十五	三	廉訪司	廉訪分司
	七	弊字下適爲元本一	葉盡處當有闕文
四十七	十	普晉路	晉寧路

頁	行		
	四背	婦家	歸家
四八	二	常便	長便
	一背	悔親	悔者
四九	六	准已婚	合准已婚
五十		表分六格	應加横線
	七	中書咨	中書省咨
五一	三	據陰州	據得陰州
	九	賊盜	盜賊
	三背	首寶赤	昔寶赤
	六	劉阿王	并劉阿王
	七	額使	額便
	十一	段吉秀	段集秀
五三	四	依上	照驗
	八	侍養	侍養
	十三	繆阿美	繆阿賢
	一背	原情	厚情
五四	一背	本犯	所犯
	七	呈奉	承奉
	九	本官	本管
		孛蘭溪	孛蘭奚　後同
	十一	憑小山	憑小三
		軍人王	軍人小黃
	十二	借到	二次借到
五五	七	致挾恨	致字衍
	八	前任	見任
	十三	罪犯比	罪犯比例

五

背違例倒換

違例三次倒換

本官

本管

文契下漏多

取利息四字

六

罪過

罪遇

完論

定論

葉	行	誤	正
一	背二	聖旨	奉聖旨
	四	行臺	行省
	六	乞合不花	乞合不花 後同
	九	差承	承差
	十一	罪犯	罪犯通事
二	一	苗民安	苗明安
三	四	省禮	省劄
	六	云儒官服色全例	七字元小注
	七	合行	合用
	九	延祐三年	目作至治二年
	十	劄部	禮部
四	四	觀裏	觀禮
	十二	據學	據路學
	背三	痴想	痴態
五	九	江妙遠	汪妙遠
	背一	刑議得	刑部議得
	八	大常	天常
六	一	祭祀一門爲毛本	所闕諸本不闕
	背三	社稷	社壇
	十三	檢點	檢照
七	二	四門元	作回門
	三	一尺	一丈
	八	據諸本此後尚有添支	各項祭錢一條應補

葉	行	誤	正
一	五	詹事承	詹事丞
	七	有事	有是
	九	啟可下漏那般	者麼道五字
	九背	即啟奏	啟奏
	十	局項	逐項
二	二	在衛率	左衛率
	三	新文書	新行文書
	五	衛率	衛率府
	七	放伊還	放還
	八	那軍户	那宇衍
	十	安馬	鞍馬
		備軍錢	出備軍錢
	十背	經直	徑直
	十三	有商量	有俺商量
三	一	體交	休交
		安下之下漏索要物件	者麼道嚴加禁治着若
		有他每的房子	裏安下廿二字
	二	廉訪司體察	肅政廉訪官人每體察
	四	本户	本千户
	一背	開用	闢用
	四	指除	揹除
	六	十四日	初四日
	七	俸錢内	俸錢裏
	九	那頭	那上頭
	十二	官下漏人每筵席可自	已氣力裡做筵席者他

		每管着的已下	衙門官廿四字
四	三	指除	揹除
	四	董中奉	詹事丞董巾奉
	七	收賣	販賣
	八	繁慢	煩擾
	九	築楚	箠楚
	六背	這回	追回
		牛隻	牛畜
	八	倍價	陪價
	十二	人役	入役
		農事	農業
五	二	十五日	二十五日
	三	揀選	選揀

	七	頭里	頭裏
	三背	元問	无問
	六	收者	妝者
	七	農工	農務
	八	十九日	初九日
		依飛放	休飛放
六	三	左右手	右左手
	五	二十日	二十八日
	六	散木歹	散术歹
		兩人	兩个
	九	有循	看循
	一背	董中奉	詹事丞董中奉
	四	置貨	置買

	七	餘買	糴買
	十	毛毡	毛氊
	十一	稍載	捎載
		補置	補買
	十三	禁約	嚴行禁約
七	一	各軍官人	各管軍官人
	四	千户下漏雖	不自犯四字
		束下漏及有告發	不行理問八字
	十	董中奉	詹事丞董中奉
	十二	札也	扎也後同
	十三	合設	合該
	背三	照得	又照得
		二月	三月

	四	高扳都兒	高拔都兒
	五	閒虞	閑虞
	八	這般的有	這般有
	十三	且守且耕	且耕且守
八	一	昇倉官	并倉官
	九	供以	俱以
	十	而得其安	得其安
	十一	似爲軍官兩便	似爲官軍兩便
	十三	董中奉	詹事丞董中奉
		候陳	挨陳
	背二	延祐上漏延祐七年革	後稟到軍官和役軍人
		等例十六字	項格陰文
	八	並益	並已

九	四	除管軍	除管軍
	十一	十一月二十六日	十二月二十七日
	一背	施行	施行相應
	二	買闕	冒闕
	三	指除	指除
	四	十二日	十一日
	五	並求	並未
	六	點降	黜降
	十	盤川	盤纏
十	六	此後應補拘刷逃軍及	代替軍役一則廿一行
十二	二	赤站	站赤　三行同
	四	七月日	七月初九日
	六	提調有	提調有來

	八	奏呵下漏那	般者三字
	八背	飯食	飲食
	十三	札付云	云小注
十二	四	六年	目作七年
	六	腹里	腹裏
十三	五	鋪馬里不肯	鋪馬裏不曾
	八	怎生	怎生麼道
		近來	來近
		奏呵下漏那般者各枝	兜裏各衙門裏交知道
		的文書行者麼道似在	前的不揀是誰殁了鋪馬
		裏將出去的休奏	者麼道四十二字
	十一	收拘	拘收
	十三	咨下元有該准	中書省咨六字

二背 寺院里 寺院裏
五 了罷 罷了
九 後西番 今後西番
十 檢予 撿子
十三 六年 目作七年

十四

三 追懲幹脫 追徵斡脫
四 這里 這裏
六 取要 取要了
七 回來者 者字行
疋鋪 疋鋪馬
八 回來的 的字行
九 列明山 劉明山
十三 受擬 定擬

六背 職者 識者
七 阿下漏那般 者麽道五字
此後闕貼書冒騎正官 鋪馬一則十四行應補

十五

一 據目錄此門 置工部後
一背 大憲司 大字衍
三 延祐六年 目作至治二年
四 杭州 撫州後同
五 急遞鋪 急遞鋪舍
八 多行 多將
文封皮 文字封皮
反於 及於
九 走傳 走遞

十六

一 准此下漏伏請照 詳准此六字

二 里程程限
里路程限

五 紊繁
紊頻

葉	行	誤	正
一	四	各處	諸處
	一背	奴兒	奴兒于
	四	教輕者	較輕的
	六	行依	行移
	九	通行	遍行
	十	擬下漏除外合下	仰照驗欽依九字
二	二背	每賊	賊每
	四	一百	一百七
	五	掠買	元另行
	六	詐雕	元另行
三	六	褌捲	褌摟
四	六	研究	研窮
	七	贓伏	贓仗
	八	本問	舉問
	一背	若死	若使
	七	係囚	繫囚
五	一	元治中	无治中
		差撥	差發
	二	監禁	監禁的
	四	奏可	二字衍
		世祖上漏安童官人坐	着省時奏過那般者委
		付麼道	十七字
		皇旨	皇帝聖旨
	十三	不服	不報
	三背	不討	不詳

葉	行	札記
	五	文牒申牒
	六	辦白辦明
	十一	無問元問
六	十一	初一日初二日
	十二	周篋傳周篋博　後同
	十三	問得問得首賊
	一背	聚衆同謀同謀聚衆
	三	王茂可黃茂可　後同
	五	劉茂周劉懋周
	七	妖言妖文
	八	武積武楨
		拷打拷掠
	九	接受文接受闕文
	十一	系破繫破
	十二	二十日欽奉三十日欽遇
	十三	江南行臺江南道行御史
七	八	釋放疎放
	十三	之責之職
	一背	械杻枷杻
		看視看治
	四	之職之責
	九	本行後闕巡尉司囚月申一則十行應補
八		表前葉闕横線後葉横直格不相應應改作
十	三	中書省中書省咨
	十	無致毋致
	十一	巡儆督捕巡警緝捕

	一背	過悔	悔過
		却爲	即與
	十	出軍	交出軍
十一	九	賊盜	偷盜
	一背	徒年半	徒一年半
	六	的賊	賊字行
	九	盜賊	强盜
	十	減一等	減一年
	十一	除籍後	除籍之後
		據目此後有整盜未盡	事例一條今在十七葉
十二	四	卑幼别居	别居卑幼
	六	免追贓	免追陪贓
	八	相當	相盜
十三	一背	准擬下漏咨	請依上四字
	四	十八日	十六日
	六	五定	五兩
	九	若使徒刺	若使刺徒
	十一	偷盜得	偷盜伊
	四背	盛銀印匣	盛印銀匣
	七	估贓例	估贓依例
	八	移咨	移准
	十三	罪已	罪犯既已
		擬本賊	擬將本賊
	十三	准擬下漏咨	請依上四字
十四	五	先偷	先盜
	六	首告	所首

		糾罪	科罪
	八	已斷訖	罪已斷訖
		相應下漏具	呈照詳四字
		本行後闕偷船賊斷	例一則八行應補
	十一	花毡	花毯
	十三	右臂	左臂
	一背	事刺訖	事發刺訖
	二	來對	歸對
		得免	釋免
	五	事跡	字跡
十五	二	銀米	粮米
	四	俞住子	喻住子　十一行同
	五	二十五兩	三十五兩

	九	連倩	轉倩
	一背	難以	難議
十六	三	王耕一	黄庚一　後同
	六	招詳	照詳
	九	准擬下漏容	請依上四字
	十	二十一日	二十二日
	三背	刺米	剩米
	十	議得	議得賊
		家所	二字衍
	十一	工錢	工價
		牛犯	牛隻罪犯
十七	二	事理	事例
	四	五年	元年

七 土民 土居
八 七年 元年
十 輕斷 經斷
十一 延祐 兼延祐
九背 係奏准 即係奏准
十 照詳 照詳得此
都省下漏除偷盜係官錢物另行外餘准盜部擬十四字
十八 二 追徵 追贓
五 持捧 持棒
六 研開 研斷
十三背 詔赦 欽遇詔赦
十九 一 照詳 照詳得此

二 擬下漏斷付刑部依上六字
五 照則詳 照詳
十一 及受 及供指受
承奉 承伏
十三 供指 二字衍
一背 承准 呈准
二 典賃 典質
七 准擬下漏今承見奉本部議得上項事理合依
前例一體十八字
施行下漏相應二字
二十 十 劫去 劫訖
衣服 衣物
七背 合咨 合准

十二	廿一 一	四	五	八		十三	廿二 三	四	五	六	七	九
生生 出軍 軍	敢數 有自 致致 死元	槩該 管管 七 行 同	地地 面方	係係 聚敘	量重 擬擬	符扶 同同	邕雝 州州	李李 黄寅 後 同	十十 四七 日日 夜	提提 舉本	阿阿 顏顧 後 同	竊竊 盜盜 事 主

十	十三	背一		五			十一	廿三 二	三		六	七
偷竊 盜盜	杖斷 字上 漏	照應 詳下 四漏 字具 呈	照擬 驗下 三漏 字仰	忽忽 都都 不不 丁下 銀銀 合合 兒子	捉捉 拿獲	杖斷 字上 漏	配配 役徒 贓役 徒	比比 倒擬	詳應 得下 此漏 六具 字呈 照	咨擬 請下 四漏 字除 外	李李 榮榮 三一	无元 配配 役役

	八	余文七	俞文七
	十	又行過	又行作過
	十二	聽從	聽受
	十三	三太	太三
	背二	應下漏具呈照	詳得此六字
		擬下漏咨請	依上四字
	四	了槍	丫槍
	八	禾乂	禾义 十三行同
	九	地方	他方
卅四	一	遼陽	遼陽地面
		應下漏具呈照	詳得此六字
卅五	七	江翊	江翼
	九	勾闌	勾欄院
	背一	本翊	本翼
	四	掏摸	掏抹 八行同
	六	徒一年	徒役一年
	十一	應下漏具呈照	詳得此六字
		擬下漏咨請	依上四字
	十三	三年鈔到	二年抄到
卅六	三	阿唐保	柯唐保
		客人	各人 五行同
	四	一下	二下
	八	便用	使用
	十二	就誘	就誘
		客人	各人
		施進孫三字元	在柯唐保上

背一	一下	二下　三行同
三	以次	以此
七	照詳	照詳得此
十一	行抄	行打
十二	徐仁三陳嫩	陳嫩徐仁三
十三	包袋	袋包
卅七　五	戳傷推下	打傷推入
六	將賊人	人字行
	既以	既已
七	都省准擬四字元作具	呈照詳得此准擬咨請
	依上十	二字
九	財物	錢物
十	江西	淮西
十一	羽黨	朋黨
十三	捕獲	捕限
背一	平人	平民
	財物	錢物
二	致蔓	滋蔓
五	跟隨	根隨
八	依推	依准
十一	蔡國祥	蔡宇行
十三	本部相應	相應本部
卅八　四	今准江西	今准西
六	依擬	議擬
七	難辨	難便
八	有司	共有司

	九	應下漏具呈	照詳四字
	十一	狀伏	招伏
	十三	茅周保	茆周保
	三背	盜錢	盜鈔
	五	咨付	劄付
	七	直盜	真盜
		擬比	擬合比
	八	犯門首	犯人門首
	九	依咨	移咨
		施行	施行外
	十	聽從	聽受
		倒鈔	盜鈔
	十二	元招	元告
二十九	二	相應	相應得此
		擬下漏除外咨	請依上六字
	三	因手	因爭
	四	六年	三年
	五	董二	董三
	七	一只	一隻
	一背	掣打	掣開
	三	依盜	以盜
		應下漏具呈	詳得此六字
		都省	都省除外
三十	三	呈據	據字衍
	四	在逃者	者字衍
	五	當然	尚然

七	戒慎	戒懼
九	刑部	刑部呈
十一	李保	李寶　後同
十三	十七日	十七日夜
三背	並本使	兼本使
五	擬下漏今承見奉本部	再行議得奴盜主財并
	背使在逃俱有斷例今	後有犯合准監察御史
	所言二罪俱發從重者	論與免徒刺相應都省
	准擬咨請依	上五十七字
三十二　四	吳亞傳	吳亞轉　後同
五	器俱	器具
八	行各元	作行人
九	九十三兩	九十三定
三背	犯不	例不
	應下漏具呈照	詳得此六字
	擬下漏咨請	依上四字
三十三　三	二月	三月
四	十二月日	十二月廿六日
	將盡	條畫
六	原其	原其罪
七	即日	即目
九	捕捉	捉獲
十一	升賞	升官
二背	全青	仝青
三	處州	元另行
七	灶戶	竈戶

頁	行	誤	正
	八	歸德州	歸德府
三三	七背	司吏上漏標	附過名四字
	一	合決	笞決
		相應上漏遍行照會四	字下漏具呈照詳四字
	八	都省准擬施行	都省咨請依上施行
	十	四月	十月
	十三	腰肋	腰脇
三四	四	情詞	詞情
	六	一十七	二十七
	七	及將	反將
	九	徼捕	警捕
	三背	一款	一件
	五	控上漏	提字
	十	承旨	呈省
	十三	强盜	强賊
三五	一	和元升	和元昇　三行同
		欽奉	欽受
	五	於店	於字衍
		刺決	笞決
	八	撲滅	撲滅强賊
	二背	斥降	黜降
	四	判本部	判送本部
	五	强盜二次	未獲强盜二起
	八	雖犯	雜犯
		前下漏雖有取	到招伏六字
	九	雖依	難議

頁	行		
		降華	降等
三六	五	瀾達	瀾遠
		逃役	避役
	七	鎮過	鎮過 九行同
	八	該管	槩管
		禁止	禁治
	十一	準此	准此
	背二	十月	十二月
	四	十月日	十月廿六日
	五	及管	官管
	七	百户	萬户
		萬户	百户
	十	本例	體例

頁	行		
三七	一	捕捉	提捕
		巡儆	巡警
	三	綽下漏捉拿者捕盜官	也巡警者盜賊生發地
		百告發到官呵不即	受理着緊拿廿八字
	四	是管	是我管
	八	據送	送據
	九	地方	地面
	十	鎮過	鎮過
三八	八	假雕	雕假
	九	懲治	整治
	十一	前例	先例
	背二	詐關錢糧	詐關官錢
	四	令使	令史

葉	行	原文	校文
		支放烏馬兒	放支烏馬兒
	七	攔遺	蘭遺
	九	寅夜	夤夜
	十	前樣	前項
		更段	更換
	十三	烏馬兒	烏馬兒
三九	一	樣寫	標寫
		賫付	齎赴
	四	前樣	前項
	七	若伯	若依
		張答木帖兒	張帖木答兒
	八	本犯	本人
	十二	攔遺	蘭遺
四十	四	令杞一	令李杞
	七	擱著	閣著
	八	肚腹	腹肚
	一背	訖照詳	乞照詳
	二	故犯意	故犯情意
	三	除交住	徐交住
	九	應下漏具呈照	詳得此六字
		省下漏除	外二字
四二	二	元年目	作二年
	四	九年	元年
	五	何慶七	何慶一後同
	七	跌著	踢著
	十	省判	省咨

十一　送下漏據刑部呈照得至大元年閏十一月初五日承奉中書省判送廿四字

呈下漏四川省咨四字

背三　野草　草野

同伴　二字衍

四　阿王　阿黃

五　攔當　當攔

被札　被扎

八　剗草　刈草

十　定例　定論

十二　都省准擬　四字衍

十三　施行下漏閒至大二年十月十七日欽遇詔赦欽此除外咨請欽依施行二十四字

四十二

本行後闕毆傷人恐闕官打弟誣賴致死一致

廿一行應補

四　跟尋　根尋

五　指出命案　檢出致命

八　開列　開到

人犯　人等

十三　除先職　降先職

背一　合屬施行　合屬照會施行

二　邱縣尹　丘縣尹

五年目　作七年

六　邱怌　丘怌　後同

九　情詞　詞情

十　跟隨　根隨

葉	行		
	十一	親覰	照覰
四三	二	才令	纔令
	四	各設	各役
		札付	札付移准
	七	要到	到字衍
	十	應下漏具呈	照詳四字
		擬下漏仰	依上三字
	一背	用刑者	者字衍
	四	致因	或因
	六	老少	老小
		器械	器杖
	十	訴官	愬官
	十二	穿孝衣	服孝衣
	十三	官府吏胥要	官吏須要
	十三	變發	發變
四四	一	傷痕	痕傷
	三	縱使	縱是
	六	圍繞屍場	圍界檢場
	七	長州縣	長洲縣
	十三	毆打	毆擊
	一背	屍親狀	屍狀
	四	惡者儆	惡者懲
	五	明明	明白
	七	爲此	然此
	十	儆畏	警畏
	十三	毀埋	燒埋

頁	行	校記
四五	八	羅摭 羅織
	十	行榜 出榜
四六	二	輕重 經革
	三	杭州路 撫州路
		二十一日 二十二日
	七	徐幸一 徐辛一 八行同
	十一	係在 係是
	七背	給主 給苦主
		擬下漏咨請 依上四字
四七	五	程萬二 程方二 七行同
	八	徵哄 徵納
	九	俱各 俱合
		陳萬二已經 程方二已行

頁	行	校記
	十一	定奪外 外字衍
	三背	行咨 行省
		應下漏具呈照 詳得此六字
		擬下漏咨請 依上四字
	五	建寧路 建寧路申
	七	罪人 犯人
	十一	移咨 移准
		咨奉 咨呈奉
	十三	刑部呈 呈字衍
	十三	恣逞 恣騁
		故非一違 故作非違
四八	二	不改 不悛
	四	夾傷 夾損

	五	寄去	寄於
	十	惡過	過惡
	十三	廢人下漏若不優恤	誠恐失所已九字
	一背	廉訪	廉訪司
		酌量	約量
		應下漏具呈照	詳得此六字
	二	擬下漏依	上二字
四十九	六	所獲	所護
		搬取	搬販
	七	將伊男	令伊男
		捉獲	搜獲
	九	器杖	器仗
	十	楊上	場上
	十一	水車截底	木車截抵
		鐵扒	鐵朳
	一背	揲住	揲住
	二	眼珠	睛珠
	五	斷流	流斷
		詳下漏早賜咨	文回示六字
		議擬照詳	議擬開呈照詳得此
		准擬二字元作議得曹	辛一等所犯量擬遷徙
		遼陽肇州屯種餘准所	擬除外合行開咨請依
		上三十	一字
	十一	擬比例	擬合比例
五十	一	曹辛二	曹辛三
	七背	本行後闕針擦人眼均	徵養贍鈔及戳剜雙睛

頁	行	右	左
		斷例二則共三	十一行應補
五十一	四	行臺	行省
	六	張姣姣	張嬌嬌後同
	九	正仁	居仁
		不合於	不合與
	十一	合於	合干
	背五	別求行仕	別行求仕
	七	擬下漏依	上二字
五十二	四	十七日	初七日
	八	情重者	情字行
		詳斷	詳斷外
	十	莫名	莫若
		軍民人	軍人
		官屬	軍屬
	背一	約問	約會
	三	本應	未應
		照詳	照驗
	五	事據	事例
	六	繼絕	宗從繼絕
	八	照詳	照詳得此
		准擬二字元作除已擬	咨河南行省依上施行
		外可照會	十六字
	十	十二日	十四日
	十三	行省宣政院	行省行宣政院
五十三	一	不檢甚的	不揀甚麼
	三	合的	合行的

葉	行		
		本例	體例
	四	掩無本例	俺無體例
	六	高皇帝	高宇行
	九	般者下漏麼道	聖旨了也六字
	十三	無撥	元撥
		正是	止是
		特依	特倚
	三背	官員元籤	官吏圓簽
	八	詞訟	詞狀
	十一	中書省	中書省咨
五十四	四	但有	中間但有
	六	得此本省	本此本部
		雖承	雖呈
	八	若使	若便
		念畝	驗畝
	九	既以	既已
	十二	都省	都省除外
	七背	斷者下漏若无畏吾兒	哈迷里頭目每呵管民
		官依例斷	者十九字
	十三	事其間	自其間
	十二	結絕者	結絕者結絕
五十六	十	呈告	陳告
	十二	而係交易	即係私相交易
	一背	准官	推官
		應下漏具呈照	詳得此六字
	二	擬下漏	請二字咨

頁	行	校記
		本行後闕茶運司與鹽運司事體不同一則十八行應補三字
五二七	一	停格停務
	二	告事告爭
	四	普皆並皆
	六	理令理合
	八	二月三月
	十	人等人衆
	十二	先有若先有
	一背	更理受理
	四	事人衆事干人衆
	六	不結不絶
		相應下漏如蒙准呈劄付御史臺依上施行十
	八	互事互爭
	十一	頃有元作須有
		樞院樞密院
	十三	出徵出征
五二八	四	結絶下漏了者結絶四字
	六	休問休教問
		十六年六年
	八	各納合納
	十	地去地土
	十二	地土官官字衍
五二九	五	提調領調字衍
	七	取例取受例

頁	行	右	左
	十一	款內	數內
	九背	照鋪戶	點鋪戶
	十	十二兩	十四兩內
		三兩	兩字行
	十二	係本人	敘本人
		人差	人等
	十三	夫抄力赤	夾抄力赤
六十	三	計站赤	計點站赤
	四	提調	提領
	八	行元	元行
	十	奏與	與奏
	十一	不議	議不
		廣東路	廣州路
	十二	應下漏具呈照	詳得此六字
	二背	事犯	再犯
	四	蘭州溪州	蘭溪州
	五	江正四	姜正四後同
		至元錢	至元鈔
	八	元敘	元聚
	十二	九年	元年
		御監	鄧鑑
	十三	蕭係一	蕭保一
六十一	五	敘用下漏	五行應補
	六	本行後闕土官取受無	祿同有祿人斷一則十
		三行	應補
六十二	二	三年	二年

	三	呈據河南	咨據河東
	四	赤剌馬丹	亦剌馬丹　後同
	五	二月	三月
	九	呈首	陳首
	十	初七日	初五日
	十二	楊予雄	楊子雄
	一背	指出	指出
	六	今依	合依
		招到	照到
	九	中書省	中書省劄付
	十二	椰桂	郴桂
	十三	等物	等事
六十三	二	鳳孫	陳鳳孫

	三	劉澤	劉濟
	十一	李榮祖	錄事李榮祖
	十二	申錄事關價鈔物料	申關物料價錢
	五背	事理	事例
	八	照詳	照詳得此
		擬下漏合下	仰依上五字
六十四	五	合准定	合定
	八	斥降通	作黜降
	一背	施行	施行相應
	五	十三日	十二日
	六	革前	格前
	十	照得下漏延祐四年二	月十二日呈准中書省
		劄付照得	十八字

六十五	一	就無	旣無
	五	納下漏物	人二字
	六	物人	二字衍
	七	議得	議擬
	十一	追擬	追徵
		徵解立限追徵	追解杖限徵納
	十二	以此	似此
	十三	十二日	十七日
	一背	承准	呈准
	七	貨物	物貨
	八	合無	合元
	十	之內	戶內
	十三	見奉議得本部	見奉本部議得
六十六	二	照看 五行同	照勘
	九	散給	給散
	十一	合撥無告	革撥元告
	二背	革前	革撥
	三	相合	擬合
	六	減列	例減
	十二	入月	三月
六十七	二	劄付軍	劄付軍官
	七	江浙	江南
	八	各項事	各項事理
	十一	得此	得此准呈
	一背	來完	未完
	五	辨大	辦大

	十三	等奉	等奏
卆八	一	元斷	无斷
	二	照看	照勘 十二行同
	三	說謊人	說謊的人
	四	學者	學著
	十一	分揀者	分揀著
	十三	告稱	告省稱
	背二	今革	合革
	三	依前	依着在前
	五	職者	識者
	六	稱冤者	稱冤的
	七	恁根底	您根底
	八	告者	告者歷道

	九	施行	欽依施行
	十二	未賠	未納
	十三	體看	體勘
卆九	一	二月	七月
	二	受二伯二十	受臥二伯三十
	五	議得	照得
	八	爲要詑	爲頭要詑
		不合	不令
	九	軍沒	軍役
	十一	照得	照擬得
	十三	已經	旣已
	背二	令合屬招看	合令合屬照勘
		挫折	折挫

頁	行	原文	校文
	三	施行承此照會	照會施行承此
	六	體看	體勘
	七	院務	院務財賦
	八	財賦	二字衍
	十三	又照	又照得
七十	六	司屬民	司屬部民
	八	正月十九日	三月二十九日
	十	官吏等	官吏人等
	背七	合擬解現任	擬合解見任
	九	絹疋	絹三疋
七十二	十一	多估	多估
		俱各	俱合
	十二	追徵	追問徵理
	背一	追徵	追徵還官
	四	贓物	贓錢
	五	付下漏本部呈照得延	祐四年二月十二日呈
		准中書省劄	付廿一字
	九	革前	格前
		革後	格後
七十二	一	招伏	承伏
	二	本行後闕二段	廿六行應補
七十三	三	雜犯事	雜犯等事
	七	枉看通	作枉勘
	背五	拜降	拜降
	六	張何曾	張阿曹
		張牛兒	張犇兒後同

葉	行		
	十二	議靜	議字衍
		駝馬	馬駝
	十三	若擬以	以字衍
		應下漏具呈照	詳得此六字
廿四	三	錢唐縣	錢塘縣
		倒下漏接	受僧三字
	四	典史各狀招	典史口世裕 等各狀招
	七	未經	未准
	十一	魏德溫元	作媿德溫
	一背	恁著	恁省
	三	本行後關牧民官誣執	平民打死馬疋枉勘陪
		價一則三	十行應補
廿五	五	稟到	稟例
	十	給敘	給聚
	一背	看會	勘會 三行同
	二	或下漏有	寄養三字
	三	推迷	推稱
	四	完娶	完聚
	六	完敘	完聚
	十一	賊追	革職
	十二	攔遺	闌遺 後同
	十三	見在	在見
廿六	五	未承伏	已未承伏
廿七	四	杖斷	杖字衍
	六	首告	告首
	十二	依限	依例

葉	行	校文
廿八	二背	商量呵 呵字衍
	一	頭匹 頭疋
	十一	斷罪 罪例
	七背	陳揚師 陳楊師
	九	承見 二字衍
	十	據扶 據爲從扶
	十二	相應下漏如蒙准呈爲 例遵守具呈照詳得此
		十四 字
	十三	擬下漏咨 請二字
廿九	三	左丞秦 左丞奏
	四	前例 全例
	五	十八日 初八日
		時奉 特奉
		聽者 聽的
	六	廳道 廳道聽的來
		恁各處 您各處
	七	余念 會驗
	十二	官例下漏又照得大德 八年正月欽奉詔書內
		一款節該十八大字云 聘財筵會省約全文九
		小 字
卆	三	禁間 革閑
		江西 江南
	四	罷間 罷閑
	一背	革間 革閑
	二	擬已 已擬
	五	相應 相應得此

葉	行	原文	校
	八	鐨一切	饋送一切
仝二	二	十四日	初四日
		奉本臺	奉字衍
	四	諸衙門大小	大小衙門
	七	廉訪司	肅政廉訪司
		應下漏具呈照	詳得此六字
	八	坊里正主首十一	字應項格陰文
	九	備陳	條陳
	十	諸道	諸路
	背三	鑠鑰	鎖鑰
	六	濫泛	泛濫
		羈管	羈養
	七	三月	五月

葉	行	原文	校
	八	照得	得字衍
	九	地面濶	地面廣濶
仝三	二	遍行	痛行
	三	或因	別因
		繁擾	煩擾
	四	亦合即便拏獲	亦仰即便捉拿
仝三	二	八月	閏八月
	三	官府	官司
	四	遵行	遵守
	五	敍衆之敍	元通作聚
	十	者般	這般
	背一	祈神	唱詞
	四	聖旨	奉聖旨

葉	行	右	左
	六	擬合	所合
	九	又減一等	义減二等
	十一	詳加	常加
	十二	縣裏	云縣裏
八十四	一	主集	立集
	四	均委	仍委
	七	准擬	准擬咨請
		本行後闕分揀流民	一則十七行應補
八十五	五	王鼎	黃鼎後同
	一背	餘印	金印
	六	隱匿	隱藏
	七	累經	累雖
	八	屯種	屯田
	十	王逢合	王達亨
八十六	一	取贖	收贖
	七	校之	較之
	九	准擬二字元作相度黃	鼎果有再犯依例開具
		申稟餘准部擬	咨請二十字
	十一	程汝孫	程女孫
	十二	砍伐	砍斫
		程公祖	程公佐
	四背	程公震	程公佐
	五	住不坐	住坐
	六	事理	事例
	七	應下漏具呈照	詳得此六字
		擬下漏咨請	依上四字

頁	行	右	左
		本行後闕兇徒遇革依	例遷徙一則三十六行
		應	補
八七	五	蔣文貴	將文貴
	七	賭房	賭坊
	八	入乂	入乂
	十一	又糾集	又行糾集
	十三	比依	比例
	一背	照詳	照詳得此
		擬下漏咨請	依上四字
	十三	定例	依例
八八	一	照詳	照詳得此
		准擬下漏咨	請依上四字
八九	二	六月	二月
	三	十一日	十六日
	四	以常川肉	喫常川肉
	十	照詳	照詳得此
	九背	杭州路	路宇衍
	十一	路鑄	鎔鑄
	十三	地處	去處
	十三	下河係	丁阿保
九十	一	丁呵保	丁阿保
	九	王誤	王謀　十一行同
		酷祀	酷事
	一背	師巫之徒呼	師巫妄呼
	二	移准	移咨
	三	本行後闕禁借辦習儀	物色一則七行應補

工部

葉	行	正	誤
一	四	元年	七年
	七	差人馳驛赴都	馳驛赴部
	九	赴都	赴部
	一廿	頟造	額作
	二	附帶	務帶
	九	欽依	依上

都省通例

葉	行	正	誤
一	四	狀申	然申
	七	巡歷	延歷
	十	孔丙六鈔兩	孔丙四錢兩
		九年正月內	八年月內
	十三	抄案行移	抄案移
	一廿	并取	升取
	九	妄以	志以
	十三	二年正月	二年月
		溧水州吏	溧水州
二	一	告敘	告假
	二	人數備申	人備申
	五	根腳	根底腳
	六	仰本縣	本縣

七　戴必顯充　戴必顯先充

十二　先充人充匠　先充人匠

十三　交剳項卷宗元憑　交割上項卷宗無憑

一背　千架　於架

查知　察知

三　行來　行求

白九合　白九舍

七　既係　既是

十　追上項　追勘上項

十一　受訖沐　受訖鍾沐

三

五　斷罪　斷罷

十二　取其　取具

歷住　歷仕

一背　欽遵外　除欽遵外

四　大得　大德

七　已此　以此

八　取定　取受

十　截日　截日革去

十一　本例　本吏

十三　此例　此准

四

一　十五年三字元　作爲此於三字

八　本府　奉府

九　無追　元追

十　照勘　照勘得

十一　中書行省　中書省

十三　蒙檢會　蒙此檢會

	一背	元年	九年
	二	難同俸人等吏	難同請俸人吏
	四	次少	欠少
	五	進斷	追斷
		干禮	于禮
	六	緣犯	緣所犯
	八	於禮	于禮
五	四	犯充	冒充
	十	鈔案	抄案
	十二	足數	數足
		惟此	准此
	十三	終二十四月	終共二十四月
	一背	書補	書鋪
	三	識得	議得
	十一	貼當	貼書
六	一	於禮	于禮
	二	申奏	申奏
	三	令各處	今各處
	六	建康州	建康路
		行省咨	行省移咨
	八	依准	具依准
	十三	選部	送部
	二背	省筆	省掾
	六	戴必顯	其戴必顯
	十三	具呈詳	具呈照詳
七	二	趙收領	趙衙收領

倉庫官

按此類應在陰陽官類後原闕今補

雜職依前攷第品級遷升例

流官内選用者任迴理流官月日

元擬雜職人員任迴雜職遷升

平准行用庫官任迴減一資歷

塩場司令丞管勾任迴減一資

通州等倉官升一等減一資

通州七倉　李二寺直沽二倉　河西務七倉

京畿等十五倉升一等

豐潤等三倉減一資

各衙門選用人員任迴本衙門所轄敘用

匠官院長至從五品止於匠官遷升

管辦錢穀官諸雜職人員例

至元二十一年九月定

一辦課分爲三等

上等充提領　中等充務使　下等充都監

一辦課官升轉一周歲爲滿

都監三界升務使　務使三界升提領

提領三界升受省劄錢穀官又歷三界於從九錢穀官内任用

諸雜職人員比附院務官一體升遷

鹽鐵副管勾　相副裝查批引等官

諸衙門倉庫鹽敖等監支納大使

資品錢穀人員例

五千定之上提領正七大使正八副使正九

二千定之上提領從七大使從八副使從九

一千定之上提領正八大使正九省劄副使
五百定之上提領從八大使從九部劄副使
一百定之上係中等錢穀官設提領大使副使
五十定之上設大使副使
五十定之下設都監
監納正七　大使從七　副使正八

倉官窠闕

京倉一十七處
千斯　相因　豐潤　通濟　廣貯　永平　永濟
惟億　盈衍　豐實　太積　廣衍　既盈　既積
順濟　万斯南　万斯北

都倉一十七處
有年　樂歲　富有　廣儲　足食　大盈　盈止
及秭　充溢　崇墉　廼積　永備南　永備北　廣盈南

廣盈北 李二寺 直沽

倉官前後升等例

至元二十六年十一月呈准升一等通理月日

至元二十九年五月呈准在都通州河西務直沽李二寺等倉應得資品上升一等如本倉別無侵欺短少再升一等歷過倉官月日例不准算

元貞二年六月十一日呈准周歲爲滿內通州河西務李二寺直沽倉升一等除授任回減一資在都并城外倉五萬石之上升一等除授一萬石之上任回減一資

大德二年三月令史揭禧承奉省判本部所呈擬到京畿都漕運司申各倉官依例交界于后

三月一日立界交代倉一十一處

既盈　相因　惟億　豐潤　永平　通濟
廣貯　豐實　既積　万斯南　万斯北
七月一日立界交代六處
永濟　千斯　盈衍　大積　廣衍　順濟

倉官升轉減資

元貞二年六月十一日中書省來呈奉省劄判御史臺呈各處倉官人等有收粮多者四十餘萬少者不過二萬例升二等看詳收粮多者倘有照略不及失陷短少利害非輕任滿别無侵欺理宜升用其餘收粮數少倉官一例升等中間優苦不倫本部斟酌各處優劣擬到升加等第緣係爲例之事恐擬未當具呈照詳都省議得今後倉官有缺於到選相應職官於諸衙門有出身令譯史通事知印宣使奏差兩考之上人内選用依驗難易收粮多少任回應去地方遷敘依上施行

通州河西務李二寺直沽等倉於應得資品上升一等任
回交割别無短少減一資通理
通州七倉
足食　有年　及秭　富有　盈止　樂歲
廣儲　李二寺　直沽
在城并城外倉分
收粮五萬石之上倉官於應得資品上升一等任滿
交割别無短少依例遷敘通理
永平　既積　廣衍　惟億　順濟　永濟
既盈　盈衍　豐實　万斯南　万斯北
收粮一萬石之上倉官止依應得品級除受任滿交
割别無短少減一資通理
豐潤　大積　通濟　千斯　廣貯　相因

廣濟

平准行用庫寘闕 從七品

腹裡大都在城計六處

順承　文明　光熙　和義　建德　崇仁

外任計一十三處

上都路　遼陽路　大寧路　大同路　太原路

平陽路　保定路　真定路　大名路　東平路

濟南路　益都路　長蘆

江南四十六處

揚州　淮安　廬州　真州　泰州　杭州　嘉興

湖州　常州　平江　鎮江　紹興　慶元　台州

溫州　處州　衢州　婺州　建康　寧國　太平

龍興　江州　吉安　贛州　撫州　臨江　袁州

瑞州　潭州　江陵　武昌　福州　廣州　惠州
潮州　靜江　雷州　重慶　安西　成都　寧夏
甘州　英德　饒州　泉州

行用庫窠闕 從八品

腹裡四十二處 副使受部劄
懷孟　順德　廣平　彰德　河間　般陽　衛輝
濟寧　南陽　襄陽　河南府　平灤　隆興　宣德府
河中府　歸德　萊州　鄧州　曹州　恩州　泰安州
濟州　棣州　冀州　陵州　沂州　許州　洨寧州
陝州　汾州　單州　奉聖州　豐州　懿州　夏津縣
鄆城縣　潞州　解州路村　濮州　南昌　河西務　漷州

江南三十六處 副使受行省劄付
揚州　杭州北關門　建德　信州　廣德　徽州

高郵　松江府　鈆山州　南康　建昌　南豐　南安
安慶　池州　興國　安豐　常德　辰州　沅州
蘄州　澧州　峽州　岳州　寶慶　郴州　泉州
道州　桂陽　武岡　衡州　永州　沔陽　安陸
荊門　茶陵
陝西一十二處
延安　鳳翔　興元　鞏昌　平涼　秦州　潼川
慶元　夔路　順慶　嘉定　敘州

鈔庫官陞等例

至元二十六年十一月呈准選充鈔庫應得資品升一等通理月日

至元三十一年正月二十二日呈准鈔庫官若流官內選充者任回減一資歷雜職人員止理本等月日

在都平准行用庫以一周歲爲滿

諸路平准行用庫以二周歲爲滿

平准庫官資品

至元二十四年尚書省欽奉詔書節該造至元寶鈔頒行天下中統寶鈔通行如故欽此奏准立平准行用庫倒换金銀昏鈔及奏如今外路裏入來的金銀有麽道説有那金銀根底交來呵太府監裏不納萬億庫裏另放着交那金銀裏開平准庫呵怎生奏呵那般者麽道聖旨了也欽此又奏在先行來的舊倉赤内不曾做賊説謊的根底則依舊就便交行又管錢物底好人内委付呵怎生奏呵那般者麽道聖旨了也欽此先將緊關去處合用至元鈔本交付已差平准行用庫官及另差官一同管押前去從本省斟酌所轄路分緊慢分俵立庫倒换外所據平准行用庫合關金銀官本不見本省即无見在并至

元鈔本除前項已發外亦不續合關撥數目爲此今差同
知劉承直馳驛前去合行移咨依上照勘本省見在金銀
所轄路分合俵官本及所用至元鈔本除已發外斟酌續
合關撥數目擬定差能幹官員將引庫子馳驛賫咨星夜
前來大都關撥外據庫官除都省已差外其餘去處從本
省於見任并得替元粘帶過犯職官遴選相應提領大使
即令開庫勾當開具脚色保結咨來給降勅牒施行
一都省擬注平准行用庫并行用庫官提領作從七大使
作從八選相應人員從優銓注應得八品之人擬充
提領九品擬充大使如元係民官任回亦照見定資
品於民官内任用
平准行用庫設
提領一員從七品　大使一員從八品

副使一員從本路官司於有抵業不作過犯上户内選充

行用庫設

大使一員從八品　副使二員

一員有省選差受行省劄付一員本路官司於有抵業不作過犯相應人内選充

選差倉庫人員

至元三十一年御史臺咨奉中書省劄付准江西行省咨該先爲各處官司差税户充倉庫官攢典庫子人等放富差貧本省與行臺監察等一同完議得南方税家子孫相承率皆不曉事務唯以酒色是娛家事一委幹人歸附之後捉充倉庫官並不諳練錢穀又不通曉書算失陷官錢追陪之後破家蕩産虧官損民深爲未便如蒙照依本省移准中書省咨文事理今後各路倉庫官大使副使擬於見役府州司縣吏典史内驗物力高者指名點取如有不敷本省立格差取倉官已後告閒司吏典史

內有物力之家仰一體選差似革官吏貪饕之弊亦絕百
姓破家之患今將吏部議擬到倉庫官出身定例開坐前
去請定奪回示除已依准江西行省所擬另行外仰行移
合屬嚴加體察施行
一本省於至元二十九年二月十六日議擬到廣濟庫提
領大使副使并各路倉庫大使副使及平准行用庫
副各各出身定例開坐移咨去後於至元二十九年
閏六月初六日回准中書省咨該送吏部逐一議擬
到下項事理
本省廣濟庫
提領大使各一員於本省到選人員選取慎行止不作
過犯有抵業人員另行移咨都省
前件照得本庫行使從九品印信提領大使宜從本省

選差相應

副使二員各路摠管府請俸司吏内驗物力高者選取驗實歷請俸月日十个月之上三十个月之下充庫副一界月日别无侵借粘帶充吏目四十个月之上六十个月之下充庫副一界滿日充都目七十个月之上九十个月之下充庫副一界滿於各路提控案牘或巡檢内任用似爲相應

前件照得循行例腹裏各路摠管府司吏年及四十五以上請俸六十个月方許保申擬吏目兩考轉都目一考升提控案牘兩考與正九品如請俸及九十月擬吏目減一考升轉又行省所轄各路提控案牘三考與正九品巡檢九十月與從九品今本省既於各路摠管府請俸司吏内選取廣濟副使及係出給錢

穀之職以此參詳如司吏請俸二十个月之上及一
考者選充一界滿日别无粘帶年四十五以上與吏
目年未及者於務使内任用如四十个月之上六十
个月之下選充者一界滿日年四十五以上與都目
年未及者院務提領内任用七十个月之上至九十
个月選充者一界滿日年五十之上與提控案牘四
十五之下於巡檢内任用相應
攢典庫子於州縣請俸司吏内驗物力髙者指名勾充
滿日别無侵借粘帶於院務都監大使或揔管府司
吏縣典史内定奪相應
前件照得呈准萬億庫司庫如曾受宣慰司揔管府轉
運司等衙門付身院務相副等官一周歲於院務提
領内任用一週歲於務使内用州司吏充司庫勾當

二周歲於吏目内用願充務使者聽司縣司吏充司庫勾當二周歲於吏目内用添一考陞轉今本省既於州縣司吏内勾充廣濟庫攢典庫子即與萬億等庫事體不同今咨本省更爲照勘講議彼中事體比准前例量擬三十个月之下二十个月之上州吏内選充者滿日轉補各路摠管府司吏縣吏内充者轉補各州司吏相應

合干人秤子合干人於有物力曾官中勾當相應户内點充秤子於有物力金銀匠户内點差滿日別无侵借粘帶行下各路於本路院務官副使内定奪或免本户三年雜泛差役

前件照得呈准萬億四庫秤子擬大都人户内選差二周歲滿日解由到部擬於近下錢穀官内任用今本

省既於金銀匠户内點充廣濟庫秤子既係白身人
員勾當其間依例合免本户雜役滿日别無粘帶許
移轉再充秤子一界於近下錢穀官内敘用相應其
合干人即係祗備役使之人别无定奪
各路平准行用庫除提領大使外副使并倉庫大使副使
等
倉庫大使副使并平准行用庫副使於摠管府請俸司
吏内驗物力高者㸃取倉庫官滿日别无侵借粘帶
歷過倉庫官月日加倍准算司吏月日比附廣濟倉
副使例降一等定奪似爲相應
前件議得既於各路摠管府司吏内選充滿日别无粘
帶止合驗實歷司吏月日諸倉大使比附廣濟庫副
使一體叙用其餘副使人員降等定奪如充歷司吏

月日淺短許轉移再充副使一界依上選叙相應

攢司庫子於州縣請俸司吏內驗物力高者指名勾充得替別无粘帶擬於揔管府司吏或各路院務副使內定奪相應

前件照得先承奉尚書省劄付呈准大都順承平准庫攢典轉都提舉萬億四庫司吏庫子一週歲於務司內任用其餘各路庫子攢典別无州縣司吏內選取定例亦无定奪出身以此參詳似難定奪

合設庫官員數大德元年七月御史臺承奉中書省劄付户部呈照勘到大德元年實有合科差户數議擬到逐項事理內一款合設庫官色目漢人相參大者三員小者二員攢典庫子大處三名小處二名除都省差設監納使各一員餘從各路選差近上有抵業信實人充自開庫日爲始

本路正官輪番檢察須要官降秤尺兩平收受毋得大收
加耗取要分例仍禁約官豪勢要人等不得結攬如有違
犯之人依條治罪先具保定庫官人等姓名申部其收到
差發數目上下半月入遞飛申

平准行用庫副例 大德元年九月湖廣行省准中書省咨吏
部呈各路平准行用庫官提領從七品大使從八品副使
於有抵業廉慎行止不作過犯人內從本處官司選保照
得大都平准行用庫見設副使從九品本部參詳外路平
准行用庫既與大都庫所掌事務品職皆同副使擬合比
依大都一體爲從九品於到選流品官內銓注相應得此
於大德元年五月二十九日奏過事內一件外路倒換金
銀鈔立着平准行用庫倒換鈔立着行用庫有庫裏行的
人每上頭的兩員受勅的人每裏頭委用第三个的路官

每委付者爲那般上選揀貧富多搔擾百姓每有俺商量得平准行用庫裏行的這裏於九品人内與勑委用行用庫裏的與吏部劄付委用行省管的地面裏教行省官每委付呵怎生奏呵奉聖旨那般者欽此都省咨請於曾受本省劄付錢穀官并相應人内欽依委付施行

行用庫副例　大德三年湖廣行省准中書省咨來咨行用庫副依例於近上錢穀官内委付外看詳行用庫掌管鈔法責任非輕量擬二周歲爲滿交換相應咨請照驗准此照得奏過管鹽茶課程等運司管押鈔提舉司管粮的漕運司官每在先三年替換來後頭桑哥等奏了錢穀的勾當裏行多時呵作賊説謊麼道交二年替換奏來如今俺商量的二年替換呵行勾當卒急的一般依在先體例裏三年替呵怎生奏呵奉聖旨那般者欽此

倉庫官例大德八年七月江浙行省准中書省咨吏部呈腹裏至元二十五年呈准各路司吏實歷請俸六十月吏目歷兩考陞都目一考陞提控兩考陞正九若路司吏九十月歷吏目一考與都目餘皆依上陞轉議得江南提控案牘除各路司吏比依腹裏路分至元二十五年呈准定例遷除其餘已行直補并自行踏逐根脚淺深之人自呈准月日立格實歷案牘兩考者止依至元二十一年定例九十月入流未及兩考者再添一資遷除例後違越剏補之人雖有役過月日別无定奪本部參詳各路及考并滿考司吏員多缺少於內亦有選充倉庫大使副使人等若便照依先例擬陞提控案牘都吏目內定奪恐與新例差池咨請定奪回示准此照得至元二十九年吏部呈議得各省既於各路揔管府請俸司吏內選取廣濟庫副使即係

出納錢穀之職參詳如司吏請俸二十月之上及一考者選充一界滿日別无粘帶年四十五之上與吏目年未及者院務使內任用如四十月之上至六十月選充者一界滿日年四十五之上與都目年未及者院務提領內任用七十月之上至九十月選用者一界滿日年四十五之上與提控案牘四十五之下於巡檢內任用又各路倉庫大使副使并平准行用庫副使既於各路摠管府司吏內選充滿日別无粘帶止令驗實歷司吏月日諸倉大使比附廣濟庫副使一體敘用其餘副使人員降等定奪如元歷司吏月日淺短許移轉又充副使一界依上遷除已經移咨本省依上施行咨請照驗准此照得各處錢粮造作責在有司管領各倶有正官提調每歲取勘認狀設有虧欠着落追陪其倉庫官員在前倶係各路自行選差近年以

來本省銓注中間恐无抵業設若侵欺錢粮追究无可折剉有累官府深爲未便省府仰照驗今後照依都省咨文内事理於各路見役司吏或曾受三品以上衙門文憑歷過錢穀官三界相應人内從公選用有抵業无過之人充倉庫官滿日依例升遷施行

倉官貼補庫官對補至大二年九月袁州路奉江西行省劄付撫州路申准揔管王嘉議關該近奉省劄臨江路揔管萬少中言司吏先充倉庫官重役滿替給由到路不行從優先行定奪却與緻補人數一例挨次守缺停閒數年不能還役倉官已有養廉分例尚蒙省部定立出身惟有庫官另无俸給養廉又无優升定例莫若今後庫官對缺收補事省府依准所言對補相應仰照驗施行奉此除遵依外切照倉官交取粮米庫官收支錢帛各任重責利害頗

同倉官雖有分例往往因而消折正粮將分例陪納還官少有得爲養廉之資者雖蒙省部定立出身及庫官對補却緣多有在前歷過倉官重役月日未及不該升轉例應貼補及庫官得代在通例之先者剏補司吏一體挨次守缺久不得補停閑生受若擬令先儘收補相應申乞照詳照得至大元年十二月十二日臨江路申前事已經劄付本部依上施行外今據見申省府議得今後各路例年例於見役司吏内差充庫官歇下名缺須候得替庫官給由到路對缺填補還役外但遇路吏有缺須要先儘歷過倉官重役月日未及不該升轉之人及庫官得替在通例之先者亦須挨次貼補餘有名缺方及剏補人員无得攙越合下仰照驗施行

倉庫官升轉

延祐四年十月行省准中書省咨來咨撫州路

備大盈庫申庫使張京另无俸給如蒙定俸給祿准復依
湖廣省元擬庫官周歲滿替准理路吏月日考滿依例升
轉官吏俸給已有定例外據倉庫官升轉一節本省未奉
前因咨請照驗准此送據吏部呈奉中書省劄付本部呈
江浙省咨各路司吏歷俸已及兩考在役選充五萬石之
上倉官一界如无侵欺粘帶合无將歷過倉官月日比路
吏一倍折算歷五百石之下倉官月日以二折三與元役
路吏俸月通九十月照依見奉遞降通例歷典史一考升
轉准復五萬石之上者比同考滿路吏出身充典史一考
升吏目五萬石之下者於典史內添一考依例遷敘本部
議得江浙行省各路見役司吏已及兩考選充倉官如无
侵欺粘帶比同考滿出身充典史一考升吏目依例遷敘
相應都省仰依上施行奉此已下主事廳標附格例去訖

今奉前因本部議得江西省咨倉庫官役滿未奉升轉定例以此參詳合依呈准江浙行省元擬如係路吏歷俸已及兩考選充倉官一界另无侵欺粘帶比同考滿出身充典史一考升吏目遷敘庫官周歲如无粘帶准理本等月日考滿依例升轉如蒙准呈移咨行省照會札付本部爲例遵守具呈照詳都省咨請依上施行

局院官 原闕今補

工匠官升轉例　至元二十二年五月省判吏部工部議定例

院長百二十个月升正九匠官

正九兩考從八　從八三考從七　從七三考正七

正七兩考從六（如无從六窠闕擬加從六散官止於所轄衙門正七匠官用）

從六三考從五（如正六匠官有闕許於已受從六散官人內用）正六兩考從五

從五三考正五（別无正五闕升加五品散官於從五匠官遷用）

一千户之上

提舉從五　同提舉正七　副提舉從七

五百户之上

提舉正六　同提舉從七　副提舉從八

工匠局官品級　至元二十四年湖廣行省准中書省咨本省

管轄工匠局院一十三處除潭鄂二州已有管匠官員外
請定奪局官職名印信事准此都省照依匠户數目斟酌
定到下項管匠衙門品級外據印信等候注到本處局官
受除了畢至日定奪咨請照驗施行

一今定江南匠户品級以入局工役匠户為數

提舉司

三千户之上　提舉從五　同提舉正七
副提舉正八

二千户之上　提舉正六　同提舉從七
副提舉從八

局使副

一千户之上　局使正七　副使從八

五百户之上　局使從七　副使正九

院長　五百户之下止設一員

局院匠官遷升

尚書省咨至元二十七年四月十一日奏過事内一件在先哈赤哈剌奏來管匠官教遷轉呵造作或好或歹或短少呵難尋覓的一般有不交遷轉呵怎生麽道奏呵是也休教遷轉者聖旨有來如今江淮省官人每沙不丁那的每與將文書來管匠官常川教管匠人每不教替換呵匠人每管匠官每偷盜了錢物呵一个一个根底厮拿着罪過不告有管匠官三年滿呵不交管民這局裏的官人每那局裡那局裏的官人這局裏只教管匠的勾當裏遷升的說將來有俺與工部官商量得依他每說將來的三年依體例遷升呵怎生麽道那般者聖旨了也欽此

場務官原闕今補

額辦課程處所

一萬定之上提領從六　大使從七　副使從八

杭州在城　江漲　城南　真州

五千定之上提領正七　大使正八

平江　潭州　太原　平陽　揚州　武昌　真定

安西

三千定之上提領從七　大使從八

建康　龍興　溫州　泉州　廬州　江陵　淮安

慶元　鎮江　福州　成都　清江鎮　思州　保定

大同　衛輝　汴梁　濟寧　東平　益都　大名

吉安

一千定之上 提領正八 大使正九

婺州 建德路 紹興路 江州 湖州

無錫 饒州 寧國路 建寧路 嘉興路

重慶路 華亭縣 杭州長安 高郵府 安東州

公安縣 衡州 武城縣 河間長蘆 中山府

高唐州 濟陽縣 濟寧路 南宮縣 章丘縣

懷孟路 彰德路 夏津縣 鄆城縣 豐州

單州 通州 陵州 棣州 泰州

和州 常州

五百定之上

富陽 崑山 嘉定 餘杭 常熟

長州 吳縣木瀆 金壇 江陰 宜興

海鹽 崇德 台州 蕪湖 南潯

徽州　池州　淳安　衢州　信州
南昌縣　太平在城　贛州　新喻州　長沙
袁州　萬載　建昌　廬陵永和　靜江
湘潭州　宜春縣　岳州　醴陵州　寶慶
泉州晉安　益陽州　瀏陽州　常德州　巴陵
安慶　安豐　福州閩安　濠州　盱眙縣
巢縣　漢陽　棗陽縣　興化　永興縣劉市
蘄州　无為縣　黃州　潞州　碭山縣
濮州　彰德輔岩　滑州　南樂　楚丘
河中府　河南府　汶上縣　長垣縣蒲城　虞州
滄州　亳州　東阿縣　襄陵縣　安陸府荆山永隆
鄧州　弘州　冠州　鄒平縣　東明縣
清平縣　虞城縣　開州　睢州　濟州

暘谷縣　武清縣　東鹿縣　順德縣　許州

汾州　蠡州　臨水縣　欒城縣　考城縣

汝寧府　金鄉　定陶　禹城　齊東

鞏昌　興元　襄陽　浮梁景德　瑞州

內外稅務窠闕

大都等處腹裏稅務七十三處

大都在城宣課提舉司

猪羊市從七　馬市從七　牛驢市從八

菓木市從八　會城煤木所從八　武清縣從八

太原路在城正七　汾河務從八　真定路在城正七

中山府在城正八　冀州南宮縣正八　棗强務從八

蠡州務從八　平陽路正七　洪洞縣從八

河中府從八　潞州府從八　濟南路從八

棣州正八　章丘縣正八　濟陽縣正八
鄒平縣從八　恩州從七　濮州從八
大同路從七　豐州務從八　弘州從八
保安路三使司從七　東平路從七　汶上縣從八
陽穀縣從八　東阿縣從八　衛輝路從七
懷孟路正八　大名路從七　開州務從八
東明縣從八　長垣縣蒲城務從八　滑州務從八
南樂縣從八　高唐州正八　夏津縣正八
彰德路正八　輔岩務從八　濟寧路正八
單州務正八　鄆城縣正八　濟州務從八
碭山縣從八　虞城縣從八　金鄉縣從八
曹州務正八　益都路從七　沂州務從八
長蘆務正八　河間路陵州務正八　滄州務從八

濟東縣從八　順德路從八　東昌路從八

泰安州從八　德州從八　清平縣從八

冠州務從八　廣平路臨水縣從八　平灤路樂亭縣從八

江浙行省四十處

杭州在城稅課提舉直隸省

鹽官州長安務正八　富陽務從八　餘杭縣從八

平江路正七　吳縣木瀆務從七　長州縣從八

常熟州從八　崑山州從八　嘉定州從七

建康路從七　慶元路從七　温州路從七

鎮江路從七　金壇縣從八　太平路從八

饒州路正八　浮梁縣景德務正八　紹興路正八

池州路從八　嘉興路正八　崇德路從八

海鹽州澉浦務從八　湖州路正八　江陰州從八

常州路正八　無錫州正八　烏程縣南潯務從八

宜興縣從八　建德路正八　淳安縣從八

徽州路從八　松江府華亭縣正八　信州路從八

衢州路從八　台州路正八

江西行省一十八處

龍興路從七　南昌縣從八　富州務從八

吉安路從七　廬陵縣永和務從八　新淦州從八

臨江路清江務從七　江州路正八　袁州路從八

宜春縣從八　萬載縣從八　萍鄉州正八

分宜縣從八　瑞州路從八　贛州路從八

建昌路從八　撫州路從八　廣州路正八

福建行省六處

福州路從八　閩安縣從七　泉州路從七

晉安縣從七　建寧路正八　興化路正八

遼陽行省二處

大寧路從七　遼陽路懿州從八

河南行省三十四處

揚州路正七　真州從六　高郵府正八

泰州正八　通州正八　盧州從七

和州正八　安慶路從八　黄州路從八

蘄州路從八　蘄水縣從八　安豐路從八

無爲州從八　巢縣從八　濠州從八

峽州路從八　沔陽府從八　茆步務從七

江陵路從七　公安縣正八　枝江縣從八

淮安路從七　安東州正八　泗州盱眙縣從八

汴梁路從七　睢州從八　考城縣從八

許州從八　汝寧府正八　襄陽路從八
安陸府荊山縣永隆務正八　歸德府亳州從八　南陽府鄧州從八
河南路從八
陝西行省四處
奉元路從八　鞏昌府從八　秦州務從八
興元路從八
四川行省二處
成都路從七　重慶路正八
甘肅行省二處
甘州稅課從七　寧夏路從七
湖廣行省一十九處
潭州路正七　湘潭州正八　長沙縣從八
湘陰州從七　益陽州從八　瀏陽州從八

醴陵州從八　攸州從八　武昌路正七

湘潭州下揖市務正八　通城縣從八　衡州路正八

常德路從八　岳州路從八　巴陵縣從八

漢陽府漢陽縣從八　興國路永興縣劉市正八　靜江路從八

河泊一十六處

歸德府從八　安慶路宿松縣從八

黄州路黄岡縣從八　沔陽路玉沙縣正七

景陵縣正八　常德路沅山湖從七

澧州路安鄉湖從七　江州路德化縣從七

江陵路公安縣正八　潛江縣從八

監利縣從八　漢陽府沔河湖正八

安陽湖從八　武昌路西堡黄崗湖從八

寧州正八　岳州路魚苗塲從八

竹木場四處

杭州從八　岳州路平江州從八

真州從八　安陸府蘆袱湖從九

盐場額辦引數

周歲内外額辦計一百七十一萬六千六百七十引

腹裏

大都二萬引

江南二十五萬引　竈三千五百六十五户

山東二十四萬引　竈二千七百八十户

行省都轉運盐使司

兩淮六十五萬二千四百七十五引　竈一萬四百三十二户

兩浙三十五萬引　竈一萬五千八百九十户

陝西七萬四千引　竈二千户

四川一萬四千六百九十五引 竈六千三百五十一户

福建七萬引 竈户一萬一千七百八十二

廣東塩提舉二萬一千五百引

廣海塩提舉二萬四千引

塩場窠闕處所

大都運司塩場大德七年三月併入河間運司

惠民場 濟民 石碑 越支 蘆臺 三汊沽

河間運司十六處

利國 阜民 鎮塲 利民 海豐 富民 海潤

阜財 富國 厚財 興國 豐財 海盈 潤國

益民 海阜

陝西運司解塩塲

四川塩茶運司一十處

簡鹽 隆鹽 嘉定 順慶 保寧 大寧 長寧

潼川 紹慶 雲安

遼陽路鹽司三處 管勾正九

瑞錦等處 邙蒙場 大寧鹽引

山東鹽運司

濱鹽司七處 從五品 管勾正九

永利場 寧海 永阜 豐國 富國 豐民 利國

樂鹽司五處 從五品 管勾正九

官臺場 高家港 新鎮 王家崗 簡堤

膠蕭鹽司八處 管勾正九

西田場 海滄 登寧 行村 信陽 即墨 石河滄頭

濤洛

兩淮鹽運司 揚州置司 官五員 正三品二員 正四 正五 正六 各一員

各場塩司三十一處司令從七　司丞從八　管勾從九

馬塘　掘港　西亭　余東　余中　余西　金沙

石港　江呂西　豐利　白駒　東臺　梁垛　小海

草堰　劉莊　小陶　角斜　富安　河垛　拼茶

丁溪　板浦　天賜　臨洪　五祐　新興　莞瀆

徐瀆浦　白硯　廟灣今併

塩倉三處

通州　泰州　淮安路

檢校秤塩二處

揚州東門　真州新城

廣盈庫提領從八　大使從九

江海巡塩官從九

兩浙塩運司揚州置司官五員品同兩淮

浙東盐司場二十五處

三江　曹娥　蘆花　石堰東　石堰西

岱　蒿　龍頭　東江　鳴鶴東　鳴鶴西

黄岩　雙穗　長亭　天福南　天福北

清泉　永和　杜瀆　昌國正監　岱山

穿山　長林　玉女溪　高南泉海内不同　長山玉泉

浙西盐司場十一處

江灣　黄窑　浦東　横浦　袁浦　鮑郎　下沙

青村　蘆瀝　沙腰　海沙

杭州盐司場九處

茶槽　仁和　北栅　許村　南路　西興　錢清

錢塘　西路

檢校秤盐三處

杭州　慶元　嘉興

福建塩運司

塩司二處

福建　興化

塩場十八處管勾正九　同管勾從九

海口　牛田　嶺口　南鄉　北鄉

潯美　惠安　港據　東坂　馬欄

梧州監　吴慣　洒州下里　涵頭上里　中冊木櫝

長溪南鄉　漣江

廣東

東筦等處塩司十二處管勾正九

都料　海晏　矬峒　歸德　小江　東筦　招收

疊福　雙恩　石橋　黄甸　靜康

惠州等處淡水鹽司

古隆　淡水

潮州小江等處鹽司

井隆

南恩州鹽司

鹹水

茶場窠闕處所

江西等處榷茶都轉運司

所轄茶提舉司十五處

龍興　興國　寧國　杭州　平江　建寧　岳州

常德　潭州　臨江　廬州　靜江　江州　常州等處

古田建安等處

批引所二處

真州　太平蕪湖

委用商税務官至元三十年三月初五日中書省奏過事内一件腹裏江南的税務官行省官人每委付无根脚的人如今俺商量得提領受勑這裏委付將去次二的行省官委付次三的路官委付呵怎生奏呵那般者聖旨了也欽此都省今擬税課中統鈔爲則自五百定至一萬定之上辦課提領擬受勑牒於流官内銓注二年爲滿大使從行省吏部於有解由合敘相應人員内依例遷調副使從各路欽依累降聖旨於本處係籍近上户内公選有抵業慎行止信實人員避籍任用自至元三十一年爲始管辦各周歲交代行省以下官員並不得用私已帶行門下之人仰本道廉訪司常加體究都省議得如提領係漢人就委色目人充大使提領係色目人委漢人充大使相間勾當

呵

恢辦錢粮增虧賞罰元貞元年八月福建行省准中書省咨

元貞元年閏四月十六日奏過事內一件漢兒蠻子田地裏合辦的差發稅粮塩等諸色錢粮數目一年額辦的金子二百九十三定銀子三千三十二定鈔三百三萬六千九百七十三定緞疋紗羅等七十四萬九千八百一十一疋糸四十九萬一千一百四十七斤綿子二萬二千四百八十六行更有倉粮等各處委付着的行省官人每并錢粮勾當裏委付着的當該人每去年勾當裏在意向前比合辦額外增餘的也有辦上額的也有辦不上額虧了的也有南京省管着的兩淮塩的勾當裏行的人每年時的勾當裏怠慢虧了五千定鈔十萬引塩的上頭前者有車駕出大都來的那一日失刺怯兒奏了差的扎刺兒歹脫

帖木兒户部張尚書兩个去來做賊的勾當裏入去來的人每勘當得緣故是實就那裏要了罪過的勾當裏合着居役的交居役者合罷了的交罷了除那般的不曾做賊勾當裏怠慢來的人每要了招説將來者這般奏來京兆府塩的勾當裏委付着的人每去年比額多辦出一萬五千二百餘定來怯烈歹也先帖木兒等年時那裏有來的省官每根底做記驗與襖子塩運司裏向前幹辦來的人每根底添與散官呵怎生又濟南運司的塩課在先年分不曾辦額來去年別思哈等除額外多辦出四千餘定來這的每根底做記驗各與一个襖子似這的每其餘各處錢穀勾當裏委付着的人每向前辦出增餘來的根底斟量着事體添名分或與賞的斟酌與呵怎生勾當裏怠慢辦不上額有虧的呵斟酌着輕重合要罪過的要了罪過

合罷的罷了誠衆行文書呵怎生奏呵您的是也向前在
意來的每根底添名分更與賞者聖旨了也欽此

增餘課鈔遷賞

行中書省准中書省咨元貞二年七月十五
日奏過事内一件管辦錢的人每辦上額外中增一分呵
與賞更添名分麽道來如今各省裏的去年辦到的雖有
增餘呵不及賞的分數唯京兆省福建省這兩處的呵到
給賞的分數去年爲京兆省的向前來的上頭也先帖木
兒等省官每根底做記驗各與了一個家𧝓子來如今年
又向前來的上頭各與一个納失失呵怎生福建省的爲
今年這一年向前來的上頭省官每根底各與一个家𧝓
子呵怎生近下的各處運司官每等管辦錢來的人每根
底斟量着他每的勾當合與賞的依體例與𧝓子添與他
每做官呵怎生奏呵奉聖旨那般者欽此都省另行給賞

外咨請遍行合屬照會用心恢辦施行

院務官品級

大德三年行省准中書省咨吏部呈奉省判陜西行省咨安西路在城每年辦納稅課一萬四千餘定提領祇受勑牒大使副使亦合於流官內選用本部照得至元三十年三月初五日奏准腹裏江南稅務官提領受勑牒這裏委付將去次二的行省官委付次三的路官每委付受勑提領於流官內銓注一萬定之上從六品五千定之上正七品二千定之上從七品一千定之上正八品五百定之上從八品今本部照得各處稅務提領品級自從八至從六驗課程多少定立俱受朝命其大使副使却係行省并各路所委无出身之人連署勾當於理未宜今擬提領量分三等內從六至從七者所設使副各一員遞降二等正八者大使正九副使注省劄錢穀官如從八者大

使從九副使注近上錢穀官若拘行省所轄去處須要到

省相應人内選充餘外不許濫設又腹裏五百定之下院

務副使擬從本部於到選相應人内通行銓注庶易遷調

行省一體施行具呈照詳都省於大德二年十二月十八

日奏過事内一件隨處大小城子裏辦課多處俺於合遷

轉合受勅牒受劄付委付將去有以次的伴當每行省并

各路委付行有亂的一般教外處官人每委付人的上頭

他每自己其間致怨又不相應的人每根底委付有合從

上司於遷轉人内委付將去呵宜的一般課程也盡實到

官也者多人每題説有俺商量得有體例有斟酌所辦課

程多少去處挨次分作五等於合遷轉人内委付將去呵

怎生奏呵奉聖旨那般者又各處行省所轄并腹裏應管

諸色錢穀五百定之下合設人員行省所轄的交行省依

例於合遷轉人內委付腹裏所管的教吏部依體例委付呵怎生商量來奏呵奉聖旨那般者欽此

又例 延祐三年正月行省准中書省咨延祐二年六月初五日奏過事內一件在先各處院務裏五百定之上至一萬定之上辦課去處驗省錢數依着等第定擬了委付人教行有來去年爲比之在前物貨價直貴了有麽道各處委人教監辦呵比至額辦出增餘數了來如今將那增餘出來的也作額教辦有依在先立來的體例辦五百之上院務去處驗着鈔數合改陞衙門去處二百五十三處合委付五百六十三員官有麽道吏部官定擬了與了俺文書有依着他每定擬來的教行呵怎生麽道奏將來有奏呵那般者麽道聖旨了也欽此都省除外今將改陞改設處所品級開坐咨請照驗欽依施行

辦課官齊年交代大德八年八月二十六日湖廣行省准中書省咨吏部呈准文部關承奉中書省判送本部呈大都宣課提舉司申果木市大使王秉智言辦課官員齊年交代斷没匿税物貨扣算合該税錢依例給付其餘數内一半給賞一半別項權收相應具呈照詳得此覆過奉都堂鈞旨送户部依上施行

一錢穀人員互相交代日月不等至甚未便切見祗受勑牒者二年爲滿受省部劄付者周歳爲滿若是俱於各年正月禮任或一年二年却於正月交代辦到課程如有增餘盡實到官如有虧兑陪納无詞或云望月之任望月交代暮月之任暮月交代增虧相補與齊年交代无異此説未當假説大都籍貫除得真定河間濟南東平等處近者五六百里遠者千里之

外於望月之任始初到彼不知本處地理出產物貨人情事體善惡雖有攢攔不係上司所設又无工倖别不營生全籍稅務營求衣食養活家小輸納本户差役誰肯盡心奉公及院務官多者二年少者一年倏忽任滿得代結構店鋪把柄行市通同作弊收斂契稅百端欺謾其課十无五六到官及務官通曉辦課事體見是春月虧課盼到向前望月補辦却早交代新任之官又遭前弊因此不便參詳錢穀之職難同有司接卷承行不致稽遲而已務司虧課前官不能給由後界焉肯認辦年終考校定是追陪前官供責已是得替後任稱詞不係本界官司雖有法治終是兩各縈纏後界交代固亦如此展轉留患何時而盡合无齊年正月立界望暮增虧相補庶革前弊永

除後患新舊各各便益

前件辦課官員齊年交代事關銓選就行吏部議擬施行今來本部照得各處辦課衙門依驗課額銓注受勑牒者二年爲滿受省部劄付之人周歲爲滿倒合齊年交代增虧相補緣已除人員若值虧兑時月有所窺避課程增羨却行赴任以致相換交替實爲未便又提調官司不詳辦課事體遇虧月勒令揭借陪納增月委人監辦因而索取諸物受要屬托致課程額重不能恢辦及照得大都宣課提舉司大德八年所辦課程虧兑蓋因本司官員節續以致交代如此至大德九年都省奏奉聖旨本司官四員正月爲始交代辦課比之上年增羨以此參詳受勑院務止依舊例二周歲爲滿合准所言與受省部劄付錢穀官

一體立界齊年交代若今歲月日不等已到任者並擬大德十一年正月交代近滿未代之人擬自大德十年正月交代依例二周歲爲滿其年深結構店鋪收斂契稅欺謾官課把持務官作弊攢攔人等擬合盡行革去果有順行不作過犯之人從新任官選委不許泛濫多設如此少革前弊如准所呈乞賜遍行照會具呈照詳得此都省除外咨請照驗依上施行

院務副使敘格 大德四年正月江西行省劄付大德三年二十九日准中書省咨該腹裏五百定之下院務副使擬從吏部於到選相應人內通行銓注庶易遷調行省一體施行准此已經照會去訖今據各路申到本處元設副使人員數多亦有遠年得代人數慮恐已後員多闕少難以遷調除將已到選人員另行議擬勾當仰照驗擬自至元三

十一年爲始至大德三年若受本路付身曾充三界院務副使者許令照勘明白抄連各界得代无粘帶解由用半印勘合依式保結開申毋得濫舉違錯

盐管勾减資至元三十一年九月中書吏部承奉中書省判送本部元呈奉省劄兩淮運司管下三盐司俱擬革罷所設盐場管勾擬升正管勾作從七品同管勾作從八品副管勾從九品於流官内選充依倉官例升一等資品本部除已依上陞轉選注外照得江南兩浙接連并腹裏河間山東大都等處運司所轄盐場甚多即目俱設管勾正九同管勾從九副管勾根脚淺短者量授部劄今兩淮管勾俱合例應注代若便依上銓注慮恐其餘運司所轄盐場管勾指例陞等銓注豈惟銓選不一有碍遷調叅詳兩淮盐司管勾若於流官選注任回别无粘帶擬减一資陞轉

元係雜職人員注充止理本等月日庶望易得調選呈奉

都堂鈞旨送本部依上施行

站官 原闕今補

選取站官事理 至元二十三年九月中書省准御史臺呈江南諸路新附站官不曉喂養馬疋本省擬於有根脚曾歷仕入流品北人内選取提領一員每月給俸一十兩二周歲爲滿无過於巡檢内任用副使本處站户内選差一員常川勾當就當本户身役請定奪都省議得每站設提領副使各一員提領一員於慣曾勾當北人内選取受行省劄付勾當三周歲爲滿若有成效无過犯者依驗受行省付身例别定奪委用副使於本處站户上户内選知官事爲衆推服者一名受通政院劄付常川勾當咨請依上施行

整治站官事理 至大元年五月江浙行省准中書省咨照得

大德十一年十二月二十七日改元詔書內一款見本詔

於大德十一年十二月二十六日奏過事內一件站赤氣力消乏的上頭這裏差去的人每鋪馬斟酌事務計較與鋪馬中書省樞密院御史臺依舊從便差使其餘諸衙門但有必合差人出去的公事中書省斟酌應副鋪馬各處行省宣慰司轉運司等衙門除緊急軍情勾當外即便差人報來者其餘不緊的勾當類着一處差請俸人一名鋪馬裏來呵站赤每也省氣力勾當也便益又除大數目鷹房子外其餘不揀是誰爲因自己的勾當上頭推送鷹鷂鋪馬裏來的每根底休濫與鋪馬實是堪中上位根底進呈的好鷹鷂有呵有司官親身相驗過分揀了堪中好的教印信文書省部裏與將來者大數目鷹房子送納鷹鷂來的時分行省宣慰司有司親身相驗了堪中的教鋪馬

裏送來者不堪的休與鋪馬者到這裏將來的鷹鷂歹呵交鋪馬生受費耗支應上面上頭將元分揀來的官人并選將來的人根底要罪過更指稱進呈諸物麼道濫騎鋪馬的馳馱沉重的无體例打拷站赤的百姓每根底科斂首思等一切不便該載不盡合行的勾當俺斟酌行文書整治呵怎生又站赤頭目却是通政院行省各路官委付的人有今後大都上都在城站裏於到選雜職人員委付受勑官二員其餘站裏各委付受勑官一員依體例與俸錢以次人員交通政院選着委付這般整治了通政院官專一用心提調各處脱脱禾孫用心盤問別了的人每根底依體例要罪過呵怎生奏呵奉聖旨是也那般者欽此

皇慶元年七月江西行省准中書省咨來咨站户内選保站官本欲優卹站户誠爲美意却緣站赤之設通設朝廷

政令遠方邊關事情不爲不重廣海極邊新附地面相離本省三千餘里即與腹裏事體不同若比於站户内選取豈惟不諳站赤事務倘有機密公事中間恐非所宜莫若於色目北人内選用相應相參勾當似爲長便咨請回示又准湖廣江浙行省咨爲前事擬合照依舊例從本省於已設提領内銓注委任百户從路府州縣提調正官於站户内選保相應送據兵部呈照得江西等省咨站户内選保站赤江南腹裏事體不同倘有邊關軍情機密事務恐非所宜以此參詳合咨各省照勘各站驛令若有急缺或不設去處於相應人内銓注提領一名相參勾當如蒙准呈照會相應具呈照詳得此都省咨請依上施行

首領官 原闕今補

上中州添設首領官 大德四年六月江西行省准中書省咨該河南省咨管下歸德汝寧南陽等處散府比河北衛輝等下路所轄州縣數多地面寬濶止設提控案牘一員或有病故躭誤公事若蒙斟酌比附下路添設知事一員照略案牘便益又據吏部呈開州申各處散府正四上州從四所轄事務不在一路之下首領官止設提控案牘一員凡有科撥差稅獄訟户婚應議事理必須首領官圓議如或差故止令司吏獨名係歷署押文字其間不能照略散府上州合无添設知事一員中下州添設提控案牘一員不致差池本部除中下州一節近後定奪今議得寶鈔提舉司萬億四庫儀鳳教坊二司俱係四品各有知事提控

案牘散府上州亦是四品所掌事務尤爲繁重然雖裁減終非冗員如准府州各添知事一員作從八品提控案牘依舊受吏部付身庶幾官不缺人事无躭滯得此都省議得散府上州添知事一員中州添提控案牘一員合設知事除已銓注聞奏外其隸屬行省提控案牘咨請更爲照勘无差就便於相應人内銓注施行

江南提控吏目遷轉 大德四年八月江西行省准中書省咨該吏部呈議擬到腹裏江南都吏目提控案牘升轉通例都省准擬除外開坐咨請依上施行

江南提控案牘都吏目出身照得腹裏至元二十五年呈准各路司吏實歷請俸六十个月吏目歷兩考升都目歷一考升提控案牘兩考升正九品若路司吏九十个月吏目歷一考與都目餘皆依上升遷

前件議得江南提控案牘除各路司吏比依腹裏路吏至元二十五年呈准定例遷除其餘已行直補并自行踏逐根脚淺短之人自呈准月日立格實歷案牘兩考者止依至元二十一年定例九十个月入流未及兩考者又添一咨遷除例後違越踰補之人雖有役過月日别无定奪

勑牒提控案牘

大德十年四月湖廣行省准中書省咨吏部呈切惟各路統領郡縣生民利病實所係焉其幕官經歷從七品級所辦差税課程造作一切詞訟贊協治體責任非輕宜從都省於在選正七人員選材銓用又知事以下例設提控案牘一員止受本部劄付出身甚小歷任尤淺即目到任正從九品員多不能遷調若准改設提控案牘兼照磨職名頒降勑牒遇闕於在選文資出身諳知事務流官内銓注不敷者於任回案牘官注授通理月日升遷

職田俸給並依舊例用不盡人數錢穀官定奪理算案牘
月日除遠方路分外腹裏江南等處上路并寺監經歷宜
從都省於在選正七品以上人員量材選用下路止依舊
例本部銓注相應得此議得除腹裏江南上路并寺監運
司經歷宣慰司都事都省選注餘准部擬外據提控案牘
擬改設提控案牘兼照磨承發架閣給降從九品印信於
大德十年二月十一日奏過事內一件內外各路分并各
衙門裏的提控案牘腹裏的路分裏的受吏部劄付迤南
各省管轄的路分裏的受行省劄付有如今九品員多缺
少的上頭難銓注有這提控案牘教祗受勑牒呵怎生麽
道吏部官人每俺根底與文書來俺商量來他每的言語
是的一般有依着他每言語行呵怎生奏呵奉聖旨那般
者欽此

捕盜官原闕今補

縣尉專一巡捕至元八年二月尚書吏部承奉尚書省劄付判送刑部呈下縣亦合依中縣例另設縣尉一員專一捕盜事批奉都堂鈞旨送吏部講究擬定可否連呈奉此當部呈奉尚書省劄付該議得下縣巡尉候取勘定數舉呈定奪外據上中下縣已有另設縣尉去處今後本官不須署押縣事止令專一巡捕勾當

下縣添設縣尉大德八年十二月湖廣行省准中書省咨吏部呈照得奉中書省判送刑部呈該下縣除兩廣雲南四川甘肅遼陽僻遠去處近後定奪腹裏江南擬添縣尉一員專一巡捕相應蒙都省准擬連送本部照勘銓注通類聞奏施行承此除遵依外今來照得腹裏江南下縣合添

縣尉去處除見鈌依例銓注外所有在先已除主簿兼尉於内多有見任未滿已除未任官員各添縣尉未曾銓注即目到選從九人員數多壅滯不能遷調爲此本部議得腹裏江南授除簿尉已未到任員數合依已授止管縣事任回依例遷用參詳添設縣尉擬合通行銓注專一巡捕具呈照詳准呈劄付吏部依上銓注外都省咨請依上施行

減併額設巡檢事理 大德十年三月湖廣行省准中書省咨大德十年正月二十六日奏過事内一件吏部官人每俺根底與文書到選的九品人每員多鈌少不能遷調有各處設着的巡檢的勾當重有外處多委付着无根脚的人有這巡檢每於九品人員内委付受勑牒印信俸錢合依舊歷道説有俺商量來他每的言語是的一般内外合設

的巡檢於九品人内委付得替的人每應得的另勾當裏

定奪委付呵怎生奏呵奉聖旨那般者欽此都省區處到

合行事理除外合行開坐咨請照驗見設巡檢除要緊必

合設置外若有濫設去處以遠就近從公減併仍具合存

設并減併定處所開咨以憑注授施行

一各處行省所設巡檢考滿者咨省定奪未及考滿者

從行省於錢穀官等職内委用通理月日依舊升遷

不及一任人員如係告廕并提控案牘例應充者於

雜職内委用考滿各理本等月日依例升遷如係違

例根脚淺短之人從本省於雜職内遷用

知印於正從八品職官内選取考滿並依上例注
授雜職不預
宣使於正從九品得替有解由無過流官内選取
仍須色目漢人相參考滿於元來資歷上擬陞一
等止除元任地方雜職不預右二段應在本葉第七行後原闕今補

又

蘄州路提控案牘劉瑾於至元二十四年閏二月初三日禮任勾當支訖當月俸鈔一十兩户部照擬得劉瑾既於閏二月初三日禮任合自三月爲始支俸都省移咨湖廣行省於劉瑾名下追徵元支訖二月俸錢還官此段應在俸錢按月支付條後原闕今補

一大都上都隆興輦轂經幸供給浩繁應百姓合輸差稅自至大四年爲始並免三年

一近年田宅增價爭訟日繁除已到官見有文案并典質借貸私約分明依例歸結其餘在至大元年正月已前者並仰革撥

一風憲之官職膺耳目糾劾百司凡政令之從違生民之休戚言責所關實要且重惟今百度載新圖治伊始式遵世祖皇帝以來累朝成憲各揚乃職以肅政綱

於戲昧遠圖而趨近利詎能稱物之平仍舊貫而作新民式正守成之道故茲詔示想宜知悉右四段應在本葉第四行後原闕今補

聖旨了也欽此咨請欽依仍將燒訖昏鈔開坐各各庫內年月備細數目上下半年登答咨報據工墨鈔定起運赴都交納准此按此爲本葉背一行者庶道下闕文今補

虛燒昏鈔按目錄作燒鈔關防檢察

至元二十九年五月中書省咨據御史臺呈長蘆平准行用庫官庫子人等將倒下昏鈔不使退印同謀分使安西路平准行用庫庫子知情收受接補剜挑僞鈔倒出好鈔又侵借鈔本多收工墨并大同路豐州行用庫官庫子侵使倒下昏鈔數多欲行買囑監視燒鈔人員虛行作數事發除將犯人財產人口委官抄扎追問及取當該提調官員招伏另行議罪外照得下項合行關防檢察事理當該官司必要實行有廢弛不行者所在廉訪司官就便嚴行禁治合申臺者開具招伏申臺呈省都省除外咨請遍行合屬依上施行

一凡遇諸人以昏鈔易換料鈔照依已行辦驗無僞必須隨即用訖退印依例收倒本路提調正官不測檢校若收到昏鈔内但有不使退印者庫官取訖招伏申部庫子人等就便斷罷提調官循情不理及違慢不行者廉訪司官取招申臺呈省

一每遇起納合燒鈔數須提點官檢閘無差監視裝發甚至合燒處所若被委官員不爲用心關防檢察右三段爲本葉背一行致有上闕文今補

部呈省合該税石未嘗不免近年以來有司遇人户申報不即檢踏又按察司過期不差好人體覆中間轉有取歛人民避擾不肯申報雖報不待檢復趁時番耕以致上下相耽官粮不得到官民間虛被其擾都省除已劄付户部遍行合屬今後但遇人民申告災傷者令不干碍官司從實檢踏及就便行移肅政廉訪司隨即差官體覆虛實須管依期申部呈省若有檢踏體覆不實違期不報過時不檢及將不納税地并不曾被災捏合虛申者挨問嚴加究治仰依上施行按此爲本葉背八行申到下闕文今補

水旱災傷隨時檢覆至元二十八年至元新格内一款

諸水旱災傷皆隨時檢覆得實作急申部體分損八以上其税全免損七以下止免所損分數收及六分者税既全徵不須申檢雖及合免分數而時可改種者但存堪信顯

跡隨宜改種勿失其時

江南申災限次

大德元年五月江浙行省照得近准中書省咨該各處遇有水旱災傷田粮夏田四月秋田八月非時災傷一月爲限限外申告並不准理例合隨即委官檢踏行移廉訪司體覆獲到牒文以憑除免准此已經遍下合屬依上施行去訖今來本省議得江南天氣風土與腹裏俱各不同稻田三月布種四五月間揷秧九月十月才方收成若依覆裏期限九月內人户被災不准申告百姓无從所出致使逼迫流移連年皆有此弊非惟於民有損抑且於官无益右二段爲本葉背八行合無上闕文今補

軍裝

按此類應在軍糧類後原闕今補

軍人衣裝體例 至元三十年八月福建等處行中書省咨欽奉聖旨應支請衣裝人數皮衣隔二年支一遍者請疋帛的隔一年支一遍者支布者每年支者欽此

軍裝依期支給 大德四年十月江西行省劄付據左右司呈備令史史祥呈賞監察御史省會軍人冬夏衣裝贛州路於十月十六日方行申稟夏衣其餘路分俱是七月八月之後方行請領甚不便當仰省會當該令史具呈左右司轉呈本省議擬定立限次行下各路今後依期申稟放支毋令軍人失所乞照驗事得此省府議得今後軍人夏衣須要不過四月冬衣不過十月依例放支除已劄付各萬户府預期行移本路放支外依上施行

軍人盤纏 至元二十一年五月御史臺准樞密院咨照得至元十八年正月十九日本院官與阿里海牙平章奏軍人每歲取發盤纏搔擾軍户及在軍前津送多有不便驗軍人合用盤纏於見在官錢内支給却於奥魯内收斂本處官司解赴都省還庫便當底一般俺議得先於奥魯内收斂數足解省納訖憑准都省咨文數目於行省見在錢内支散軍人用度非奉都省咨文不得一面借支奏呵奉聖旨准欽此除外於至元二十年八月二十六日本院官等奏史塔剌諢說有軍人每底盤纏軍人每的家裡要了者省裏轉發與呵三二年不到軍人身上軍人每哏生受有如今各萬户千户裡使的人去各軍家裏取去呵便當的一般麼道奏呵奉聖旨哏是有那般者欽此除外今據隨路解到在先行省所收盤纏已徵在手經歲方行起納又

有別項支破不行起解又有文解到院已呈都省合納者却不見送納中間侵欺移易借貸情弊不无若不從實取勘切恐埋没未便本院除已遍行隨路諸軍奥魯照勘元收開除實徵盤纏名項管押送納官姓名起程送納月日各各納獲朱鈔備細造冊申院外請行下各道按察司追徵施行

封樁不收脚錢 大德二年二月二十六日御史臺咨奉中書省劄付准樞密院咨許州長葛縣司吏楊明之收受元貞元年四川軍人封樁中統鈔六十三定每鈔一定多收訖脚錢鈔五兩計三百一十五兩入已不公及路千户每兩帶收脚錢五錢不見有无許准帶收脚錢通例請照回示准此移准各處行省咨該行據各萬户府申每年取發軍人盤纏並无許准帶收水脚錢通例咨請照驗施行

做罪過的不踈放 中書省劄付皇慶二年四月二十六日奏過事內一件皇帝登寶位詔書裏該着赦不可頻數麽道這般行了呵去年冬間又開了詔赦來那之後因着做好事節次放了的罪因多有爲這般上頭皇帝根底奏呵今後休教放者聖旨有來如今星芒天旱百姓缺食的其間似這般有罪過的歹人每放了呵被害的人每寃氣无處伸告傷着和氣今後做罪過的歹人每依體例交問了要罪過不踈放呵歹人每怕懼也者更外頭做官的人每犯罪拿着問的其間使見識交奏啟了傳奉聖旨懿旨交鋪馬裏上來休問者麽道也有來俺商量來似這般呵壞了法度做罪過的歹人每根底慣了去也今後傳聖旨懿旨唤的休交來依體例問了要罪過呵怎生奏呵您說的是有聖旨了也欽此都省仰欽依施行（此條應在犯法度人有司決斷條後原闕）

闕文二之一

今補

罰贖每下至元鈔二錢至大四年三月江西廉訪司奉行臺劄付近據各道廉訪司申爲諸人犯罪不任杖責罰贖事例移准御史臺咨呈奉尚書省劄付送據刑部呈照得先奉省判亦爲此事該准蒙古文字譯該寶哥爲頭大宗正府也可扎魯花赤言語在先中書省俺根底與文書來有罪過的人每七十之上十五之下及篤廢殘疾的不打有杖子根底罰贖中統鈔一兩麽道擬定了文書與將來有至大二年九月内欽奉詔書聖旨至大銀鈔一兩折至元鈔伍兩中統鈔詔書到日限一百日外休使者麽道聖旨有來今後七十歲之上十五之下及篤廢殘疾的這般人每做罪過呵罰贖的體例未曾擬定有如今怎生般定奪的省官人每識者得此送本部議得諸犯罪人若年七十以上十五以下及篤廢殘疾不任杖責者前例每杖贖中

統鈔一貫文今欽奉聖旨改造至大銀鈔一兩准至元鈔五貫擬合每笞杖一下罰贖至元鈔二錢若納至大銀鈔或銅錢者依例准折如蒙准呈遍行照會相應都省准呈仰依上施行此條應在民官公罪許罰贖條後原闕今補

怯怜口官吏犯罪 大德六年三月初十日江西行省准中書省咨中政院呈大德五年十一月二十八日本院官啟過事内一件在先中御府時分文卷休别者麽道懿旨有來如今中政院管着的怯怜口呵塔赤阿察赤玉烈赤匠人每管民官吏等但是俺管着省裏臺裏内外衙門俺根底不商量做罪過來麽道拿將去問有那般啟呵您説得是有家私的勾當有但屬您管的省裏臺裏休問者這裏側近有的罪過做呵您問者外頭有的做罪過呵各路有的廉訪司官人每依體例問者是實呵您根底文書裏説將來者重罪過的啟者輕罪過的您依體例了者麽道懿旨了也欽此

僧人自犯重刑 大德四年正月江西行省准中書省咨來咨瑞州路申准僧錄司牒行宣政院備奉中書省劄付僧人

自相干犯重刑依式結案事理本省未曾准到都省明文即係通例請定奪都省照得先准雲南行省咨大理路大和縣僧人段海長將僧人連公毆傷致命未審僧人自犯重刑合無有司與僧司審問止令有司結案唯復全令僧司結案係爲例公事請定奪回示准此劄付宣政院照擬回呈欽奉聖旨節該僧俗相犯重刑者與管民官一處問了是做重罪過來的招伏了呵分付管民官輕罪過的一處斷者和尚自已其間做罪過的則教和尚每頭目斷者欽此本院議得僧人自相干犯重刑欽依合令僧司依例結案回咨欽依去訖今准前因請欽依施行右二條應在蒙古人犯罪散收條後原闕今補

和尚犯罪種田

大德八年正月十七日欽奉聖旨答失蠻爲頭宣政院官人每奏薛禪皇帝時分教行聖旨皇帝每的

勾當裏不揀是誰休侵犯者是與不是呵宣政院官人每
提調着咱每根底奏者麽道教行來聖旨來如今多和尚
每根底外頭有的官人每搔擾的一般有麽道奏來從成
吉思皇帝到、今教僧人祝壽者麽道道來似這般搔擾的
體例那裏有今後衆和尚與稅粮的勾當省官人每并宣
政院官人每奏來的上頭依着羊兒年行來的聖旨體例
裏行者除這的外僧人的不揀甚麽勾當有呵依着薛禪
皇帝定來的體例行者又去年宣政院并僧官每的文卷
照刷者麽道道來如今御史臺并廉訪司官人每休照刷
者僧人與俗人相爭的言語有呵僧官與管民官一處斷
着傷了人命的僧人有呵管民官依體例問了處斷者道
來這般宣諭了和尚每的勾當其間裏侵入來的人不怕
那甚麽這的每却道這般宣諭了也麽道釋迦牟尼佛道

子裏不行經文的勾當裏不謹慎別了行的每根底依體例要了罪過是那个寺裏的和尚呵只教做那寺裏的種田地裏者和尚的勾當裏不謹慎要了肚皮覷面皮呵宣政院官并僧官每不怕那甚麽聖旨欽此

先生每犯罪

延祐四年正月二十九日欽奉聖旨節該先生每與俗人每有折証的言語呵委付來的宮觀裏頭目每與城子裏官人每一同理問歸斷者先生每體例不行做歹勾當説謊做賊犯重罪的先生每依在先聖旨體例教管民官問者先生別了教法體例自家其間裏有的相爭勾當呵從張天師委付的宮觀裏住持提點每依理歸斷者過犯的出去了的有呵宮觀裏每休教入來者欽此右二條應在僧道做賊殺人管民官問條後原闕今補

議得諸捕盜人員職掌捕捉若獲賊徒略問所犯情節隨即發付有司公座推問並不得獨員鞫勘并轉委吏人弓手人等法外拷問違者一體取招量事科斷餘按此爲本葉背十三行都省下闕文今補

孕囚出禁分娩 至元六年四月中書右三部據中都路來申奸婦懷孕產月合无召保在外分娩後追還禁產限滿日斷遣乞明降事省部准申今後若有婦人犯徒罪在禁臨月召保聽出產後二十日復追入禁候產限百日依理斷遣合下仰照驗施行

僧尼各處監禁 至元二十八年行宣政院照得中書省條畫內一款諸犯罪者對問其間分別輕重然後監禁枷鎖男女異處今體知各處大小僧司衙門凡有僧尼人等爲事不問所犯輕重被訴虛實便行監禁枷鎖及將僧尼混雜同禁未便使院合下仰今後僧尼罪犯奸盜徒罪以上不得監收止令召保隨衙如有應監者仍令異處毋得混雜若有不應監禁枷鎖僧尼定將當該判署官吏究治施行

罪囚季報起數 大德八年九月湖廣行省准中書省咨照得

至元六年隨路見禁罪囚刑部每名呈省強竊盜賊起數每季呈省邇後設立行省不曾咨報施行間今據御史臺呈切惟庶官刑政之得失在乎獄囚盜賊之多寡苟獄囚多則知有司之失治盜賊多則知民情之困窮故居廟堂之上者不可不知也訪聞至元之初以四方獄囚盜賊起數皆許季報朝省後爲卒難備照又許月報於是季稽月考以爲常式近因刷磨刑部案牘凡有司直隸省部者依期申報其餘但屬行省州郡皆無其數詢之部椽雖言自來不報而終無從所考遂照兵部案卷在外官府但給驛馬每季俱報省部至於各處行省亦以依期咨報連送本部一一可考以此參詳驛馬尚然有數何獨獄囚盜賊不知詳悉理宜令各處行省依舊季報時加稽考若四方獄囚不知繁簡何緣考其刑措盜賊不知多寡何緣見其民

安二者相須實關治道本臺具呈照詳都省除外咨謂今後本省所管去處見禁罪囚略具所犯情節收禁月日施行次第開寫元管新收開除見禁類總每季咨省失過强竊盜賊登答已未獲起數依上季報施行右三條應在孕囚產後決遣條後原闕今補

枉勘枉禁論罪大德二年八月行御史臺劄付據廣西道申賓州路曹總管拷勘張縣尹等身死又邕州路達魯花赤帑剌將犯人非法拷勘公事似此枉禁酷虐人命致死或不致死著爲罪例使有司易於遵行移准御史臺咨呈奉中書省劄付送刑部照擬回呈本部參詳枉勘枉禁情犯各別輕重不同難便一槩定論擬合臨事詳情議罪相應得此都省議得鞫勘罪囚已有定例今後若有枉勘枉禁依准部擬隨情量輕重論罪仰依上施行（此條應在推官專管刑獄條後）

（原闕今補）

鄭貴謀故殺姪 大德十一年三月二十四日福建廉訪司承
奉行臺劄付近據來申爲照刷本道宣慰司元帥府卷内
漳州路申鄭貴鄭子進同謀將姪鄭昭舉打死鄭貴男鄭
福德又與鄭昭舉妻通奸本路不行申解輒將鄭子進照
依省部元擬米貼因姪米公壽於機上剪了紵絲三尺用
棍打傷身死斷例各决一百七下鄭福德决杖八十七下
疎放却將鄭阿李通奸情罪并燒埋銀兩作疑申稟本司
帥府不爲參詳止下本路更爲照勘无差依例施行雖在
革前緣事干人命終无都省定擬明文緣係爲例事理申
乞照詳得此准御史臺咨該來咨福建廉訪司申分司牒
照刷出福建道宣慰司元帥府文卷一宗鄭昭舉身死公
事漳州路歸問得鄭貴狀招因充里正欠少米鎖撫債欲
請鄉衆收拾米穀得錢還債有姪男鄭昭舉攪擾又要將

弟鄭子進傷害以此懷恨於大德六年十一月初十日夜與弟鄭子進同謀持杖將鄭昭舉打死將屍埋藏在後縱令男鄭福德與已死鄭昭舉妻阿李通姦是實鄭子進招伏相同看詳各人所犯即係謀故殺人情理甚重本路輙比米恤打死姪米公壽例擬將鄭貴鄭子進各斷一百七下却將鄭福德與鄭阿李通姦事理申稟帥府亦不參詳雖在大德九年二月二十五日以前緣干人命終无省部定擬明文不惟有司指以爲例尤恐愚民无知將謂謀故殺姪刑法止此恐无畏懼本臺看詳即係刑名爲例事理咨請照詳呈奉中書省劄付送刑部議得鄭貴所犯因姪男鄭昭舉要行攙擾伊違例請所管人户集斂米穀等事與房弟鄭子進同謀故將鄭昭舉唆引山上无人處用棒打死埋屍在後却行發取骸骨抛擲縱令伊男鄭福德將

被死鄭昭舉妻阿李姦占要訖衣服說令别嫁他人本婦
告發到官及令男鄭福德反告鄭阿李别欲改嫁等事遮
掩殺人罪名致被官司推問出殺人實情追究屍仗明白
即與張阿褒毆打姪張山兒活埋身死情罪无異例合處
死却爲漳州路已將本人斷訖一百七下又經欽遇詔赦
若准已斷勿論慮恐愚民無知叔姪之間少有相違指此
爲例輙使謀故殺害恐爲未便如蒙將鄭貴照依已擬遷
徙發去遼陽行省地面住坐以警其餘使民畏懼鮮犯具
呈照詳都省准擬除已移咨江浙遼陽行省依上施行合
下仰照驗依上施行（此條應在踢死堂姪條後原闕今補）

奴殺本使次妻大名路申奉到中書兵刑部至元九年三月十六日符文完兀蘭驅口張保兒阿都赤等五人殺本使次妻一姑并男拜藥歹公事苦主求免將各人應當軍役本部照得中書省已斷益都路黄伴哥等同謀殺本使戚木兒妻男三口本主求免減死斷訖即係一體擬斷阿都赤減免一百七下孫小女減一等決杖九十七下呈奉都堂鈞旨准擬斷決責付本主收管施行此條應在奴殺本使條後原闕今補

韓端哥所犯同夫郝千驢前妻抛下女丑哥男罵兒用小荳換梨食乘夫在外暗發狠心將十三歲女丑哥踏住脖項扯出舌頭并沿身用火燒鐵鞋錐烙訖七十二下又將十一歲男罵兒臂片腰脊烙傷七下酷毒如此甚傷恩義

按此爲本葉背十一行識得下合准上闕文今補

禁治採生蠱毒元貞元年湖廣行省准中書省咨御史臺呈行臺咨湖北道廉訪司申體訪常澧等處人民多有採生祭鬼蠱毒殺人之家比之故殺情罪極重開到合禁事理具呈照詳又准本省咨亦爲此事送刑部議得採生祭鬼造畜蠱毒罪惡深重情犯多端難便定論擬合回咨行省照依已行督勒合屬常切嚴行禁治及排門粉壁曉諭人民遞相覺察告捕到官照依强盜例結案告已損傷於人難議准首兩隣主首社長人等知而不行捕告及官吏故縱受贓脱放本管官司禁治不嚴有失覺察臨事詳情議罪外據所祭淫祠禁斷相應都省准呈除外咨請依上施行此條應在禁採生祭鬼條後原闕今補

船上圖財謀殺至元十八年正月行省准中書省咨臨江路申歸問到黄子先等爲與在禁病死張狗仔并在逃劉大等五人將孫千户冷百户等八名殺死又撇於河内渰死七名一起公事勘責得一干人各各招證詞因數内犯人身死張狗仔狀招係瑞州人氏不合於至元十四年五月二十六夜三更前後與梢工黄子先周子友李子富劉大同謀各把孫千户等舡上軍器覷得孫千户等睡着有周子友用斧於孫千户頭上斫訖一下衆人一齊下手將孫千户冷百户孫大北軍二名并老小通殺死八名推下水渰死七名却將舡上人口財物各各分張被捉到官罪犯是實外見禁犯人黄子先周子友李子富狀招各與張狗仔狀招相同按察司審復無寃咨請照驗事准此刑部議得黄子先等所招殺死孫千户等一十五人情犯皆合凌

遅處死外據徵燒埋銀數驗各賊殺死人數內於犯人家屬依例均徵給付苦主外在逃劉大根捉得獲歸勘依上處斷施行呈乞照詳都省議得黄子先周子友李子富依准部擬處死燒埋銀數給付苦主請差官賫元行文卷前去本路參照令不干礙獄卒人吏將犯人黄子先周子友李子富三人審問已招情犯委无冤抑與本路總管府一同將犯人防護至刑所對衆明示犯由依上處斷外據燒埋銀數驗殺死人數於犯人家屬處均徵給付苦主及根捉在逃劉大得獲歸勘依上處斷施行如是稱寃委有可疑情節研窮磨問實情咨來省府准此除外合下仰照驗

此條應在同謀打死本夫條後原闕今補

持刃殺人同故殺皇慶二年十月二十五日建寧路承奉福建宣慰司劄付承奉江浙省劄付來呈葉雲一因與張明爭鬭被張明孫推倒㔁下騎壓在田將雲一頭髻揪扯連頭腦於田禾內連撞數下雲一掙挣不放尋思无可抵敵省記元係尖頭雕刀在身用手扯下於張明胷膛戳傷致命身死原情初无故殺情由犯在十月二十九日已前擬合釋放得此照得先爲平江路申稟謝五身死公事移准中書省咨送刑部議得楊進謝五俱與劉河王錢鈔宿睡謝五嗔怪楊進先在劉河王床上獨卧將楊進頭髻揪扯捺倒在地行打楊進不能還打隨用元帶篦刀於謝五心坎右邊盡力扎訖一下本人負病身死以此參詳楊進所犯即係持刃殺人事干故殺合咨行省依例結案都省除外咨請依上施行准此除另行外今據見呈省府相度葉

雲一用雕刀將張明孫戳傷身死即係以刃殺人事干故殺合下仰照驗依例施行奉此照得先據本部申議得葉雲一所招始與張明孫鬬毆就身扯下元帶鐵雕刀將張明孫胷膛左邊等處戳死原其所犯初無故殺情由擬合欽依釋放爲事干通例具呈江浙行省照詳及下本路將葉雲一牢固收管聽候去後今奉前因使府合下仰照驗依奉省劄事理施行（此條應在木槌打死人條故殺條後原闕今補）

劫殺

（按此條應在故殺類後原闕今補）

反獄劫囚 至元五年五月二十六日兵刑部據益都路申捉到賊人單二於高密縣牢内劫取賊人武二在逃將禁子打傷罪犯法司擬徒五年部擬九十七下省准斷訖

打死强要定親媒人 大德七年三月江西行省准中書省咨御史臺呈行臺咨江西廉訪司申龍興路奉新縣見禁罪囚羅阿余狀招大德六年五月二十九日有夫羅仲一因病身亡至七月初二日有鄧成二將引雷九俚用木檐一條檐得餅麵等物稱是鄧定五將此茶餅定你爲妻阿余堅執不受與鄧成二互相爭奪木檐於鄧成二心眶偏右搠傷身死看詳江南風俗僥薄婦人有夫猶受顧於人夫亡不嫁者絶无有也今羅阿余舅姑未亡鄧成二强下聘財本婦不受定所難得若同凡人以鬭毆致命論罪何以勸示當世如准江西廉訪司元擬量情斷決用表貞烈亦厚俗之一端本臺看詳若依行臺所擬相應具呈照詳送刑部議得羅阿余夫亡家貧撫養孤幼不願改嫁其鄧定五欺淩寡婦圖要爲妻使令鄧成二作媒二次不從各人

恃其兇惡主媒昏賴又行强送定物所以相爭爲鄧成二先行沿身踢打本婦不憤就用相奪木檐於鄧成二心脏偏獨傷因而致命原其所犯終无故殺之心若與其餘鬬毆殺人一體論罪似涉太重參詳合准臺擬量决六十七下相應具呈照詳都省議得羅阿余所犯情實可怜量决四十七下咨請照驗依上施行此條應在用鐵棍於被上打死條後原闕今補

馬駕車碾死東平路申孫珍寶招伏於至元五年閏正月二十三日跟趕本使馬群五十四疋上道行爲有落後馬疋用鞭子敲打鞍鞊驚趕有踏踐塵土朦昧其馬驚獐奔走將李小一車馬驚下道以致將李小一姪男李表住碾死罪犯法司擬合同畜產驚駭不可禁止殺人事理合徒二年半贖銅一百斤折鈔二十貫入被死之家本部行下本路斷訖一十七下不曾徵贖此條應在車碾死人條後原闕今據巴陵方氏藏本補

神刀傷死至元八年四月奉尚書省劄付來呈備濮州路申康丁兒狀告高師婆用神刀於男黑厮左額上斫傷身死歸問得高阿宋狀招不合於至元七年九月初十日未時於張老家內祝神阿宋請下五獄大尉神將阿宋付着不覺被元把神刀尖於康黑厮左額角抹傷風身死干連人張老指證相同再送刑部披詳回呈高阿宋所犯合同過

失殺人事令聽贖以此公議得高阿宋所犯量决五十七
下追徵燒埋銀五十兩給付苦主移准中書省咨准呈施
行

拴馬誤傷人命 至元十年閏六月十三日中書兵刑部符文
朱牛兒拴馬踢死張十問馬主榮小二稱馬疋係家主駒
兒自來性善拴處又不碍人經行道路省部相度難議斷
罪合行革撥右二條應在射鹿射死人條後原闕今補

又至元十三年六月初八日中書兵刑部來申軍户賀林告親家母張二嫂將女丑兒非理打罵身死責得張阿趙狀招不合先爲親家賀林遺火將本家元與男婦物件燒訖不肯陪還以此挾恨於至元十三年正月十四日爲男婦賀丑兒偷訖燒餅將本婦髆頂按在坑上揭去衣服於臂片上用杖子打了數十餘下倒在火内將肩甲肐髆燒破虛稱火燎瘡疾又於十七日賀丑兒偷食冷餅依然揭去衣服用杖子於帶腫赤右臂片上打了五六下以致臂片上下腫赤瘡發串徹於腰致命身死罪犯結案申乞照詳得此省部議得張阿趙所犯量情擬決四十七下單衣受刑燒埋銀既是同居不須徵理此條應在打死男婦條後原闕今補

奸婦不首殺夫大德元年十二月江西行省准中書省咨瑞州路申敖英孫與潘阿王通奸將潘九四推落下水身死公事本省看詳奸婦潘阿王所招奸夫敖英孫於潘九四生前對伊說知謀殺夫事情不行報夫知會潘九四被死之後敖英孫又向阿王說知推落水內渰死亦不經官陳告若以因奸殺夫論罪緣潘阿王不曾親行下手除將潘阿王監收聽候外咨請照驗送刑部議得潘阿王所犯因與敖英孫通奸敖英孫雖稱要將潘九四打死本婦用言阻當不允止據殺死之後知而不告情罪欽遇詔恩既非同謀欽依釋放相應具呈照詳都省准呈請依上施行（此條應在打死犯姦妻條後原闕今補）

無檢驗骨殖例

大德四年九月江西行省劄付據袁州路申爲宜春縣鍾元七身死事照得先據本路備萍鄉州申彭阿夏告夫彭季八身死公事委官開棺檢得本屍皮肉消化骨殖顯露難以檢驗移准都省咨該送刑部議得自來亦无檢骨定例參詳合依已行事理詳情區處已經行下本路依上施行去訖今據見申不見憑何典例將骨檢驗定執致命根因省府合下仰照勘明白將元兇人一干人等研窮磨問鍾元七端的致命根因取責各各招准實詞追勘完備牒審无冤依例結案仍取不應檢骨違錯招伏申省此條應在被盜殺死免檢條後原闕今補

馮崇等剜壞池傑眼睛 延祐元年五月建寧路准南劍路關據順昌縣結解到犯人廖阿徐馮崇等爲挾讎剜壞池傑眼睛打折右手肘骨等事勘責得犯人馮崇楊僧狀招不合挾讎於皇慶二年六月二十三日主使佃户楊僧次姪徐明將池傑鎖監在地名水流際泗州堂後用麻繩綁倒石灰和塩於本人兩眼淹擦及用篦刀破竹一截削尖一頭將池傑兩眼雙睛擱訖數下剔剜出兩眼内肉瘼枯瞎不能視物打折右手肐膊骨節已成廢疾廖阿徐將中統鈔二定付楊僧徐明作酬勞錢物楊僧狀招相同除將干連人徐明等摘斷外議擬廖阿徐馮崇楊僧各各罪名申奉到福建道宣慰司都元帥府劄付備奉江浙行省劄付相度馮崇爲首主謀楊僧行兇下手殘忍慘毒情理尤重准擬均徵中統鈔二定給付池傑養贍外據馮崇楊僧依

例遷徙施行奉此當府除已依例支給口粮今將犯人馮崇楊僧二名鎖項并申遼陽行省文解一匣夾板油單封印全發下劍浦縣差官押發前去外請收管依上施行此條應在戳碎兩眼雙睛條後原闕今補

知府毆打軍官

皇慶三年四月　日福建宣慰司承奉江浙行省劄付准樞密院咨移准中書省照會來呈宣德府知府怯來毆打虎賁司千户楊也速答兒公事於皇慶元年十月十六日本院官奏過事内一件憨刺哈兒等虎賁司官人每文字裏説將來者俺依着樞密院文書差了一个姓楊的千户往宣德府交問事去來那千户到那裏一處約會問事麼道説了呵於哈你八都兒位次内坐來有怯來知府發怒使令祗候將楊千户拖起跪廳令人揪着頭髮捆打數下口内血出又白紙上勒要了招伏麼道説將來呵俺上位根底奏了省裏院裏差人前去那裏將他每明白對証了怯來知府并首領官令史等與了招伏文字來爲他无體例的上頭誡諭的今將怯來知府打五十七下別个的根底挨次着要罪過呵怎生麼道皇帝根底奏

陳氏校補

了依着聖旨體例裏省裏差人前去一同斷去麽道省裏與將文書去呵如今省官每都送刑部再交歸對擬罪麽道奏呵奉聖旨我知道怯來是一个撥皮歹人着將他打五十七下欽此此條應在錄事毆經歷條後原闕今補

官告吏毀罵親聞乃坐延祐元年六月江西行省准中書省咨御史臺呈河東山西道廉訪司申據孫世英告枉斷事追照得冀寧路行卷張千户關該孫三轉攬馬子皐軍身作馬世英名字要充押軍頭目爲不委付將當職毀罵取訖招伏決五十七下畢司看詳嘗謂法令固當謹守奸弊亦可關防可以行而不行則失乎法不可行而行之則遂乎奸切聞被詈之者親聞乃坐夫事有疑惑理當申稟今冀寧路恣意輒憑千户張昭信關該郝達等稱孫世英將伊毀罵聽轉説之言將本人却取招伏斷訖五十七下以親聞乃坐即係刑名違錯欲便取問不見遵守通例乞明降本臺具呈照詳得此送據刑部呈議得行省差來起取軍人對裴千户張昭信爲郝達等轉説孫世英毀罵移關冀寧路追問本路不應受理將世英斷罪事屬違錯犯在

延祐元年正月二十二日詔赦已前既无取到招伏合行革撥今後諸官員凡告吏員人等毆罵必須親聞證驗明白方許理問違者治罪如蒙准呈遍行照會相應具呈照詳都省咨請依上施行此條應在縣尉與達魯花赤互相毆詈條後原闕今補

行今後不係聞奏過奉聖旨依着您的言語行者欽此有
審囚斷事幹脫兒赤陳賽哥一百七下再捉入禁聞奏過
疎放了當又王解愁强奸李道道白水縣准擱斷四十七
下比例幹脫兒赤已斷例貼斷六十七下類係保所犯照
例貼斷四十七下相呈奉都省劄付准擬了當本臺參詳
類係保所犯既已斷訖似難再擬處斷然幹脫兒赤等官
一時擅斷之事即非久遠定制若循今次所擬切慮已後
因仍長惡滋奸深爲未便合令刑部明立斷例遍行中外
具呈照詳得此本部議得今後若有强奸幼女者謂十歲
以下雖和亦同强奸擬合依例處死如官吏違錯差斷者
臨事詳斷區處如准所擬遍行中外遵守按此爲本葉第五行情施下相應上闕文今補
重刑公事毋得亂行申覆又大德十一年三月中書刑部

奉中書省劄付來呈奉省判御史臺呈淮西廉訪司申廬州路六安縣類徐保強奸五歲女張鳳哥省委審囚官止斷六十七下不見如此斷例本部照得至元五年陝西省軍人鄭忙古歹強奸任秀兒六歲女臘梅法司擬合處死施行訖又至元七年閏十一月順德路問到陳賽哥強奸幼女菊花已擬處死此段應在強姦幼女處死條後原闕今補

吏員贓滿一體追奪皇慶元年四月行臺准御史臺咨來咨浙西廉訪司申據楊子華狀告杭州西北録事司典史袁勳取受子華鈔二定依不枉法例決四十七下殿三年本等敘用切詳典史身受行省劄付合无比同吏人犯贓論罪今若有犯贓滿枉法之罪所受劄付合无追奪各衙門有受勑職官見充吏員及府州提舉司提控案牘都吏目今後取受錢物未審如何定論咨請照詳准此呈奉中書省劄付送據刑部呈除職官吏員別行議擬外議得録事司典史袁勳所招不合收受訖潘亮過付到楊子華出備折把盞中統鈔二定入已罪犯此等之人始由吏員出身陞轉案牘之職合依職官例科斷其府州提舉司提控案牘都吏目即係一體若犯枉法論滿者追奪所受劄付相應具呈照詳都省仰依上施行

皇慶元年四月行臺准御史臺咨來咨監察御史呈欽奉
詔書內一欵節該內外百司各有攸職其清慎公勤政蹟
昭著五事備具者從監察御史肅政廉訪司察舉優加遷
擢廢公營私貪汚敗事諸人陳告得實依條斷罪枉法贓
滿者應受宣勑並行追奪吏人犯贓終身不敘誣告者抵
罪反坐欽此除欽遵外行省并正一品衙門有出身令史
即係吏役此等之人有犯贓罪除依例斷罪職官補充前
役及通譯史知印宣使奏差是否比同吏人科斷照得杭
州路西北録事司典史袁勲已招取受楊子華中統鈔二
定除斷遣外袁勲所犯若擬終身不敘未見合无比同吏
人犯贓一體論罪又設若有犯贓滿及枉法之罪其所受
行省劄付合无追奪及府州提舉司俱設提控案牘都吏
目似此之人今後取受錢物未審如何定論准此呈奉中

書省札付送刑部呈照得除府州提舉司提控案牘都吏目一節別行議擬外本部議得職官轉補令史既充吏役有犯贓罪擬合欽依斷遣其通譯史知印宣使奏差亦合一體科斷相應具呈照詳都省仰依上施行此條應在偷課程依職官取受例後原闕今補

出使取受送遺至大三年九月行臺准御史臺咨奉尚書省劄付刑部呈奉省判禮部呈孟彌蔣時俊陳言各路總管府俸給職田所收子粒每年會計其數比如都省之官俸給轉多府州司縣之官俸鈔職田子粒比之各道宣慰司官其數更多凡遇上司官員并往來使客經過州縣中間要做梯已人情者必然宰牛設席管待更惠送段疋禮物自己俸鈔分文不出却於里正主首處科要其里正主首必然科歛於民有司官視爲常務廉訪司官並不用心究察奉都堂鈞旨送刑部照得大德十年四月承奉中書省劄付本部呈奉省判御史臺呈户部司計楊元催起所屬運司塩引飲用官吏筵會難同賔主宴樂古今通禮若以爲例出使人員倣傚侵漁官吏誠爲未便擬合究治本部參詳凡出使人員於所至之處如親戚故舊禮應追往之

人賓主宴樂理難斷絶其餘不應飲用官吏筵會侵漁官府禁治相應具呈照詳都省准擬仰依上禁治施行奉此除外今承見奉本部議得出使人員所至之處非親舊宴樂尚有禁例何況惠送段疋禮物今後凡有出使人員宜准所言合依已行禁治若有似此違犯官吏率歛錢物及使所赴宴或取受送遺各以計贜准不枉法論減二等斷罪經過去處飲食取受者各又減一等如蒙准呈劄付御史臺許令監察御史各道廉訪司常加體察遍行照會相應咨請依上施行此條應在侵使軍人盤纏條後原闕今補

處斷飛盜粮例

元貞三年行省准中書省咨照得元貞元年七月十九日奏奉聖旨定到倉庫官吏人等偷盜所守錢粮罪名已經遍行欽依去訖今據刑部呈大都豐實倉官監支納箄禔等飛鈔偷盜官粮取訖招伏擬到各人罪名都省欽依已降條例議得箄禔爲首合行處死倉使李德決杖一百七下徒役三年倉副趙彬杖八十七下徒役二年攢典各斷八十七下斗脚各斷七十七下元盜粮價拘收各人財產人口頭疋等物折准還官於十一月十四日奏准已將各人聚衆號令依上施行了當咨請遍行曉諭施行此條應在侵盜錢糧罪例條後原闕今補

接攬稅粮事理 大德十年十一月御史臺咨奉中書省劄付來呈山東廉訪司申章丘縣人户朱戌告大德九年十月十七日本管岳百户指稱點粮爲名於人户李二等處齊斂鈔兩及有該着稅粮又行攬要輕賫中統鈔四百八十八兩五錢入已不公取訖招伏本臺看詳即係爲例事理具呈照詳送刑部議得主首岳全等各各罪名都省逐一區處前去仰依上施行

一 刑部議得主首岳全所招除輕罪外不合大德九年十月十七日於人户朱二等七户處接攬訖稅粮一十六石三斗五升輕賫中統鈔四百五十三兩内止與訖里正張世安鈔三百六十兩赴倉糴納稅粮外克落九十三兩入已罪犯若依先奉條畫定罪緣與倉官通同接受輕賫飛鈔情犯不同量擬斷決三十

七下元尅落鈔兩没官相應前件都省議得依准部擬

一 刑部議得里正張世安所招除輕罪外不合大德九年十月十七日於主首岳全處接攬到人户朱二等七户税粮一十六石三斗五升要訖輕賫中統鈔三百六十兩除納訖税粮使訖鈔一百八十五兩八錢外克落鈔一百七十四兩二錢入已罪犯若以接受輕賫定罪切緣收糴本色粟豆赴倉納訖止據不應克落餘上鈔兩入已情犯量决二十七下克落鈔數没官相應

前件都省議得里正張世安所犯量决三十七下餘准部擬此條應在侵盜官錢有失提調條後原闕今補

侵借官課驗贓依枉法斷

大德二年行御史臺據湖南道廉訪司申吳仁貴告長沙縣魚湖都監夏仲淵等將元貞二年上半年河泊酒課埋没不行盡實解官取到各人招伏移咨御史臺定奪去後又據本道申湖南道宣慰司牒承奉湖廣行省劄付該據岳州路申臨浙務提領答失蠻等分使二十九年課鈔八十二定三十年課鈔二十四定追徵未到欽遇赦恩未曾承伏看詳此等侵使官課人員已後合无敘用移准中書省咨送刑部議得侵使官課人員若有已取明白招伏驗贓依枉法定擬如无招涉依例敘用相應都省准呈請照驗施行准此除將夏仲淵等依例斷遣外移准御史臺呈奉中書省送刑部議得夏仲淵等所招欺隱罪犯既廉訪司依枉法例斷別難議擬都省准呈仰依上施行

侵使官錢追陪贓例大德二年八月御史臺咨據燕南道申順德路庫子岳端等侵使係官司鈔合追正陪鈔六百三十三定已追外有二百二十四定追徵間欽遇大德元年二月詔恩所有未追陪鈔擬合欽依元貞元年聖旨條畫外至元二十九年追徵陪贓當時從權事理合行革撥此係爲例事理呈奉到中書省劄付送刑部議得若犯真盜追徵陪贓今御史臺呈當時從權事理合行革撥以此參詳宜從本臺所擬緣係通例更乞都省區處具呈照送都省准擬除外仰欽依元貞元年奏奉聖旨事意所據岳端侵使鈔定既已追訖四百餘定別无定奪右二條應在稅官侵使課程條後原闕今補

知人欲告回錢

延祐二年二月江南行臺准御史臺咨承奉中書省劄付來呈備監察御史呈廣寧路同知耶律哈剌孫取受行使偽鈔人石抹君寶至元鈔六十貫閭陽縣主簿李榮亦取受訖本人至元鈔一十貫聞知欲告回付過錢人傅政驢收管取訖招伏罪經釋免送刑部議得諸官吏及有出身人等因事受財未發而自首及回付者當許自新准首原罪其知人欲告回主及有自首蓋因事不獲已即非悔過合依已擬減罪二等科斷罪既經斷似難復任合准御史臺所言解見任別行求仕如蒙准呈照會相應都省准擬依上施行此條應在取受悔過還主無斷罪條後原闕今補

僧人過錢察司就問大德十年十月行臺准御史臺咨浙西道廉訪司申僧人陳告軍民官吏不公及百姓因事告論中間貪婪者巧生奸計結搆一等不奉釋教僧人經手接受過付錢物事敗若與僧司一同追問所置司在窵遠必是虛調文移事干取受如從臺察隨即勾問不惟革去前弊亦使早得結絶係爲例事理呈奉中書省劄付送刑部議得若准御史臺所擬相應然係合行聞奏事理仰就便施行移准御史臺咨大德十年六月二十三日本臺官奏過事内一件江南行臺官人每文書見說將來勾當裏行的官吏問人要肚皮干碍着和尚每過付見證呵事發之後爲是和尚麽道約會他本管的頭目問呵於事有窒碍不能結絶有麽道俺商量來要錢的人這般使見識教和尚每過付錢物和尚每自己的道子裏不行官吏每的見

識裏過錢行呵和尚每的勾當裏不同有他每的別勾當裏不干預似這般過錢的和尚每有呵不交約會和尚麼的頭目則交監察廉訪司就便依例取問呵怎生又在前這勾當也聞奏上位來要錢的人每見識有如今和尚先生每根底這勾當裏休犯者麼道行文書禁約呵怎生奏呵奉聖旨那般者欽此此條應在帶行人過錢斷罪發還原籍條後原闕今補

過錢尅落入己延祐三年四月行臺劄付近據王允中告到前充杭州路司吏爲仁和縣民户范賓與告允中接受本人退狀中統鈔四定過付一般司吏鮑居敬數内尅落訖二定入己在後遷充平江路事發蒙浙西道取招伏擬斷不敘切照允中止是過付此例告乞施行得此移准御史臺咨呈奉中書省劄付送刑部議得王允中所招前充杭州路司吏時於至大四年七月二十二日將范賓與行求與本路司吏鮑居敬中統鈔四定内尅落二定入己終非因事取受罪遇原免合依已擬令本人別行求仕相應具呈照詳都省准擬此條應在出首贓錢過錢人免罪條後原闕今補

雜犯錢物所在官司出首 元貞元年十二月二十八日行臺劄付准御史臺咨承奉中書省劄付江浙行省咨紹興路申丁堅告張宥誠拖監人口每鈔一定加二起息利上積利依奉省劄追問據丁堅告張宥誠將鈔三十五兩與堅收受到官時休執拖監俔喜奴等賫鈔三十五兩陳告照得元問張宥誠未肯招承首到鈔兩即係顯證浙東廉訪分司追照過卷内不應受理切詳丁堅所告難同官吏要肚皮使見識首錢之比今後民户告爭詞訟似此顯證錢物合無受理咨請定奪送刑部照擬得若有雜犯例應准首廉訪司并所在官司俱得受理參詳丁堅出首鈔兩即係雜犯合咨行省照會都省准呈除外仰依上施行

行賕之贓廉訪司出首 元貞二年八月行臺准浙東廉訪司申温州牒張澤民告隣人蔡友竹爲充陰陽教授托將中

統鈔二十貫過與唐令史又將五貫與典吏楊秉各人不與收接出首到官即係雜犯事理請照驗參詳今後若有司除見役官吏外其人子姪童僕首告俱係雜犯得以受理似與元奏奉聖旨今後不揀誰要肚皮經由臺司出首體例不同乞照詳得此議得張澤民所出首元與蔡友竹過付唐令史爲充陰陽教授文字即係行賍官吏之贜難同雜犯今後似此首鈔之人合從廉訪司出首依上施行

官吏内外首鈔人

御史臺咨大德二年三月初一日奏過事内一件諸官吏因事取受錢物没人告發怕底上頭要錢物來麽道出首呵免他罪過底體例在前世祖皇帝聖旨有來裕宗皇帝聖旨有來不揀誰要肚皮呵裏頭有呵臺裏首者外頭的有呵廉訪司首者别箇衙門裏首底不教行來這江南浙東道宣慰使回回砲首裏行來的不怕各

家底人故詳議各家底人根底因事取受中統鈔二百二
十定那裏廉訪司裏問底其間這要錢來底不怕使見識
將元要來的鈔就他那宣慰司裏出首與了那裏行省將
有底來納了別了體例歷道江南行御史臺咨將來俺商
量來不怕要人錢底別了體例首底從去年改元詔書免
了也今已後諸官吏但犯取受悔過出首底有呵依着在
前聖旨體例裏頭底御史臺首者外頭底呵監察每根底
廉訪司裏首者不揀那箇衙門裏休教首者首呵也不准
別了底呵首底人并那衙門裏官吏交有罪過者這般行
呵做賊説謊底人每使見識不得一般奏呵那般者聖旨
了也欽此右三條應在出首取受定例條後原闕今補

臺察就便起發贓罰鈔福建行省准中書省咨據御史臺呈至元二十九年正月十一日奏過事内一件在前臺裏察知底贓罰錢物行臺按察司家都將來這臺裏來三五萬定也麽道奏呵奉聖旨教與窮暴底每來桑哥立尚書省呵外頭行臺按察司有察知底錢呵外頭行省宣慰司總管府裏教付者麽道這般奏准行來俺文書裏覷呵自桑哥立尚書省四年其間内外察知底鈔大略底有一十七萬定去年二年底數目未曾到來裏似這般就外頭交付呵不明白其間裏有做賊説謊底俺商量得自今年爲頭應係贓罰錢依在前體例裏都將來這臺裏這些个也麽道逐旋提奏或交付省家或與窮暴底上位識者這般呵容易打算有麽道奏呵那般者麽道聖旨了也欽此本臺議得所遣贓罰没官錢物各處行臺每上下半年一次各

道廉訪司每季一次差官管押赴臺送納除已遍行合屬欽依聖旨事意施行

造贓濫冊　大德七年江浙行省准中書省咨刑部呈諸衙門官吏任滿皆由本部照過今照得臺察造到贓濫冊內多無備細招詞擬斷黜降緣由擬合劄付御史臺遍行各道廉訪司將犯人備細招詞緣由追到贓罰隨即行移有司照會各官解由內明白開寫依上咨報抄連造冊體式仰行下合屬依上施行右二條應在議擬贓罰錢物條後原闕今補

捕毆死人賊同强盜罪賞至元十四年五月中書兵刑部據大都路申高仲安毆死田哇兒在逃三限不獲取勘定與縣簿尉官違限招伏却稱似難依强盜體例招伏乞照驗事省部相度高仲安毆死田哇兒在逃雖與强盜不同終係干礙人命合下仰照驗更行立限須要捉獲高仲安到官如是違限不獲依例取招責罰施行此條應在捕殺人賊同强盜罪賞條後原誤今補

文曆上標記着賣與者不係醫人每閑雜人每根底休賣與者這般省諭了明白知道賣與毒藥害了人性命呵買的賣的兩个都處死者閑雜人每根底賣與呵不曾害人性命有人告發呵買的賣的人（按此條本葉第十行的人下每根上闕文今補）

被告人根底依大體例裏重要罪過者更運粮的官人每自的其間不提調管民官每不用心好生體覆呵有罪過者委付來的萬户千户百户官人每好生謹慎成就勾當呵更添名分賞與也按此係本葉背二行與也下闕文今補

添支各項祭錢至大元年抄到大德九年八月湖廣等處行中書省劄付准中書省咨近爲隨處祭祀三皇宣聖社稷風雨雷師牲酒器幣元降物價不敷府州別無致祭定例送禮部議得祭享三皇此條在祭祀社稷體例條後原闕今據巴陵方氏藏本補三皇下仍有闕文

拘刷逃軍及代替軍役

延祐六年四月十五日欽奉聖旨如今各處行省宣慰司元帥府路府州縣奥魯官人每大小官吏人等常加撫治軍人毋致失所好生提調着整治者似前一般交軍人每生受的人有呵交樞密院官人每重要罪過者廉道所有條畫開列于后

一軍户氣力消乏逃避他處聖旨到日限五十日各處管奥魯官人每多出榜文排門粉壁根刷限内自出首者與免本罪元抛事產依數給付仍免三年差役限外不行出首隱匿逃軍之家依先聖旨例要罪過者

一諸處軍官每須要選揀慣熟親丁應役若有駈丁雇覔他人代替者斷六十七下雇軍錢物追納没官軍官首領官吏人等受錢空名及貴攬賤覔斷八十七

下除名不敘若令子孫弟姪駈丁代替三名者斷四十七下降散官一等三四名者斷六十七下解見任五六名者斷八十七下除名不敘雇軍錢物追納沒官仍令監察御史廉訪司官嚴加體察

一近年以來各處守把隘口鎮守軍官不爲用心將自己每月應得口粮轉行雇覔土人應當軍役本人却於諸處幹事以致將軍情勾當好生躭悞了有似那般人首告出來呵重要罪過仍仰監察御史廉訪司常加體察按此條應在本葉第六行後原闕今補

貼書冒騎正官鋪馬　延祐六年十二月　日袁州路奉江西行省劄付左右司備掾史張玉呈該江南行臺監察御史案扎延祐六年十一月二十三日巡行至臨江路察知本路在城站十一月十二日准瑞州路在城站關爲宣政院所委官趙本經起馬四疋開坐正官二員從人二名今趙提點止是正官一員不應將帶衡州路貼書湯友壽冒騎正官一員鋪馬并小鄒等三名到來本路住經一十二日取訖湯友壽不應冒騎鋪馬招伏斷決四十七下追徵支過分例五十一日還官發付元籍收管爲民當差趙本經宣政院委問公事起馬四疋馳驛三年不還不應將帶衡州路貼書湯友壽到於臨江路坐驛日久不曾追問公事支請分例取訖招伏既是江西行省准行宣政院文字追索趙本經元騎鋪馬札子仰呈省就便依例追問施行具

呈照詳省府仰依上施行此條應在使臣冒騎舖馬罪例後原闕今補

巡尉司因月申

延祐四年七月　日袁州路淮江西廉訪司牒檢會中統五年欽奉聖旨條畫內一欵云巡尉司獲盜隨發本縣欽此又奏准至元新格內一欵云正官分輪檢視欽此除欽遵外今體知各處巡尉司每遇捕獲强切盜賊並不隨時略問情由牒解有司歸勘淹延月日因而致命者有之每月不申報上司无從稽考深爲未便爲此牒可照驗令巡尉司每月將應有捉獲見禁賊徒開具敗獲監禁月日并取到略節招詞不行牒發緣由依期申報合屬通類牒呈憲司如无亦具執結申報以憑體察先具依准牒呈施行此條應在禁司獄用刑條後原闕今補

偷船賊斷例

福建宣慰司延祐五年十月初六日奉江浙行省劄付近據寧國路申宣城縣捉獲賊人武多兒所招不合於延祐四年三月初二日偷盜事主陳榮祖桯木板舡一隻估計至元鈔十貫以上若以錢慶三偷盜鉄猫一體刺字未見通例移咨中書省照詳去後今准咨該送據刑部呈議得賊人武多兒偷盜陳榮祖船隻計贓至元鈔十貫以上罪既斷訖合准江浙省所擬比依錢慶三偷鐵猫例將本賊刺字拘役相應具呈照詳都省准擬咨請施行

此條應在偷鐵猫賊罪例條後原闕今補

毆傷人恐聞官打弟誣賴致死

至治二年二月初三日福建宣慰司奉江浙行省劄付准中書省咨來咨福建宣慰司呈建寧路備甌寧縣申雲溪寺僧林惟寧告延祐五年四月初二日見山上採茶遣人工張五十前去探問聽見張五十嚴呌被人行打惟寧遂往看覷被本都住人范貴范狗等將張五十打倒范貴范狗將惟寧打傷各人見惟寧被傷范貴范狗却到倉所將不識姓名小厮打傷誣賴至十三日據里正申不得姓名小厮係范狗親弟范勝被打重傷於四月十三日巳時氣絶身死檢屍相同衆證明白范貴招伏不合於延祐五年四月初六日因將僧林惟寧打傷慮恐告官无計可解用鋤頭將弟范勝頂心偏右打傷誣賴作惟寧行打意圖兩家有傷可免聞官經隔七日身死罪犯是實得此本省參詳范貴所犯因將僧林惟寧

毆傷欲脫己罪故用鐵鋤頭將親弟范勝頂心要害處打傷破骨經隔七日身死若准釋放事干通例宜令合干部分定擬相應咨請回示准此送據刑部呈議得江浙行省咨建寧路申范貴所招因與僧林惟寧相爭將本僧打傷慮恐告官用鐵鋤頭將親弟范勝打傷誣賴林惟寧可免聞官經隔七日邂逅身死原其所犯殊无謀故之情既已欽遇釋放別難議擬宜從都省回咨本省照會相應具呈照詳得此都省咨請依上施行此條應在誤踏藥箭射死條後原闕今補

針擦人眼均徵養贍鈔

延祐四年六月日袁州路奉江西行省劄付近據來申僧周普沽告萍鄉州南源寺長老黃妙敬主使賀志杭將佃户楊萬三兩眼針錐用石灰盐醋擦入雙目不能視物已成廢疾依例杖斷一百七下遷徙遼陽迤東屯種均徵中統鈔二十定付楊萬三充養贍之資遷徙一節例合申稟乞明降得此移准中書省咨送刑部議得僧人黃妙敬所招主使徒弟賀志杭等將楊萬三兩眼針錐復用石灰盐醋擦損已成篤疾原其本犯情理至重罪既斷訖比例移咨本省遷徙庶使兇狠之徒知所誡懼具呈照詳得此都省議得黃妙敬所犯罪既斷訖擬合於本僧名下追徵中統鈔二十定給付楊萬三充養贍之資如无可追給着落賀志杭王慈印均徵給付拘收黃妙敬住持聖旨追毀爲僧文憑遷徙遼陽以誡其餘咨請依

上施行

戳剜雙睛斷例

至治二年正月日福建宣慰司奉江浙行省劄付近據浙東宣慰司呈衢州路申舒杞八主意喝令舒信三甲烏奴剌將姪舒寓一左眼戳傷及用手指將右眼剜損兩眼俱各失明已成廢人殘害骨肉情理深重罪既斷訖擬合於舒杞八名下追徵養贍之資將舒杞八遷徙遼陽屯種相應具呈照詳得此移准中書省咨送據刑部呈議得舒杞八所招因兄舒杞四將堂兄舒德堅次男舒寓三殺死不肯休和挾讎主謀糾合舒信三并姪舒孫同去沿路將舒德堅長男舒寓一攧倒胷前騎坐舒孫捺住雙脚喝令舒信三將舒寓一左右眼戳剜雙睛俱各失明已成廢人行省已將各人斷訖追給中統鈔二十定充養贍之資以此參詳舒杞八伊兄舒杞四先將舒德堅次男

舒寓三用刀戳死挾恨不與准伏又行起意主使舒信三從而加功將舒德堅長男舒寓一㓮刺雙睛傷殘骨肉滅絶彛倫原其所犯情理至重罪既斷訖擬合將舒杞八舒信三遷徙遼陽肇州屯種以戒其餘相應具呈照詳得此都省咨請依上施行（右二條應在挖損兩眼成廢疾條後原闕今補）

茶運司與塩運司事體不同

延祐六年六月日江南行臺准

御史臺咨奉中書省劄付户部呈奉省判御史臺呈監察御史呈體知江西茶商人等告到茶運司文字以辦課爲名於百姓處强聘茶貨誣賴欠少茶錢又差奏差倈散茶田取要民財擬合禁治及運司奏差人等取受不公發付廉訪司追問誠爲民幸送刑部與户部一同議得江西運司縱令茶商人等以添力辦課爲名於百姓處强行高價聘散茶貨誣賴欠少茶錢搔擾百姓及濫委无俸人等下鄉擾民合准所言禁治違法之人取問明白詳情嚴行斷罪不係運司委付之人從有司就便究治外據茶運司并所轄官吏人等取受不公若依户部所擬比依塩運司一體定論却緣塩運司官催煎分辦事務繁重管辦茶課人員止是發賣引據事簡課輕茶運司實與塩運司事體不

同參詳茶運司官有犯申臺呈省以下并所轄官吏人等如准御史臺元擬行省委官與本道廉訪司一同追問隨處府州司縣提調官禁治不嚴致有私茶生發比依私帖提調官例初犯笞三十再犯加一等三犯别議黜降相應都省准擬仰依上施行此條應在徵索茶錢有司追理條後原闕今補

都省准呈奉此本部議得蘭溪州同知亦不剌金先任宜興州同知取受僧元聚鈔定聞知事發回付過錢人周僧判收接依例減罪二等科斷今次受要姜正四鈔五定若以再犯不敘緣先任取受聞知事發回付罪既不曾全科即與松江府推官鄧鑑所犯一體以今犯定論按此爲本葉第五行敘用下相應上闕文今補

土官取受无祿同有祿人斷

延祐七年二月　日江西行省准中書省咨延祐六年九月十七日奏過事内一件御史臺官人每備着陝西行臺文書俺根底與文書有雲南建昌路姓張的同知因事取受人的馬疋上頭事本處廉訪司官要了宅的招伏依例斷七十七下例降散官二等他是本土人有依先立定來的依舊勾當麽道說將來的上頭俺教刑部定擬呵是本處土官无祿人有依无祿例減

一等斷六十七下依舊勾當歷道定擬了呈與俺文書有俺商量來待依着无祿減等斷罪呵土官犯罪不殿降依舊勾當更兼承襲父兄的職事他是受宣命的人有難比无祿的人如今將宅依着有祿人的例要罪過今後似這般土官犯贓呵只依這例教要罪過呵怎生奏呵奉聖旨那般者欽此都省咨請欽依施行此條應在前犯減斷後犯難同再犯條後原闕今補

一屯鎮軍人月支口粮其掌管錢粮人吏除合支正數外多計米數支粮官司又不子細查筭朦朧勘合下倉支出官粮關請司吏將多支米數冒關入己比之侵盜雖是不同緣革後事發取到招伏冒關粮數已追到官所犯合无原免前件照得延祐七年五月二十日呈准中書省劄付本部議得延祐七年三月十一日已前官吏人等冒破多估欺隱克落入己係官之數已未承伏俱合欽依追問徵理斷罪相應承此已經遍行照會了當人照得延祐七年十二月初一日欽奉詔書內一款節該諸人侵欺盜用失陷短少減駁合追係官錢粮如在延祐七年三月十一日詔書以前已有追理文案者先將奴婢財產盡數准折入官不敷之數體覆明白並從釋免若有不盡不實

從監察御史肅政廉訪司體察已徵入主典之手者不在此限欽此今承見奉本部議得上項冒關粮數既已追徵到官所犯擬合徵依詔書事意施行

一延祐七年三月十一日已前諸人首告漏舶事理犯人罪經釋免已招未納滲泄舶貨并知情販賣轉賣多得價錢未審合无追徵依例給没未事發者合无受理追問前件照得延祐七年十月十六日承奉中書省劄付本部議得私賣漏舶物貨舶商人等私發番船滲泄舶貨已招并自首未納鈔數贓物既是延祐七年三月十一日詔赦以前已有文案事理招在革後未納贓物俱合欽依免徵都省准擬照會了當今承見奉本部議得上項事理合依前例一體施行相應

按此二段爲本葉第二行後闕文今補

牧民官誣執平民打死馬疋枉勘陪價

至治二年二月初九日福建宣慰司奉本道廉訪司牒奉江南行臺劄付准御史臺咨承奉中書省劄付來呈河南廉訪司申據王成等狀告延祐七年三月内村西元種穀苗二十四畝有房兄王胡係濟源縣孟縣尹佃户與本官帶養馬一疋日夜撒放於内食踐約五畝爲是房兄縣官馬疋難違面情不曾陳告將穀割刈般載上場其馬因病倒死了當至九月初二日有祗候小吳勾成王瑞赴縣公廳跪下孟縣尹獨坐司吏王文瑞等言道王胡告王三打傷馬疋王瑞指你證見成道不曾打傷喝使祗候人等將成兩脚指踏住踏下大拇指甲用皮拍子打訖三十餘下爲王瑞不肯證説用皮拍子打訖五十餘下昏迷噴甦又用荆棒亂行敲打數十餘下又行昏迷不覺穀道内糞出難禁淩虚打拷不免

遂伊虛指招承用木檄扎傷枉禁勒陪馬價一十二定取訖各各招詞看詳縣尹孟大中酷法枉勘平人勒陪馬價入己情罪尤重擬合計贓以不枉法定論殿降似此殘忍難任牧民仍於雜職内敘用宜令合干部分定擬相應具呈照詳得此送刑部呈議得濟源縣尹孟大中所招撫將自己黄馬一疋分付伊家佃户王成牧放其馬被傷倒死不合教令王胡證執房弟王成打傷虛立王瑞作證就於私宅唤到書狀人王文中揑寫告狀將平民王成王瑞勾追到官獨員取問爲不承伏指證喝令獄卒人等將各人髮鬢揪提踏踏用皮拍子法外拷打致將王成脚指甲脱落王瑞二次昏迷用水噴甦勒令虛指枉禁七日屈陪馬□□□□□□定罪犯以此參詳縣尹孟大中不思撫字反肆貪殘誣執平民打死馬疋枉勘陪價原其所犯即與取受

何殊擬合以王成一主中統折至元鈔一百貫爲重依不枉法例五十貫以上至一百貫杖斷六十七下殿三年降先職一等難任牧民雜職內敘用相應具呈照詳得此除外都省合下仰照驗依上施行此條應在路縣官擅斷和尚要罪過條後原闕今補

分揀流民 延祐七年十一月 日江南行臺准御史臺咨來咨江東廉訪司申監察御史呈建康等路流民雖因荒歉流移中間有不務生業无籍之徒糾爲羣黨自立頭目經過去處或搶奪民物或監打縣官擾害百姓若不設法究治誠恐因而聚衆別生事端准此呈奉中書省劄付送刑部照得延祐七年三月十一日欽奉詔赦除欽遵外本部議得江東寧國等處流民騎坐鞍馬執把弓箭旗鎗擾害百姓打奪錢物等事俱係延祐七年三月十一日已前事理合行革撥今後此等流民若許從便趁食切恐愚民恃此久而聚衆數多深爲未便以此參詳擬合欽依奏准事意催督委官分揀如因缺食趁熟少壯有頭疋氣力者每起不過三十人官爲應副行粮接送轉發本鄉於内若有鰥寡孤獨不能自存之人官給口粮養濟或似前搶奪錢

物擾害百姓所在官司捉拿取問痛行斷罪遞發元籍其
有技藝足以適用及係耕農依准御史臺所呈斟酌安置
接濟存䘏候秋成起令復業相應具呈照詳都省仰依上
施行此條應在禁治集場祈賽等罪條後原闕今補

流徒遇革依例遷徙

至治元年四月　日福建按目錄作革後禀到通例

宣慰司奉江浙省劄付准中書省咨來咨延祐七年三月

十一日革後合禀通例事件開咨照詳准此送刑部照擬

于后具呈照詳都省除外仰照驗施行

一前犯斫傷打死親兄房叔或房兄親叔欽遇釋免在

後挾讎脇詐錢物咨准遷徙遼陽肇州屯種遷發其

間遇革未審合无起遣遷發前件照得大德十年閏

正月承奉中書省劄付本部呈奉省判江浙省咨浙

東道宣慰司呈婺州路申站户龔十六挾讎與夏重

三等謀議將兄龔四殺死罪經釋免移准都省咨擬

將本人當房親口遷于遼陽迤東僻遠地面住坐將

本户應有財產盡付龔四妻子爲主本省看詳龔十

六所犯兩次欽遇詔赦若與流遠出軍强盜一體比

例原免切恐差池咨請照詳送本部議得龔十六謀
殺親兄罪經原免呈准省劄將犯人同當房人口遷
于遼陽住坐即與盜賊情犯不同以此參詳合咨本
省依已將龔十六并當房人口遷移已擬地面居住
具呈照詳都省准呈合下仰照驗施行奉此今承見
奉本部議得上項事理合依前例一體施行相應

一兇惡之徒故挾讎恨傷人肢體剜刺眼目各成廢疾
咨准遷徙遼陽肇州屯種遇革合无起遣養贍鈔定
未審依例追給前件照得延祐六年六月承奉中書
省劄付本部呈奉省劄江浙省咨浙東道呈台州路
黃巖州申住民魏志翁告兄魏欽道有遺下田土房
屋家財等物父死不曾分析係母與兄魏欽道掌管
母死言問分析家私被兄魏欽道與男魏亞祖各用

尖刀鐵針將左右眼戳破出血用灰鹽按擦及用靴脚踢打醫片等事本部議得魏欽道弟魏志翁雖以過房他人終係同胞親弟因爲本人典賣故父遺下田產挾恨用鐵針戳傷兩眼復使灰擦幸存一目微分詳其所犯情罪尤重既已斷訖似難貼斷合准浙東道所擬比例將魏欽道遷徙遼陽迤東住坐仍於本人名下追徵養贍之資給付魏志翁相應具呈照詳得此都省准擬除外仰照驗施行奉此今承見奉本部議得兇惡之徒故挾讎恨傷人肢體剜刺眼目各成廢疾罪雖遇免擬合比例發遣相應此條應在遷徙遇革不赦條後原闕今補

禁借辦習儀物色

至治二年五月抄到延祐元年三月　日

袁州路奉江西行省劄付准左丞相榮祿咨體知得每遇賀正聖節賛儀行禮設置官員幕次合用鋪陳氊褥頂幔等物未免有司應辦而坊正人等借斂於民借用之後其物多有不能盡數給主或刁蹬取要錢物取贖或虛稱迷失不存其於百姓深爲未便咨請行下合屬禁治施行省府仰依上施行此條應在禁廟祝稱總管太保條後原闕今補

雜流

品級	司天	太醫	內侍	教坊
從三品	欽象大夫	保宜大夫	中散大夫	雲韶大夫
	正儀大夫	保康大夫	中引大夫	仙韶大夫
正四品	明時大夫	保和大夫	中御大夫	長寧大夫
	頒朔大夫	保安大夫	中儀大夫	德和大夫
從	保章大夫	保順大夫	中衛大夫	協律大夫
正五品	司玄大夫	保冲大夫	中治大夫	嘉成大夫
從	授時郎	保全郎	通侍郎	純和郎
正六品	靈臺郎	成安郎	通衛郎	調音郎
從	候儀郎	成和郎	侍直郎	司樂郎
正七品	司正郎	成全郎	內直郎	協樂郎
從	平秩郎	醫正郎	司謁郎	和樂郎
正八品	正紀郎	醫效郎	司閽郎	司音郎
	挈壺郎	醫候郎	司僕郎	司律郎
從	司曆郎	醫痊郎	司奉郎	和聲郎
	司辰郎	醫愈郎	司引郎	和節郎

原表品級闕橫線與後方不相應今改正

外官陞轉

三品	以上非有司定奪
正四品	通理八十个月與三品職事
從	同上
正五品	兩考歷上州尹一任方入四品下州尹再歷正五一任方入四品
從	三考正五
正六品	兩考從五
從	三考從五
正七品	兩考從六
從	三考正七
正八品	兩考從七
從	三考從七
正九品	兩考從八
從	兩考從八

隨朝衙門行省宣慰司官一考例陞一等外路官陞轉達魯花赤回回官員別行定奪新例外任官較內任官陞轉甚遲但歷在外兩任五品以下並減一資經至元三年遷轉者特與陞加福建兩廣官員五品以上照窠闕銓注六品以下就便委用開具咨省管匠官止於管匠官內流用管軍官轉入民官受宣勑者依例陞用未經換受人員有軍功者斟酌定奪无功者行省量才區處

原表横直線及字句均有脱誤今改正

江淮官陞轉

四川彌門螢 吏同江淮例

正三品 正四品 正從五品 正從六品 正從七品 正從八品 正從九品前三件已受宣勅任用一考之

有出身未入流 擬同 擬同 擬同 同上出身 擬同 擬同 上擬於見擬回降資品上再增

品人員受宣者 六品 七品 正九 受勅者 八品 正從 九品 一等銓注　江淮官員任回擬

給出身及白身 同上出身 擬同 定前資例陞二等止於江淮遷

人員受宣者 擬同 擬同 擬同 受勅者 擬同 擬同 巡檢 稅務 監當 轉若於腹裏任用依上定例

受行省院劄有出身 七品 八品 九品 同上出身 九品 提領 案牘 擬同 七品以下已經三品四品者比

不曾換受宣者見受 受勅者 監當 附上項有出身未入流品人員

職名應受宣白身人 擬同以下於稅務監例從高一等定奪

見受職名應受勅者 巡檢 案牘當官內任用

軍官品級

正三虎符	上花赤 上萬戶
從三虎符	上副萬戶 中花赤 中萬戶 下花赤 下萬戶
四品金牌	中副萬戶
從四金牌	下副萬戶 上千戶花赤 上千戶
正五金牌	中千戶花赤 中千戶 上鎮撫
從五金牌	上副千戶 中副千戶 下花赤 下千戶 中鎮撫
正六銀牌	下副千戶 下鎮撫
從六銀牌	上百戶
從七銀牌	下百戶 經歷
從八品	上彈壓 知事
從九品	中彈壓 下彈壓
院劄	提領 案牘

赴任限程

赴任原表直線及字句有脫誤今改正

在家裝	東假限
二千里內	三十日
三千里內	四十日
以上雖遠	不過五十日

自大都至本家	自起程至到任	在家行程	
驛馬	百里以上	日兩站	日上一站
長行馬		日七十里	
舟行	上水日八十里		下水日百二十里
車行		日四十里	

職當急赴者不拘此例其到任日即將受除備裝起程到任署事各各月日從實開具牒報本處備申合干上司照勘若有違限人員就便取招約量斷罪百日之外者仍依例作闕

不赴任

原表直線有錯誤今改正

不赴任舊例

官員無故不之任限滿不到同		官員患病
笞三十加一等杖八十	一日	
	三日	
		所在官司不驗治而給據者

除行程并裝束假限外違者計日斷罪須早遣者不拘此例若病患及違限百日作闕

之任職官及因公在他所患病仰於所在官司告報得知畫時差官驗治病愈即便出給文憑發遣之任无致稽留生受候到任日從本路照依已行事理扣算自受除至到任除行程并裝束假限及患病月日外有无違限指定端的本路官吏重出保結申部如有違限就取本官明白招伏申來以憑施行

流官封贈等第

封贈 原表闕橫線排列錯亂今改正

	爵	勳	封	贈
正從一品	國公	正上柱國 從柱國	三代	母妻並國夫人
正從二品	郡公	正上護軍 從護軍	二代	母妻並郡夫人
正從三品	郡侯	正上輕車都尉 從輕車都尉	二代	同上
正從四品	郡伯	正上騎都尉 從騎都尉	父母	母妻並郡君
正五品從五品	縣子 縣男	驍騎尉 飛騎尉	父母	母妻並縣君
			父母	同上
正從六品			父母	父止用散官 母妻並恭人
正從七品			父母	父止用散官 母妻並宜人

陳氏校補

公規

原表闕橫線排列錯亂今改正

	罰俸	的決七下	一十七	
應係有祿官吏人等無故勾當不聚會	第一次	第二次	第三次	已後不改勾當罷了
各處長官專一提調嚴切吏員首領官吏須要盡職奉公幹辦官事如有違慢	初犯	再犯	三犯加一等量事多寡計日遠近依上決罰三犯以上除各首領官奉行不至者具名申省提調官時復通行審校廢不舉問者罪亦及之	

公事原表闕橫線且有錯漏今補正

公事催限

	在都諸司局	外路至都		
催	十日	五百里內	十五日	再十日
		五百里外	三十日	再二十日
		一千里外	四十日	再三十日
再催	五日	二千里外	五十日	再四十日
		三千里外	七十日	再六十日

常事各加事速限五日第一第二次皆備細緣由隨即應報官司皆符牒到日爲始

行移

原表闕橫直線且有錯漏今補正

	外路官司不相統攝							所委官		
	三品	四品	五品	六品	七品	八品	九品	都省所委官於外路	院部所委官於外路	院部委六品以下官并无官人於外路
三品	平牒	牒上	牒呈上	申	申	申	申	往復平牒	往復平牒	牒上回平牒
四品	今故牒	平牒	平牒	牒呈上	申	申	申		平牒回牒上	平牒
五品	今故牒	平牒	平牒	牒上	牒呈上 司縣申	申	申		平牒回牒上	平牒
六品	指揮	今故牒	今故牒	平牒	平牒	牒上	牒呈上		今故牒回申	平牒回牒上
七品	指揮	今故牒	今故牒	平牒	平牒		牒上		今故牒回申	今故牒回申
八品	指揮	指揮	指揮	今故牒	平牒	平牒			今故牒回申	今故牒回申
九品	指揮	指揮	指揮	今故牒	今故牒	平牒			今故牒回申	今故牒回申

品同往復平牒正從同

即佐官於當司應有行移往復者並皆比類品從職雖卑並今故牒應申者並咨

諸致仕得替官員即同見任

凡有追會公事依例行移

事關侵欺取受私罪自有應問官司其爭訟婚姻田債等事合令子孫弟姪或家人陳訴却不得因而侵擾不安

案牘

原表闕橫直線並多錯誤今補正

	印押空文字	議定詳看檢目隨即與寫了畢首領官書卷完備對讀无差於淨本淨檢上標過對同方許呈押並不許將空紙書押及於元草檢上塗注改抹違者
罰俸的決一十七		初犯 一月
		再犯 兩月
		三犯
	官員印押空解與人	
		情理重者自從重論

文卷點記字樣

原表闕横直線且有錯誤今補正

諸路府州

	達魯花赤	總管	知府	州尹	知州	同知	治中	判官	推官	經歷	知事	提控案牘	都目	吏目	譯史	通事	司吏
上路	鈔八十兩 田十六頃	與花赤同				鈔八十兩 田八頃	鈔三十兩 田六頃	鈔二十兩 田五頃	鈔十九兩 田四頃	鈔十七兩 田四頃	鈔十二兩 田頃半畝	鈔十兩 田一頃			鈔八兩 米八斗	鈔八兩 米八斗	鈔八兩 米八斗
下路	鈔七十兩 田十四頃	與花赤同				鈔三十五兩 田七頃		鈔二十兩 田四頃	與上路同	鈔十兩 田四頃	鈔十二兩 田一頃	鈔十兩 田一頃			與上路同	與上路同	鈔八兩 米八斗
散府	鈔六十兩 田十二頃		與花赤同			鈔三十兩 田六頃		鈔十八兩 田四頃				鈔十兩					鈔七兩 米七斗
上州	鈔五十兩 田十頃			與花赤同	與花赤同	鈔二十五兩 田五頃		鈔十八兩 田四頃				鈔十兩					鈔七兩 米七斗
中州	鈔四十兩 田八頃				與花赤同	鈔二十兩 田四頃		鈔十五兩 田三頃				鈔十兩	鈔八兩				鈔七兩 米七斗
下州	鈔三十兩 田六頃				與花赤同	鈔十八兩 田四頃		鈔十三兩 田三頃						鈔八兩 米八斗			鈔七兩 米七斗

諸縣司

	達魯花赤	縣尹	縣丞	主簿	縣尉	簿尉	錄事	錄判	典史	司吏
上縣	鈔二十兩田四頃	與花赤同	鈔十五兩田二頃	鈔十三兩田二頃	鈔十二兩田二頃				鈔七兩米七斗	鈔六兩米六斗
中縣	鈔十八兩田四頃	與花赤同	鈔十三兩田二頃	鈔十三兩田二頃	鈔十二兩田二頃				鈔七兩米七斗	鈔六兩米六斗
下縣	鈔十七兩田四頃	與花赤同				鈔十二兩田二頃			鈔七兩米七斗	鈔六兩米六斗
錄事司	鈔十五兩田三頃						與花赤同	鈔十二兩田二頃	鈔七兩米七斗	鈔六兩米六斗

管軍府所

	達魯花赤	萬戶	副萬戶	千戶	副千戶	百戶	鎮撫	彈壓	經歷	知事	案牘	都目	吏目
上萬戶府	鈔八十兩	鈔八十兩	鈔七十兩				鈔四十兩		鈔十七兩	鈔十二兩	鈔十兩		
中萬戶府	鈔七十兩	鈔七十兩	鈔六十兩				鈔三十兩		鈔十七兩	鈔十二兩	鈔十兩		
下萬戶府	鈔六十兩	鈔六十兩	鈔五十兩				鈔二十兩		鈔十七兩	鈔十二兩	鈔十兩		
上千戶所	鈔五十兩			鈔五十兩	鈔四十兩			鈔十三兩			鈔十兩		
中千戶所	鈔四十兩			鈔四十兩	鈔三十兩			鈔十二兩				鈔八兩	
下千戶所								鈔十二兩					鈔七兩
百戶所						鈔十七兩							
鎮撫所												上萬戶府八兩	中萬戶府七兩

陳氏校補

諸色衙門

各處都轉運使司
運司六十兩
同知五十兩
運副三十五兩
運判二十五兩
經歷二十兩
知事十七兩
提控兼照磨十三兩
通譯書吏各鈔十兩米一石
奏差鈔八兩米八斗
典吏鈔五兩米五斗

各處塩司
塩使二十兩
塩副二十兩
塩判十二兩
吏目七兩
司吏四兩

宣撫司
達魯花赤二定
宣撫使二定
同知六十兩
經歷二十兩

安撫司
達魯花赤二定
安撫使二定
簽事一定
經歷二十兩

廣南塩課提舉司
正提舉六十兩
同提舉三十兩
副提舉十八兩
知事二十兩

各場管勾
正十二兩
同十兩
副八兩
場司四兩

蒙古提舉司
提舉一定
同提舉三十五兩

人匠提舉司
提舉二十兩
同提舉十八兩
副提舉十八兩
都目八兩

平准行用庫
提領三十五兩
大使二十五兩
副使十五兩
把壇十五兩
攢典庫子各五兩
合干人四兩

警巡院
達魯花赤二十兩
大使二十兩
院副十七兩
警判十三兩
司吏四兩

蒙古教授
路十二兩
府十一兩
上中下州十兩

脫脫禾孫
正五十兩
副四十兩

各路院務

	提領	都監	大使	副使
二千定以下至五百定	十八兩		十五兩	十二兩
五百定以下至七十定			十三兩	一十兩
七十定以下		一十兩		一十兩

司獄司
上下路
司獄十二兩
獄典六兩米六斗
散府
司獄十兩
獄典四兩米四斗

儒學教授
路十二兩
府十一兩
上州十一兩
中州一十兩
江淮有學粮去處不支

大軍庫
提領二十兩
大使十二兩
副使七兩
攢典各七兩
庫子各七兩
合干人各七兩

俸鈔自至元二十年夏季爲始於本季元增者聽於下季增内通行支付元增者不支

巡檢司
官鈔十兩
職田腹裏二頃江南減半
司吏鈔六兩米六斗

醫學教授
路十二兩
江南路分十一兩
府一十兩
上中州一十兩

軍器庫
提領二十兩
大使十二兩
副使各十兩
攢典各六兩
庫子各六兩

分例

原表闕橫線其直線又多錯誤今補正

	馳驛宿頓去處	馳驛換馬去處	長行馬宿頓處
米	正使臣白米一升 隨從同		
麪	正一斤 隨從同		
酒	正一斤	正使臣支解渴	
肉	正羊肉一斤		
粥		正從皆支	下次人員與粥飯者
盐油雜支	正中統鈔一錢		
柴	一束		
炭	冬月一行日支五斤		
草			馬一疋日支一十二斤
料			馬一疋日五升
如夏月必用乳酪於本名合得分例酒肉准算	隨從不支酒肉 盐油雜支鈔 炭自十月一日為始至正月二十日住支		一兩個為頭人員依分例支者 草自十月一日為始至三月終住支 料自六月一日為始至七月終住支

差出曳刺宿頓去處	人吏省部攢報	收住鷹鶻食例	進呈豹子食例
一升	司吏日支一升從人同		
一斤	司吏日支一升		
		海青兎鶻早辰三兩后晌二兩 鷹并鴉鶻早辰一兩后晌二兩	金錢豹日支七斤 大土豹日支四斤 小豹日支三斤
鈔一分	鈔一分從人同		
	一束		
所在官司驗差劄應副經過處減半	經過處官爲應副米麪	食用新羊肉如無殺與雞者	支淨羊肉遇夜不應副不折鈔

户計

原表闕直線眉目不清今補正

斷例	一十七	二十七	三十七	四十七	五十七	六十七	八十七	備註
州官占户供送粟麥米麵柴草	州判	達魯花赤 知州 同知						各解見任期年後降先職一等敘用
縣官占户供送粟麥米豆油草	簿尉	縣尹						同前
錄事司官隱占户計供送油菜			達魯花赤					解見任別行求仕
縣吏占户取要差發						權司吏	請俸司吏	罷役
縣官一面科差				主簿	縣尹			俱各罷役擅科差發依公支用不追人情錢用追給元主

婚姻

原表横直線錯亂今改正

嫁娶禮書

凡婚書不得用彝語虛文須要明寫聘財禮物婚主並媒人各各畫字女家回書亦寫受到聘禮數目嫁主並媒人亦合畫字仍將兩下禮書背面大書合同字樣分付各家收執如有詞語曚朧別无各各畫字並合同字樣爭告到官即同假偽

嫁娶聘財等第	上户	中户	下户
	金一兩	金五錢	
	銀四兩	銀四兩	銀三兩
	綵段六表裏	綵段四表裏	綵段二表裏
	雜用絹四十疋	雜用絹四十疋	雜用絹十五疋

正婚依上例聘財等第以男家爲主愿減者聽

養老女婿依例聘財等第減半須要明立媒妁婚書成親則女家下財男家受禮

年限女婿依上聘財等第驗數以三分不過二分財女家受財期以幾年爲滿日方聽出離

有妻不得求娶正妻若娶妾者許明立婚書求娶

蒙古色目人各依本俗又未過門夫死回財一半品官别行定奪。民户娶軍妻女從其所願

筵席	不過三味	不過三味	不過二味

省部定例但有筵會白日至禁鐘已前罷散

斷例	三十七	四十七	五十七	七十七	八十七	九十七	一百七
夫殁焚尸揚骨便改嫁	主婚人	婚夫媒人並撒揚骨殖人		婦人聽離守服			

兄收弟妻
說合人決
主婚庶人母
職官弟妻依隨收繼
職官收者決罷職
庶人弟妻決離異
庶人收弟妻者決離異

悔親別嫁
許嫁女已招婚書及有私約或受財而即悔者笞
若更許他人者
已成者
後娶者知情減一等女歸前夫男家悔者不坐只追聘財

職官娶為事人妻妾
縣尉
縣尹並解任離異標附過名

服內成親
部符自至元八年正月一日為始已前者准已婚為定
格後犯者依法斷罪聽離

有妻娶妻
諸有妻更娶妻者雖會赦猶離之又更娶者若妻自願聽攺為妾

同姓不得為婚
至元二十五年十月尚書省奏准在先做了夫妻底休教聽離今後交禁者

轉嫁妻妾
七出
一无子 二淫泆 三不事公姑
四口舌 五盜竊 六妒嫉
七惡疾
三不去
一經持公姑之喪
二娶時賤後貴
三有所受无所歸
犯姦者不用此律又犯絕義者離之違者杖一百若夫婦不相安諧而和離者不坐須要明朗寫立休書赴官告押執照即聽歸宗依理攺嫁

故婚有夫妻妾
不得將妻轉嫁亦不得知而故娶如有違犯將媒人婚嫁主并前後夫一體斷罪財錢沒官本婦斷離歸宗

樂人嫁娶
聖旨承應樂人呵一般骨頭休成親樂人內匹配者

驅口嫁娶
驅口不嫁良人驅口不娶良人

鈔法

原表闕橫直線今補正

皇慶定例	挑剜裨湊寶鈔以真作僞者	僞造寶鈔
三十七		印造僞鈔捕盜正官及鎮守兼巡捕軍官各決。
四十七		印造僞鈔坊里正主首社長失於覺察并巡捕軍兵各決。
七十七		印造僞鈔兩鄰知而不首杖。
九十七	買使挑鈔者○○	
一百七	不分首從初犯杖徒一年	買使僞鈔初犯杖。再犯斷罪加徒一年
流遠處	再犯杖一百七下○○	買使僞鈔三犯依上科斷。。
死		首謀起意之人并雕板抄紙收買顏料書填字號窩藏印造但同情者并行。。仍沒家產雖會赦不原
拿住的人與十定鈔正犯人名下追與如不敷呵爲從來的賊每根底追與若這兩項更不敷呵官司添與	流遠漢兒蠻子發付遼陽行省色目高麗遞去湖廣行省收管屯種	首告者賞銀五定仍給犯人家產无銀折支至元鈔十定應捕人減半如印板到官隨即給付其事未發而自首者原其罪能捕獲同伴者仍減半給賞知情行使僞鈔以赦後爲坐

	倒換昏鈔	添答工墨	結攬昏鈔抑遏倒換	昏鈔不使退印
七下				
一十七				
二十七				
三十七				
四十七				
五十七	犯人		十兩以下	庫官吏罷役庫子就便斷罷役
七十七			十兩以上	
一百七			一定之上	

本庫官吏罷職兩相倒鈔之人同罪於犯人名下追鈔五定給付捉事人充賞

所費鈔兩給付告人充賞

提調官不測檢校如或看循不理違慢不行廉訪司取招申臺

延祐新定

	挑剜寶鈔：挑剜裨湊描改寶鈔以真作偽	知情買使
六十七		兩鄰知而不首者
九十七		犯人再犯
加等科斷		
一百七徒一年	初犯依例杖	
斷罪流遠	再犯	

窩主同罪坊里正主首社長並捕盜官吏及鎮守兼捕軍官軍人失於覺察者隨事量情究治

課程

原表闕橫直線今補正

刑名	商稅	私造酒麴	犯界私酒
二十七			十瓶以下決。罰鈔二十兩
三十七			
四十七			十瓶以上決。追鈔四十兩
笞四十			
笞五十	但犯	犯人	
杖六十			酒雖多罪止追鈔五十兩
杖七十			
杖八十			
杖一百			
	匿稅之物一半沒官於沒官物内一半付告人充賞回回通事并使臣銀買賣人等入門不吊引同匿稅法如富商大賈權豪勢要之家倚恃氣力欺凌場稅不行投稅依例斷沒若有和買一切物貨合賣主依例投稅	延祐六年都省定例減輕並依匿稅例一體科斷	所獲酒數給主仍勒出界毋致侵襯課程

私盐	竈户人等私賣官盐		私茶	犯界攀貨
				買用犯界攀
		場官失覺察初犯。		貨賣訖限十日將引赴所在官司繳納批抹如違限不行繳納者。
買食私盐				妃貨賣之處死引私販辦理官司隨攀貨犯人時批驗引目决。將攀依例收税許貨盡數沒今發賣提者官攀內一。斷沒一半折支價比攀犯界優錢付告人欄南攀。充賞
干犯人	兩隣知而不首		賣訖三日不於所在官司繳抹无引者	
正犯人 徒二年杖。財產一半沒官 發下盐司帶鐐居役	同前 正犯人		但犯者	
		再犯		
		三犯。除名不敘		
拿去時分相迎着厮殺的每根底敲二次做伴當爲從厮鬭的斷沒家緣流遠又宅每之下做伴當來的根底家緣斷沒鐐着三年竈户裏使用	止計見獲爲罪	知情買賣者與犯人同罪	所犯茶貨一半沒官一半付告人充賞應捕人亦同茶園磨户犯者及運茶舡車主知情者夾帶裝載无引私茶一體科斷	各處提點正官禁治不嚴致有私攀生發取招斷罪官吏權豪勢要之家詭名攙買虧官損民依盐法科斷

文武品從服帶

服色 原表横直綫有闕誤今補正

品	服	帶
	俱右衽上得兼公服下不得僭上	俱係偏帶紅鞓
一品	紫羅服大獨斜花直徑五寸	玉帶
二品	紫羅服小獨斜花直徑三寸	花犀帶
三品	紫羅服散答花謂無枝葉直徑二寸	荔枝金帶
四品	紫羅服小雜花直徑一寸五分	同三品
五品	同四品	烏犀角帶
六品	緋羅服小雜花直徑一寸	同五品
七品	同六品	同上
八品	綠羅服無紋羅	同上
九品	同八品	同上

貴賤服色等第

	職官	命婦	庶人
衣服（除龍鳳文外）	一品二品服渾金三品服金荅子四品五品雲袖襴六品七品六花八九品四花	一品至三品服渾金四品五品服金荅子六品以下惟許服銷金并金紗荅子	除不得服赭黃惟許服暗花紵絲絲紬綾羅毛毳
繫腰	五品以下許用銀并減鐵		
帽笠			並不許飾用金玉
靴			不得裁製花樣
首飾	一品至三品服渾金四品五品服金荅子六品以下惟許服銷金并金紗荅子	一品至三品許用金珠寶玉四品五品用金玉珍珠六品以下用金惟耳環許用金玉	許用翠毛并金釵各一事惟耳環用金珠碧甸餘並用銀
器皿（謂茶酒器）（除鈒造龍鳳外不得使用）	一品至三品許用金玉四品五品惟臺盞許用金六品以上臺盞用鍍金餘並用銀		許用鏒銀瓶臺盞盂鏇餘並禁止
帳幕（除不得赭黃）（龍鳳文外）	一品至三品許用金花刺繡紗羅六品以下許用素紗羅		許用紗絹不得赭黃
車輿（除不得用）（龍鳳文外）	一品至三品許用間金粧飾銀螭頭繡帶青幔六品至九品許用素雲頭素帶青幔		黑油齊頭平頂皂幔
鞍轡	一品許飾以金玉二品三品飾以金四品五品飾以銀六品以下並飾以鍮石銅鐵		

軍役

原表闕橫線其直線又多錯誤今補正

	軍人在逃	軍駈在逃
免罪	一百日限內出首○貧難軍户在逃自首○元拋事産給付仍免役三年	一百日限內出來去他根脚裏的使長根底來呵
一十七	新附軍人在逃半月一限三限不獲各管百户○	
三十七		城子裏的官人每告發到官覷面皮不行呵斷○罷了他每的勾當
四十七	隣佑知而不首○	
六十七	新附軍限外出首○隱藏安主	兩隣并主首社長明知道不肯告的每○家私四分中斷没一分與首告的人充賞
七十七		不揀是誰隱藏着依體例不首出來的斷○家私內三分中斷没一分與首告的人
八十七	不行自首○首後又逃○	不肯出來的每後頭有人首告出來呵奴婢每根底斷○轉送與他本主
一百七	屯駐處在逃初犯○	
處死	屯駐處在逃再犯○差定出征逃走但犯○	

軍器（原表闕橫線且錯亂今補正）

斷例	隱		藏
	甲	鎗戟 刀弩	弓箭
三十七	雲散甲片不堪穿吊禦敵者笞		
五十七	不成副決杖徒一年	不堪使用杖	不成副杖
七十七		四件以下杖徒二年	四副以下杖徒二年
九十七		五件以上杖徒四年	五副以上杖徒三年
處死	私有全副者	私有十件者	私有十副者

若有捉獲隱藏軍器合徒人數取責明白招伏照勘完備自結案起解申部月日爲始權令本處帶鐐居作如無作院應當處官役修理城隍公廨待報下決遣通理月日役滿疏放

驛站

原表闕橫直線且錯亂今補正

罰俸	詐稱位下使臣騎坐鋪馬	官吏貸中站馬	背站馳驛兩站	兀剌赤失去鋪馬劄
二十七				
三十七	當日脫脫禾孫站官縱令在逃			
四十七			決	
五十七				
六十七				
七十七	站司			
八十七				決
一百七	正犯人○配役			
		驗馬疋當時實直追徵沒官計餘利依枉法論罷仍給本主	使臣須要站道經過不得於僻路徑直取道	

走死站馬						取招斷罪追倍馬價給主補買
借騎鋪馬					借騎人決○	禁約借用鋪馬劄子起馬
違例應付鋪馬馳驛匹	宣慰司首領官○十日脫脫禾孫○半月	宣慰司令史				
夾帶從人多騎鋪馬				帶駈多騎一疋○罷役	帶從多騎一疋○標附過名	
多取分例			決○別行求仕			使臣多餘取要分例職官具名申部呈省無職人員就便追理
私帶官物						

遞鋪

原表闕橫線且錯亂今補正

各路正官一員每季總行提調州縣有俸末職正官上下半月親臨提調往來照刷如有稽遲磨擦損壞沉匿文字即將當該鋪司鋪兵斷罪不依所責

	親臨提調官	總行提調官
七下		初犯
一十七	初犯	再犯
二十七	再犯	三犯
	三犯呈省別議	總提調官每季將引司吏一名祗從一名遍歷刷勘如司縣提調官照刷違期就刷決若有照出挨究脫漏不實等事取招申部定罪斷決仍將照出整點過事理牒路

遞鋪合每鋪	
十二時辰輪子一箇	紅綽屑一座并牌額
鋪曆一本（上司行下一本 行省咨并諸路申上一本）	

點什物鋪兵每名		
夾板一付	鈴攀一付	軟絹袱包一條
紬絹三尺	簑衣一領	回曆一本

捕獵

原表闕橫直線且錯亂今補正

捕獵飛放

斷例	五月爲頭至七月二十日除毒禽猛獸外但是禽獸胎孕卵之類不得打捕亦不下捕打猪鹿獐兔	禁月因放牛馬趕起野猪獐兔因而打死	背地裏飛放	禁地面詐稱打捕户捕獵	
七下			拿住的		
一十七		從			
二十七		首			
三十七				犯人	本管官員明知侵犯不行理會亦斷。
五十七	違者。那一日騎着馬弓箭斷没者麽道				
	打捕呵内瘦皮子不成用可惜了性命	即非故犯難同私偷圍場斷没	騎坐的馬疋鞍轡弓箭鷹鶻野物穿的襖子衣服他每要了	要了鞍馬弓箭衣服蒙古軍人不斷鞍馬弓箭衣服	委實不知止坐犯人

皮貨則例

元定折納貂皮舊例

虎皮一張折五十張　金錢豹皮一張折四十張

熊皮一張折一十五張　土豹皮一張折一十張

鹿皮一張折七張　葫葉豹金系織皮一張折六張

豺狼青狼皮一張折十張　山羊皮一張折五張

粉獐皮一張折三張　狐皮一張折二張

利用監新定折納貂皮例

麞鹿皮係麋鹿皮一張折七張　飛生皮一張折六張

貊皮即花熊皮一張折一十五張　分鼠皮四張折一張

山鼠皮一張折一張　掃鼠皮五張折一張

雞翎鼠皮一十張折一張

抵張

花貓皮　花鹿羔兒皮　獺刺不花　叵虎兒皮

香獐皮　野狸皮　青獺皮　黃貓皮　黃腰皮　香貓皮　麂皮

竹狸皮　夜猴皮　香狸皮　山獺皮　水獺皮　獾皮　狂皮

刑法 原表闕橫直線今補正

五刑之制

刑	數	折
笞	一十	七下
笞	二十 三十	一十七下
笞	四十 五十	二十七下
杖	六十 七十	三十七下
杖	八十 九十	四十七下
杖	一百	五十七下
徒	一年 一年半	六十七下
徒	二年 二年半	七十七下
徒	三年	八十七下
徒	四年	九十七下
徒	五年	一百七下
流	二千里	比徒四年
流	二千五百里	比徒四年半
流	三千里	比徒五年
死		

新例

五十七以下 用笞	六十七以下 用杖

加徒減杖例

徒一年杖六十七	徒一年半杖七十七	徒二年杖八十七	徒二年半杖九十七	徒三年杖一百七

皆先決訖然後發遣合屬帶鐐居役

諸惡

原表闕橫直線且錯亂今補正

	不孝	不睦	謀反	大逆
二十七	令史丁憂未經終制决〇解見役			
四十七	聞喪不奔〇服制未終忘哀之任〇期年降等敘			
七十七		毆傷弟致死		
八十七	典史居喪宿娼〇除名不敘	打傷親兄〇		
一百七		打死親姪〇打死房姪〇	失口亂言〇誣告道大言語〇	
流			誣告謀反	
處死		殺死親兄雖在禁死戮尸曉衆異姓兄殺死本家弟敲了	寫立文字説大言語典刑轉遞號令〇同謀造反〇	傳造國號妖説天兵爲頭的〇妄造妖言首從知情並〇

	謀叛	惡逆	不義	內亂	不道	大不敬
					採生祭鬼 採生支解人者凌遲處死籍沒家產同居家口不知情遷徙邊遠不曾殺人杖一百徒三年謀而未行九十七徒三年半親臨官司受錢脫放者杖一百七下除名不敘 造畜蠱毒 造合成毒堪以害人及傳畜若行用而殺人用謀教合者處死籍沒家產同居家口雖不知情遷徙邊遠 壓鎮 人欲令身死爲頭的斷一百七引領人四十七贓錢人五十七下	闌入禁苑五十七下
二十七	草賊生發民官撫治不到○削降散官一等					
三十七	草賊生發軍官鎮守不嚴斷○削降散官一等					
四十七			焚夫屍便改嫁婚主媒人俱○			
六十七				義女通繼父姦		
七十七			焚夫屍便改嫁婦人○燒烙前妻兒女			
八十七			將妻沿身雖青○斷離異割去義男妻腎○除名不敘			
九十七			割斷義男腳筋○追鈔五百兩養贍	姦弟妻 / 姦義女已成		
一百七		奴殺本使次妻○	打死妻父○義男面上刺字○	欲姦親女未成 / 姦男婦未成		
徒			居喪而嫁娶者三年			
處死	作反叛亂為頭的一同商量的理會得不首告的都一般處死斷沒家產奴殺本使的○斫奴斫傷本使弟的○			翁姦男婦已成		

諸殺（原表闕直線且錯亂今補正）

	過失殺	刼殺	謀殺	故殺	戲殺	誤殺
免罪收贖	犯人					年幼前草自犯前手身死
三十七						牛驚車誤碾死人
四十七						車誤碾死人因公驚死人
五十七						
七十七						
八十七						急走車輛碾死人月黑走馬撞死人
九十七				不死	犯人	走馬誤撞死人
一百七					乘高履危因戲致死	因鬬誤殺傍人
流						
結案詳斷						
處死		犯人	犯人	犯人		持刃誤殺傍人
徵贖罪鈔給主	徵燒埋銀兩					

鬬殺		殺死親屬	奴婢殺主
心風老幼者上請		殺不孝應死罪男	
		毆死抵觸男婦	
		誤打死姪	
蒙古人扎死漢人		殺違犯教令男	
因爭控扢人衣領致死		打死先曾犯奸不安諳妻毆死无罪男毆死弟	
父被人毆子踢死毆人		殺死無罪男女二人	
		殺傷義父○歸宗	
因鬬推人磕死篤疾毆死人		毆死姪毆死房姪	雇身奴婢知奴婢殺主而不首
		毆死婿	
鬬毆殺人			
	漢兒人毆死蒙古人	養子殺親子妻藥死夫	殺傷本使○謀殺本使○同主奴婢知而不首者○
徵燒埋銀	斷付正犯人家產余人並徵燒埋銀	徵燒埋銀若同居相犯者不徵	

	殺死	奴婢佃戶	因姦殺夫
免罪			
三十七	殺有罪驅		
五十七	殺死無罪驅		
七十七	殺死放良年限未滿逃驅	主誤殺佃妻	
八十七			打傷夫姦婦不知情
一百七	殺死爲伴娼女	放良駈毆死它人奴婢良毆死他人奴婢主毆死佃戶	姦人殺夫姦婦不知情○從夫家嫁賣
結案詳斷		江南豪戶毆死佃戶	
處死	殺死同驅		姦夫姦婦同謀殺夫並○
	不徵燒埋銀兩	徵燒埋銀兩	

因姦殺定婚夫	殺死姦夫姦婦		殺死賊人	冬月脫人衣服凍死
	夫打死強姦未成人	夫奸所殺死奸夫或奸婦	應捕人射死賊殺死拒捕賊	
姦婦不知情				
姦婦同謀不下手	傍人殺死奸夫夫非奸所打死奸人			
姦人殺死婚夫姦人打死婚夫還活姦婦姦人下手殺婚夫○仍追給財錢		姦人刁姦婦在逃打死還活		
徵燒埋銀兩		不徵	燒埋銀兩	徵燒埋銀

諸姦

原表前半闕橫直線後半闕橫線今補正

	和姦	強姦	縱姦
四十七			主母受財縱妾
五十七			
六十七			
七十七	無夫婦人		
八十七	有夫婦人		夫受財奸夫奸婦本夫各〇
九十七			
一百七		無夫婦人十歲以上女	
處死		有夫婦人 十歲以下女	
犯姦經斷再犯於本犯上加二等斷罪	男女同罪謀合人減一等十歲以下女雖和同強	婦人不坐 官吏違例錯斷臨時詳情區處	姦夫姦婦依例斷罪仍聽歸宗離異若逼勒妻妾爲娼既非自願臨時詳情科斷

職官犯姦	僧道犯姦	姦男婦	姦姪婦	姦姪女	姦弟婦	姦妻前夫女	主姦奴妻	根隨人姦品官妻	奴姦主妻女	奴婢相姦	欺姦囚婦	虛告姦
										各決		
												婦人聽從
						婦人						
												欲令妻姦告人奸
				各決	犯人	犯人						婿虛告丈人奸女
		未成									犯人	
		已成						各行	犯人			
依例斷罪不敘	依例斷罪還俗	歸宗	職官遇革免罪除名聽離歸宗	結案			難議治罪					並離異

諸贓二

原表闕直線且有錯漏今補正

斷例	五十七	六十七	七十七	八十七	九十七	一百七	死
倉庫官吏人等	一貫以下	十貫	每二十貫加一等 四十貫	六十貫	八十貫		
盜所守錢粮		一百二十貫 徒一年	每三十貫加一等 一百五十貫 徒一年半	一百八十貫 徒二年	二百一十貫 徒二年半	二百四十貫 徒三年	三百貫○
倉官人等盜糴官粮 犯人					十石之下	十石以上 刺面	
倉官人等盜糴官粮 知情糴者					十石之下	十石以上	

計贓以至元鈔諸物依當時估價

應犯徒皆決訖居役

諸倉庫官知人庫攢典斗脚人等侵盜移易官物匿不舉發者與犯人同罪失覺察者減犯人罪四等

漕運司官吏失覺察驗粮多寡究治盜糴粮價盡數追没正粮於倉官糴買人處依價追徵還官

江淮河海運粮官吏船户梢工水手人等妄稱風水渰没船隻					犯人十石之下 知情糴者十石之下	十石坐 刺面 十石坐		盜漕 糶粮價并正粮照依前項體例追徵運司官吏影占運粮人户并車船頭口者量事輕重杖斷除名永不敘用
車船人户用水攪拌插和糠壂因而盜用官粮	本管官吏知情不受分皆除名不敘							受分與盜粮人同罪失覺察驗粮多寡究治
運粮船户冒支粮料				犯人十石之下 本管官吏知情受分或因而尅落十石之下	十石坐 十石坐			除名永不敘用失覺察者驗粮多寡究治

諸盜

原表分爲六葉橫格與斷例多不相應今照元刻改爲三葉

大德元定	強盜 持仗	強盜 持仗	強盜 不持仗	強盜 不持仗
三十七				
四十七				
五十七				
六十七				
七十七				
八十七				
九十七				從 謀而未行
一百七			首 謀而未行	不曾傷人不得財
徒一年杖六十七		從 謀而未行	不曾傷人不得財	十貫以下
徒一年半杖七十七	首 謀而未行	不曾傷人不得財	十貫以下	每十貫加一等
徒二年杖八十七	不曾傷人不得財	但得財	每十貫加一等	
徒二年半杖九十七	但得財			
徒三年杖一百七				至四十貫
流				
處死			至四十貫	

竊盜

常盜 首	常盜 從	盜庫藏錢物 首	盜庫藏錢物 從
已行	已行	已行	已行
始謀不得 未行財	始謀不得 未行財	始謀不得 未行財	始謀不得 未行財
十貫以下	十貫以下	十貫以下	十貫以下
至二十貫	至二十貫	至二十貫	至二十貫
四十貫	四十貫	四十貫	四十貫
六十貫	六十貫	六十貫	六十貫
八十貫	八十貫	八十貫	八十貫
一百貫	一百貫	一百貫	一百貫
二百貫	二百貫	二百貫	二百貫
三百貫	三百貫	三百貫	三百貫
四百貫	四百貫	四百貫	四百貫
罪止	罪止	贓滿至五百貫已上	五百貫

新例入官庫去偷錢物底賊根底敲了做通例

延祐新定	強盜 持仗傷人	強盜 持仗不曾傷人	強盜 不持仗傷人	強盜 不持仗不曾傷人	強盜 因盜而姦	偷財物賊
四十七						始謀而未行者○斷放
五十七						已行而未得財者○斷
六十七						十貫以上者斷○徒一年十貫以下者○斷放
七十七						四十貫以上者○斷徒一年
八十七				不得財斷○徒二年		六十貫以上者○斷徒二年
九十七				十貫以下斷○徒二年半		八十貫以上者○斷徒二年半
一百七		不得財斷○徒三年但得財斷○交出軍得財至二十貫爲從的斷○交出軍		至二十貫斷○徒三年餘人斷罪出軍		三百貫以上者○斷出軍一百貫以上者○斷徒三年
敲		得財至二十貫爲首的	造意爲首下手	至四十貫爲首的	同強盜傷人	
死	雖不得財皆					

兩遍作賊的敲始謀而未行與不得財者減等斷罪餘人依例斷罪

爲從的皆減一等配役以至元鈔爲則偷盜係官頭口錢物比常人加等科斷

豁車子剜房子的賊	豁車子剜房子的賊	豁車子剜房子的賊	偷盜駝馬牛賊	偷盜駝馬牛賊	偷驢騾賊	偷羊猪賊
傷事主	不曾傷事主	不曾傷事主	怯烈司裏	常盜		
	但得財	不曾得財				
						爲從的斷○徒一年
					爲從的斷○徒一年半　爲首的斷○徒二年	爲首的斷○徒一年半
		爲從的斷○徒三年半		爲從的斷○徒三年		
爲從斷○出軍	皆斷○出軍	爲首的斷○徒三年	爲首的斷○出軍	初犯爲首的斷○出軍		
起意的下手的	於內有舊賊呵		爲首的○第二遍偷大頭口的	於內有舊賊呵○		
於內有	舊賊呵	交出軍				

舊賊

大德元定	色目人	漢兒高麗蠻子
配役三年	第二遍做賊斷罪免刺	一遍做賊經刺再拿獲是第二遍是第四遍
不刺斷交出軍	第三遍做賊 第四遍做賊	兩遍做賊經刺再拿獲是第三遍做賊經刺再拿獲是第四遍

延祐新定	曾經出軍配役的再做賊
徒三年	偷十貫以下的○再做賊
出軍	偷十貫以下的○再爲首
敲	犯人

舊賊再做賊驗看經刺來的前後理算定奪色目人做賊呵做了幾遍賊麽道問了招了呵在先不曾拿獲如今拿獲如今拿獲招了招依着他來的理算除漢兒高麗蠻子人外俱色目人經斷賊人先犯後發其罪相等勿論

合刺的依舊的刺字除這的外該載不盡事理依舊例行

比同竊盜比同強盜同傷人論一體定立捕盜官兵罪賞

放火	發塚
無人居止空閑房舍並損壞財物畜產及田場積聚之家	已發墳塚
故燒官府廨舍私家宅舍賊人	開棺槨者
	殘毀屍首
終非正犯擬免刺字 依犯時月日估計追陪贓鈔給主父首子放火減等斷罪壻燒妻家房舍斷罪聽聽放火燒親屬房舍如以卑犯尊同凡人論 皇慶新例今後若有故燒官府廨宇有人居止舍宅賊人無問舍宇大小財物多寡比同強盜免刺決一百七下徒役三年因而殺傷人者依例科斷其无人所居空房并損壞財物及田場積聚之物比同切盜免刺驗贓依例決遣居役仍各追陪所燒物貨敢有再犯決配役滿遷徙千里之外	依例刺字 子孫掘祖宗墳內財物雖是自首亦行没官　子孫發掘祖宗墳塚盜取財物貨賣塋地驗所犯輕重斷罪移弃尸骸不爲祭祀同惡逆結案買地人知情減犯人罪二等不知情臨事詳決

諸禁

原表橫格與第二葉不相應今改作

斷例	誘略良人
一十七	
二十七	關津所過主首失覺察者○因而受財縱放減犯人罪二等仍除名不敘
四十七	務司无元賣契書官司公據輒行稅契有司不應據而給據○承告不即追捕者決○
五十七	
六十七	
七十七	假以乞養過房爲名引領牙保知情○略誘奴婢爲妻妾子孫者決○徒一年半
八十七	和誘爲妻妾子孫決○略誘奴婢誘賣爲奴婢一人者決○各徒二年
九十七	假以乞養過房爲名貨賣爲奴婢者○和誘賣爲奴婢一人○略誘奴婢二人以上者○各徒二年半○
杖一百	
一百七	和同相賣爲奴婢者各斷○略賣良人爲妻妾子孫者○徒三年略賣良人爲奴婢一人○略而未賣二人杖各流遠
處死	略賣良人二人以上

略賣 略爲設方略而取十歲以下雖和亦同略法

良人

二人 因而殺傷者同強盜法見血爲傷因

以上 略殺傷傍人亦同

私宰馬牛

親民正官禁治不嚴初犯罰俸半月再犯一月三犯者笞決○

兩鄰知而不首

本管頭目有失察者決杖

見殺牛馬不行告官恐嚇錢物有人告首是實決杖徵鈔五十兩與告人充賞

正犯人決杖仍徵鈔二十五兩付告人充賞

田宅

交易

軍民諸色人户典賣田宅皆從尊長畫字給據立帳取問有服房親次及鄰人典主

一十七下　不願者限一十日批退如違限不行批退者決○

二十七下　願者限一十五日批價依例立契成交違限不酬價○任便交易親鄰典主故行刁蹬取要畫字錢物○如業主虛擡高價不相由問成交○聽親鄰典主百日内收贖限外不得爭告

四十七下　欺昧親鄰典主故不交業○雖過百日聽依價收贖

親鄰典主在他所者百里之外不在由問之限

原表闕横線且有錯漏今補正

原表二葉前葉闕横線後葉横直格不相應今照元刻改爲一葉

延祐新定例

諸

		强盗持仗傷人	强盗持仗不傷人	强盗不持仗傷人	强盗不持仗不傷人	豁車子房窩子傷事主	豁車子房窩子不傷事主得財	豁車子房窩子不傷事主不得財
七十七	徒一年半				謀而未行			
八十七	徒二年				不得財			
九十七	徒二年半		謀而未行		十貫以下			從 於內有舊賊出軍
一百七	徒三年		不得財		至二十貫			首
一百七	出軍		但得財。從 至二十貫		從 至四十貫	從	皆斷	
敲		雖不得財皆死	首 至二十貫	造意爲首下手	首 至四十貫	起意下手	於內有舊賊呵	

因盗而奸同强盗傷人○餘人依例斷罪　兩遍做賊的○曾經出軍配役的再做賊呵○

盗

刑	偷駝馬牛賊 怯烈司	偷駝馬牛賊 怯烈司	偷駝馬牛賊 常盗	偷驢騾賊 係官	偷驢騾賊 常人	偷羊猪賊 係官	偷羊猪賊 常人	偷財物賊（以至元鈔爲則） 係官 首	偷財物賊（以至元鈔爲則） 係官 從	偷財物賊（以至元鈔爲則） 常人 首	偷財物賊（以至元鈔爲則） 常人 從
三十七下											謀而未行
四十七下									謀而未行	謀而未行	行未得財
五十七下								謀而未行	行未得財	行未得財	十貫以下
六十七下								行未得財	十貫以下	十貫以下	十貫以上
六十七徒一年							從	十貫以下	十貫以上	十貫以上	四十貫上
七十七一年半					從	從	首	十貫以上	四十貫上	四十貫上	六十貫上
八十七二年				從	首	首		四十貫上	六十貫上	六十貫上	八十貫上
九十七二年半			初犯從	首				六十貫上	八十貫上	八十貫上	一百貫上
一百七三年								八十貫上	一百貫上	一百貫上	三百貫上
一百七出軍	初犯從		初犯首					一百貫上	三百貫上	三百貫上	
敲	初犯首	第二遍	舊賊								

經斷放偷盗十貫以下的再做賊呵爲首出軍爲從徒三年合刺的依舊例刺字除這的外該載不盡事理依舊例行

〔完成於一九三一年春，收入勵耘書屋叢刻第一集第二種，現據其影印。〕